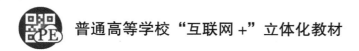
普通高等学校"互联网+"立体化教材

大学体育模块教程

主 编 李 龙 张 恳

北京体育大学出版社

策划编辑：王名真
责任编辑：钱春华
责任校对：房晓静
版式设计：沈小峰

图书在版编目（CIP）数据

大学体育模块教程 / 李龙, 张恳主编. —— 北京：
北京体育大学出版社, 2022.8（2023.8 重印）
ISBN 978-7-5644-3710-7

Ⅰ.①大… Ⅱ.①李… ②张… Ⅲ.①体育－高等学
校－教材 Ⅳ.①G807.4

中国版本图书馆 CIP 数据核字 (2022) 第 137793 号

免责声明

本书创作初衷是向大众提供有用的信息和知识。所有内容（包括但不限于文本、图形和图像）仅供参考及学习交流使用，不能用于对任何特定疾病症状的医疗诊断、建议或治疗。所有读者均不应参考本书所有内容作为诊断、治疗、预防、康复、使用医疗产品或其他产品的建议或意见。作者和出版社竭尽所能实现本书内容上的专业性、严谨性、合理性，且不特别推荐任何治疗方法、方案和相关内容。在此特别声明，对于因使用本出版物中的任何内容而造成的损伤及直接或间接产生的与个人或团体相关的一切责任、损失和风险，作者与出版社均不予承担。

大学体育模块教程
DAXUE TIYU MOKUAI JIAOCHENG

李 龙 张 恳 主 编

出版发行：北京体育大学出版社
地　　址：北京市海淀区农大南路 1 号院 2 号楼 2 层办公 B-212
邮　　编：100084
网　　址：http://cbs.bsu.edu.cn
发 行 部：010-62989320
邮 购 部：北京体育大学出版社读者服务部 010-62989432
印　　刷：三河市聚河金源印刷有限公司
开　　本：787 mm × 1092 mm　1/16
成品尺寸：185 mm × 260 mm
印　　张：21.5
字　　数：469 千字
版　　次：2022 年 8 月第 1 版
印　　次：2023 年 8 月第 2 次印刷
定　　价：46.00 元

编委会

前　言

　　大学公共体育课程是大学生以身体练习为主要手段，通过体育教育和科学锻炼方法，达到增强体质、促进健康、提高体育素养等目标的必修课程。为了切实增强大学生的"终身体育"意识，使大学生掌握科学的锻炼方法，落实"立德树人"根本任务，我们根据教育部颁布的《全国普通高等学校体育课程教学指导纲要》的要求，在总结长沙理工大学体育课程建设和改革实践经验的基础上，编写了具有我校特色的模块化公共体育教材，以期更好地满足当代大学生对公共体育教材的多样化、个性化需求。

　　党的二十大报告指出："教育是国之大计、党之大计。培养什么人、怎样培养人、为谁培养人是教育的根本问题。育人的根本在于立德。全面贯彻党的教育方针，落实立德树人根本任务，培养德智体美劳全面发展的社会主义建设者和接班人。"本教材坚定"为党育人，为国育才"的政治自觉，以"培根铸魂、立德树人"为根本宗旨，不忘"以体育人，健体强国"的初心和使命，为学校实现"百强大学"和"双一流"建设目标夯基固本。本教材编委会在编写教材时，坚持体育"强基础、补短板、优服务、创特色"的定位，深入推进体育课程改革；以"项目模块"为教材内容主线，配套建设"项目模块"在线课程和线上数字资源，从而有助于孵化"一流课程"和"金课"，建设教学团队，培育教学名师，实现教材、课程、团队与名师的一体化建设；力求发挥教材的"教学指南""健身指引""自我评价"等多元功能，促进学校体育健康发展。

　　因时而进，因需而编。本教材秉持"身心皆适，健康第一"的编写理念，旨在通过打造精品项目模块，提高大学生的体育素养；把课程思政建设融入体育教学、体育活动和体育竞赛，以项目模块化形式编排内容，以项目模块群形式体现项目的共性。

　　生命在于运动，运动需要科学。本教材以模块化结构、精选的健身内容、科学的健身方法等，激发大学生的运动兴趣，使其享受乐趣、增强体质、健全人格、锤炼意志。本教材既是师生在体育课堂上的常备工具，又是大学生业余锻炼的实用手册。我们在编写本教材的过程中力求体现以下特色。

1.秉持"以体育人，思政浸润"的教学理念

　　为深入贯彻党的二十大精神，本教材紧紧围绕"立德树人"根本任务，根据大学生的身心特征，构建以运动能力、健康行为、体育品德三大核心素养为主的多元化内容；准确把握体育课程思政的要求，深度挖掘体育课程的思政元素，把价值引领贯穿于教材的始终，帮助大学生树立正确的世界观、人生观、价值观。

i

2. 遵循"因材施教，分类指导"的编写原则

本教材充分考虑大学生的认知特点，结合他们的情感体验和行为特征，对体育与健康相关知识进行分类讲解，使每名大学生都能从中找到适合自己的运动项目、锻炼方法和手段；以大学生兴趣为导向，精选大学生喜爱的运动项目，着力解决大学生在健康干预、体重管理、功能训练等方面的痛点和难点；通过选编健身瑜伽、有氧踏板操、极限飞盘运动、旱地冰壶运动、攀岩、马拉松等时尚体育项目，让大学生在选择与实践自己喜爱的项目的同时，不断提升体育技能，为终身体育锻炼打下坚实的基础。

3. 围绕"知识传授，技能掌握"的逻辑主线

运动讲究科学。大学生既要掌握基础健身知识，也要掌握至少两项运动技能，体验运动所带来的益处。本教材融入新时代学校体育"教会、勤练、常赛"的教学理念，凸显"健康知识＋运动技能"的内容主线，致力于让每位大学生掌握科学的锻炼方法和终身受用的运动技能。

4. 呈现"图文并茂，轻松活泼"的版式

本教材图文并茂，版式活泼，将趣味性与知识性相融合，力求给大学生带来轻松、愉悦的阅读感受，增强大学生的阅读兴趣，进而提高大学生参与体育锻炼的积极性和主动性。

5. 实现运动技能与体育文化的有机统一

本教材将运动技能与体育文化有机结合，让大学生在学习运动技能的同时，接受体育文化的熏陶，自觉养成体育锻炼的好习惯，并成为健康知识和体育文化的传播者。

目　录

模块一
体育运动与健康促进

主题一　现代体育健康理念

主题导言

　　每个人都是自己健康的第一责任人。现代人的健康观应是整体健康观。健康不仅指躯体没有疾病，还指心理健康、社会适应良好和道德健康。大学生要重视自己的健康，通过体育锻炼，增强体质，健全心理，提高社会适应能力，塑造良好的道德品质。

学习目标

　　1. 对健康的概念及标准有较为全面的认识和了解。
　　2. 充分认识科学的体育锻炼对人体生理健康和心理健康产生的积极影响。
　　3. 全面了解科学的体育锻炼对人们提高社会适应能力的重要作用。

一、健康新概念

　　世界卫生组织明确提出：健康不仅为疾病或羸弱之消除，而系体格、精神与社会之完全健康状态。健康不仅是躯体没有疾病或不虚弱的状态，还包括心理方面和社会适应方面的良好状态。健康的概念大大超出了身体无病的范畴，这无疑是巨大的进步。随着人类对更高层次健康的追求，有关学者提出了健康的新内容——道德健康。至此，健康包括生理健康、心理健康、社会适应良好和道德健康四个方面。

（一）世界卫生组织"健康10条准则"

　　（1）精力充沛，能从容不迫地应对日常生活和工作而不感到过分紧张和疲劳。
　　（2）处世乐观，态度积极，勇于承担责任，做事不挑剔。

（3）善于休息，睡眠良好。

（4）应变能力强，能适应外界环境的各种变化。

（5）能够抵抗一般的感冒和传染病。

（6）体重适当，身材匀称，站立时，头、肩、臂的位置协调。

（7）反应敏捷，眼睛明亮，眼睑不发炎。

（8）牙齿清洁，无龋齿，无痛感；牙龈颜色正常，无出血现象。

（9）头发有光泽，无头屑。

（10）肌肉丰满，皮肤有弹性。

（二）心理健康的 10 条标准

美国心理学家马斯洛提出的心理健康的 10 条标准被公认为是较经典的标准。

（1）有充分的自我安全感。

（2）充分了解自己，并对自己的能力做出适当的估计。

（3）生活目标切合实际。

（4）与现实环境保持接触。

（5）能保持人格的完整、和谐。

（6）有从经验中学习的能力。

（7）能保持良好的人际关系。

（8）适度地发泄与控制情绪。

（9）在不违背集体意志的前提下，有限度地发挥个性。

（10）在不违背社会规范的情况下，个人基本需求能得到恰当满足。

二、体育锻炼与健康促进

人的健康状况主要受先天遗传和后天环境（自然环境和社会环境）的影响，其中体育锻炼是使人的健康状况发生改变的重要因素之一。体育锻炼是指人们主要在空闲时间进行的，以促进健康为主要目的，具有一定强度、频率和持续时间的身体活动。它作为积极而有效地增强体质的手段，对大学生塑造强健体魄、形成健康人格、调控心理健康具有不可替代的作用。

（一）体育锻炼对生理健康的影响

1. 对骨骼和肌肉功能的影响

大学生已经过了生长发育的高峰期，但其骨骼发育尚未完全停止。体育锻炼能改善骨骼的血液循环，促进骨细胞生长，使骨密质更加坚韧、致密，使骨松质的排列更加合理、结构更加稳定，使骨骼长度增加，同时使整个骨骼的抗弯、抗折、抗压缩、抗扭转等性能提升。

肌肉是人体运动的力量源泉，构成了人体的外表。体育锻炼不但能使肌肉显得更加结实、丰满，而且能增强肌肉力量和肌肉耐力。

2. 对心血管功能的影响

大学生的心脏在形态、功能上均已达到成熟水平。体育锻炼能使心肌收缩力增强、血流量增加，并使心肌从血液中摄取更多的氧气和营养物质。不经常锻炼者的每搏输出量为60～80毫升，而经常锻炼者的每搏输出量为100～120毫升。不经常锻炼者增加心输出量主要靠增加心率实现，而经常锻炼者增加心输出量主要靠增加每搏输出量实现。经常锻炼者安静时心率较缓，约为60次／分，而不经常锻炼者安静时心率往往在70次／分以上。心率较缓，能够减轻心肌负担，有利于延长寿命。同时，体育锻炼还能改善血管的结构，这也是经常锻炼者急性心肌梗死发生率比较低的原因之一。可见，坚持体育锻炼对增强心血管功能具有积极影响。

3. 对呼吸功能的影响

大学生的肺活量随着呼吸肌的发育，逐渐接近成熟水平。大学生的呼吸频率也比少年时减慢。体育锻炼能使呼吸功能进一步增强、胸廓活动度增加、肺活量增大。经常锻炼的男子的肺活量为4000～7000毫升，而不经常锻炼的男子的肺活量为3500毫升左右。肺活量和呼吸差的增大使呼吸系统的通气和换气功能增强，并使呼吸储备能力提高，从而能满足人体在较剧烈的运动（如跑步等）中对氧气的需要。

4. 对代谢功能的影响

体育锻炼使人体消耗的能量增加，能够使血液中胆固醇的含量降低，使高密度脂蛋白的含量增加。这在爬山、跑步等剧烈运动中更为明显。体育锻炼能增强胃肠平滑肌的蠕动，有利于食物的消化，还可促进胆汁的排出，减少胆石症的发生。体育锻炼还可以促进碳水化合物的代谢，为人体提供更多的能量。

5. 对神经调节功能的影响

神经系统是人体的重要系统。大学生的脑体积已达到相对稳定的水平，但大脑皮质在结构和功能方面仍在发展。大学生长时间重复单调的学习，易使大脑皮质产生抑制。神经的疲劳比肌肉的疲劳更难消除。体育锻炼可使神经系统由抑制转入兴奋；而运动量、运动兴奋点的变化，需要大脑皮质做出及时、协调的反应。体育锻炼可以改善神经系统的调节功能，提高人的认知能力，减少抑制性神经递质的释放，有助于提高大学生的学习效率。

6. 对体液调节功能的影响

人体内某些物质的分泌受体液调节功能的影响。运动后，血管中胰高血糖素、肾上腺素、皮质醇和生长激素的含量增加，有利于为人体提供更多的能量。自由基的作用逐渐受到人们重视，自由基具有较活泼的化学性质，能损伤人体细胞。人体中较常见的自由基有脂质自由基、脂氧自由基、羟自由基等。生物体内有一个自由基清除系统（抗氧化系统），代表物质为超氧化物歧化酶。适当的体育锻炼可以使肝细胞的超氧化物歧化酶活性显著提高。超氧化物歧化酶具有抗氧化作用，有助于延缓人体的衰老。

（二）体育锻炼对心理健康的影响

1. 改善情绪

情绪是人对内外信息的态度体验及相应的行为和身体反应。人生活在错综复杂的社会中，可能会因为工作、学习、人际关系等产生紧张、压抑、悲观等不良情绪。体育锻炼是改善情绪的一种非常积极的方法。在体育锻炼过程中，大脑处于较活跃的状态，体温升高及内啡肽释放，可以使人转移不愉快的情绪，摆脱痛苦和烦恼，振作精神。大学生面临考试、就业、升学等方面的压力，很容易产生沮丧、抑郁、焦虑、紧张等不良情绪。大学生经常参加体育锻炼可以缓解压力，减少焦虑反应，改善情绪。

2. 培养良好的意志品质

意志品质是指一个人在行动中具有明确的目的，不屈从于周围人的压力，按照自己的信念、知识和行为方式进行行动的品质。意志品质是构成人意志的诸因素的总和。良好的意志品质既能在个体克服困难的过程中表现出来，又能在个体克服困难的过程中培养。人们在体育锻炼的过程中需要不断克服各种客观困难（如气候条件变差、动作难度加大、外部障碍增多等）和主观困难（如惰性、胆怯、疲劳等）。大学生坚持体育锻炼可以培养良好的意志品质，并将这种意志品质迁移到日常的生活、学习中。

3. 建立良好的自我概念

自我概念是个体主观上对自己的身体、思想和感情的整体评价，它是由许许多多的自我认知组成的。自我概念与身体表象（人头脑中形成的身体图像）和身体自尊（个体对自己的运动能力、体形、身体抵抗力和健康状况的评价）有关。无论是男性还是女性，对身体表象不满意都会使个体的身体自尊水平降低，并使个体产生不安全感和抑郁症状。研究表明，肌肉力量与身体自尊、情绪稳定、自信心呈正相关，并且加强力量训练会使个体的自我意识显著增强。坚持体育锻炼可使人体格强壮、精力充沛，可有效地改善人的身体表象和身体自尊，有助于人们建立良好的自我概念。

4. 预防和辅助治疗心理疾病

社会竞争的日趋激烈和生活压力的增大可能会使一些人产生悲观、失落的情绪，进而导致抑郁、焦虑等各种心理问题的产生。掌握一些运动技能和运动技巧，个体会以自我反馈的方式将成就信息传递至大脑，从而获得自我成就的认知和情感体验，产生积极情绪。因此，适量的体育锻炼能使个体获得心理满足感，使其产生成就感，从而增强其自信心，使其缓解压抑、悲观等消极情绪并调节心理障碍，有助于预防和辅助治疗心理疾病。

（三）体育锻炼对社会适应能力的影响

1. 增进友谊，促进交往

人具有社会属性。人生活在社会中，需要处理各种人际关系。在体育锻炼过程中，人与人之间交往频繁。体育锻炼不仅使人与人之间加强了交往，增进了友谊，还提高了个体处理人际关系的能力。

2.适应环境，与时俱进

环境是人类赖以生存的场所。人们应积极适应自己所处的各种环境，以谋求更好的发展。体育锻炼对提高人体适应自然环境和社会环境的能力均有明显的效果。例如，在篮球运动中，参与者所处的位置是不断转换的，这就培养了参与者对位置转换的适应能力。长期坚持体育锻炼，还可以提高人体的体温调节能力，使人体更快、更好地适应自然环境的变化。此外，在参加一些体育锻炼活动时，参与者需要拼搏进取，注重团队成员之间的配合，还需要不断学习新的技战术，这就培养了参与者的竞争意识和团结协作意识，有利于参与者提高适应社会环境的能力，做到与时俱进。

3.拼搏进取，积极向上

当今社会，竞争无处不在，竞争推动着人类社会的进步和发展。各类体育锻炼活动，尤其是集体项目（如类球运动）具有鲜明的竞争特征，这决定了活动参与双方都要全身心地投入，动员机体发挥最大的潜力，并充分发挥技战术水平去争取胜利。人们经常参加各种体育锻炼，能逐渐形成不断进取、勇于拼搏、积极向上的精神，从而以积极的心态面对生活，迎接挑战，奉献社会。

（四）体育锻炼对道德健康的影响

1.增强集体意识，培养良好的意志品质

通过体育锻炼，尤其是参加集体性体育锻炼活动，人们可切磋技艺，加强团结、增进友谊，增强集体意识。体育在很大程度上是与困难、艰辛、挑战、征服联系在一起的。这就需要人们不仅要有不怕困难、勇敢顽强的意志品质，还要有诚实、谦虚、冷静的优良作风。

2.培养遵守纪律、尊重规则的良好道德风范

在体育锻炼活动，尤其是各类竞技性比较强的球类运动中，场上的情况千变万化，个人之间、集体之间发生着频繁的互动，这在思想品德方面对活动参与者提出了严峻的考验。活动参与者必须遵守赛场纪律和比赛规则，尊重裁判员，尊重对手，公平竞赛；裁判员必须客观、公正地做出判决。这些道德品质不仅适用于体育活动，还适用于人们的日常生活。

思辨与探究

1.根据世界卫生组织的健康标准，判断自己是否处于健康状态。

2.结合自己的体育锻炼情况，谈谈体育锻炼对生理健康有哪些影响。

3.如何通过体育锻炼来促进心理健康和提高社会适应能力？

主题二　科学健身与慢性病、亚健康状态

主题导言

　　随着人们生活水平的提高、身体活动量的减少，慢性病、亚健康等问题已经成为危害人们健康的突出问题。大学生通过学习科学健身与疾病防治知识，不仅能增强科学健身意识，还能预防和改善常见慢性病与亚健康。

学习目标

　　1. 了解科学健身对慢性病防治的积极作用。
　　2. 了解科学健身对改善亚健康的重要作用。

一、科学健身与慢性病

　　慢性病的全称是慢性非传染性疾病，不是特指某种疾病，而是对一类起病隐匿，病程长且病情迁延不愈，缺乏确切的传染性生物病因证据，病因复杂，且有些尚未完全被确认的疾病的概括性总称。慢性病主要与环境、心理、遗传、生活方式、饮食等因素有关。

　　常见的慢性病有高血压、冠心病、高脂血症、糖尿病、骨质疏松症、哮喘、慢性支气管炎、颈椎病、腰椎间盘突出症、慢性胃炎等。适合慢性病患者的运动项目见表1-2-1。

表1-2-1　适合慢性病患者的运动项目

疾病种类	运动项目
高血压、冠心病、高脂血症	有氧运动，如快步走、骑自行车、爬楼梯、游泳、太极拳、健身气功等
糖尿病	适合糖尿病患者的运动项目有很多。这类人群要按照年龄、性别、有无并发症等来选择运动项目。例如，并发症少的年轻患者可以选择中等强度的运动项目，如游泳、跑步等；并发症较多的老年患者可以选择比较柔和的运动项目，如慢走、散步、做操等
骨质疏松症	不同程度的骨质疏松症患者都应参加适合自己身体情况的运动，应综合进行有氧运动、力量训练、柔韧性训练、平衡性和灵活性训练。骨质疏松症患者可选择的运动项目有快步走、跑步、登台阶、哑铃操、羽毛球运动、太极拳、交际舞等
哮喘、慢性支气管炎	游泳、快步走、瑜伽等运动可以改善哮喘、慢性支气管炎的症状
颈椎病、腰椎间盘突出症	这类人群进行体育锻炼应注意动作轻柔。医疗体操、普拉提、游泳等项目是这类人群很好的选择，有助于其康复

续表

疾病种类	运动项目
慢性胃炎	慢性胃炎患者在运动上没有特殊的要求，可以进行球类运动、爬山、快步走、瑜伽等，只要不是太剧烈的运动都不会影响病情

知识窗

生活方式疾病

　　生活方式疾病是指由不良的生活方式引起的，与现代生活相伴随而发生的疾病。生活方式疾病的种类：过多摄入高热量食物、久坐少动而致的肥胖症；为了追求苗条身材过度节食而致的消瘦与贫血；经常熬夜而致的疲劳综合征；不良生活方式引起的高血压、冠心病、高脂血症等心血管疾病等。

　　改善策略：重视培养终身运动习惯，强化现代健康观念，掌握科学健身的方法，在疾病发生之前就加以预防。

二、科学健身与亚健康状态

　　亚健康状态是机体介于健康与疾病之间的一种生理功能减弱的特殊状态。此时机体尚无明显器质性病变，但体力降低，反应能力和适应能力下降，精神状态欠佳，人体免疫功能低下，已有程度不同的各种患病的危险因素，具有发生某种疾病的高危倾向。

　　亚健康的症状主要通过躯体症状（如肌肉症状、胃肠道症状、心血管症状等）、心理症状（如精神症状等）和社会适应障碍的症状等表现出来。常见的亚健康症状如下：① 浑身乏力；② 容易疲倦；③ 头脑不清醒；④ 精神涣散；⑤ 头痛、头重；⑥ 面部疼痛；⑦ 眼睛疲劳；⑧ 鼻塞；⑨ 眩晕；⑩ 起立时，眼前发黑；⑪ 耳鸣；⑫ 心悸、气短；⑬ 郁闷；⑭ 肩颈僵硬；⑮ 便秘；⑯ 手足麻木。

成　因	改善策略
亚健康状态与遗传、严重的环境污染、紧张的生活节奏、过大的心理压力、不良的生活习惯、超负荷学习带来的疲劳、长期患病或经历过手术治疗等因素有关。	加强体育锻炼，调整个人心理状态，提高应变能力，保持适当休息，平衡膳食。

知识窗

体医融合

2016 年，中共中央、国务院印发了《"健康中国 2030"规划纲要》，明确提出"加强体医融合和非医疗健康干预"，将体医融合作为提高全民身体素质的重要举措之一，并指出要"发布体育健身活动指南，建立完善针对不同人群、不同环境、不同身体状况的运动处方库，推动形成体医结合的疾病管理与健康服务模式，发挥全民科学健身在健康促进、慢性病预防和康复等方面的积极作用。加强全民健身科技创新平台和科学健身指导服务站点建设。开展国民体质测试，完善体质健康监测体系，开发应用国民体质健康监测大数据，开展运动风险评估"。

思辨与探究

1. 如何通过科学的体育锻炼来达到预防慢性病的目的？
2. 尝试根据所学知识来判断自身是否处于亚健康状态。

主题三 运动营养与健康促进

主题导言

　　大学生通过体育锻炼增强体质的同时，也要注意营养的合理补充。体育锻炼与营养补充对人体来说同等重要。人们可以通过平衡膳食补充机体所需的各种营养素，以保证机体健康而有活力。合理营养不仅能增强身体素质，提高人体运动表现力，还能增强人体免疫力，有效地预防慢性病。

学习目标

　　1. 了解营养与合理营养的概念。

　　2. 认识运动营养的重要作用。

　　3. 掌握不同性质运动的营养需求特点和合理膳食的方法。

一、营养与合理营养

　　如何通过合理营养和适量运动来促进身体健康，已成为人们关注的话题。要维护健康、促进身体良好发育，人们就要均衡摄入营养，外加有规律的运动，形成健康的生活方式。

（一）营养与营养素

　　营养是指机体摄取和消化食物、吸收和利用营养素及排出代谢废物以维持生长发育、组织更新和使身体机能处于健康状态的全过程。食物中维持机体生长、发育、活动、繁殖及正常代谢所需的物质，称为营养素。目前，已知人体所需的营养素有 40 余种，主要分为以下七大类。

　　（1）碳水化合物：人体最重要的能量来源，维持人体细胞的活动，有节省蛋白质的作用，可维持血糖、肝糖原和肌糖原的正常水平，以保证正常的大脑活动、肝脏解毒活动和肌肉活动；主要来源于谷薯类食物。

　　（2）脂类：人体细胞组织（如细胞膜）的组成成分，可供给能量，供给必需脂肪酸（如亚油酸），还可促进脂溶性维生素的吸收，能维持细胞结构的完整性和细胞的功能；主要来源于油脂类食物（如食用油、动物脂肪）。

　　（3）蛋白质：构成人体组织不可或缺的物质，也是各种酶、抗体及某些激素的主要成分，能维持人体细胞的活动；主要来源于鱼、肉、豆、蛋、奶等。

　　（4）维生素：调节生理机能，参与人体能量代谢、氧化还原反应，等等；主要来源于蔬菜、水果。

（5）无机盐：调节生理机能，构成人体组织及人体重要的生理活性物质，维持机体内环境的稳定、平衡；主要来源于蔬菜、水果。

（6）水：调节生理机能；主要来源于饮品、汤。

（7）膳食纤维：预防胃肠道疾病，维护胃肠道健康；主要来源于各种植物性食物。

（二）合理营养

合理营养又称平衡膳食，是指供给机体种类齐全、数量充足、比例合适的能量和各种营养素，并与机体的需要保持平衡，进而达到促进健康、预防疾病的目的。《中国居民膳食指南（2022）》提出的平衡膳食准则如下。

准则一：食物多样，合理搭配。

准则二：吃动平衡，健康体重。

准则三：多吃蔬果、奶类、全谷、大豆。

准则四：适量吃鱼、禽、蛋、瘦肉。

准则五：少盐少油，控糖限酒。

准则六：规律进餐，足量饮水。

准则七：会烹会选，会看标签。

准则八：公筷分餐，杜绝浪费。

二、运动与营养

运动与营养是维持和促进健康的两个重要条件。人体在运动中消耗的能量，要在运动结束后通过合理的营养进行补充。如果营养得不到补充，机体就会处于一种亏损状态，对身体健康不利。久而久之，锻炼者的生理功能会产生紊乱，运动能力会下降，并且容易乏力、疲劳，甚至患病。人体必需的营养素有碳水化合物、脂类、蛋白质、维生素、无机盐、水和膳食纤维。以上七种人体必需的营养素与运动有密切的关系。

（一）运动与碳水化合物

1. 碳水化合物在运动中的意义

（1）碳水化合物可提供人体运动所需的能量。

（2）运动中补充碳水化合物可使血糖保持在良好水平，减少应激激素的分泌。

（3）碳水化合物在体内的储备量直接影响运动耐力，肌糖原水平与运动耐力密切相关。

2. 运动中碳水化合物的代谢特点

（1）运动中最直接和最快速的能量来源是三磷酸腺苷，碳水化合物是剧烈运动中三磷酸腺苷再合成的主要物质。

（2）运动中，碳水化合物以无氧酵解和有氧氧化的方式供能。

3. 运动与碳水化合物补充

（1）补充碳水化合物的目的。

① 运动前：提高体内肝糖原和肌糖原的储备量，增加血糖来源。

② 运动中：保持血糖浓度，节省糖原，提高运动能力，增强运动耐力，延长运动时间，延缓疲劳的产生。

③ 运动后：加快恢复肝糖原和肌糖原的储备量至正常水平，缓解疲劳，促进体力恢复。补充碳水化合物不能防止疲劳，但是可以缓解疲劳。

（2）需要补充碳水化合物的运动。

① 长时间（1 小时以上）的持续性耐力运动。

② 长时间（40 分钟至 2 小时）高强度的间歇性运动训练或比赛。

③ 短时间（3～6 分钟）高强度的间歇性运动或高强度的冲刺性运动。

（3）碳水化合物的补充方式和补充量。

① 运动前补充碳水化合物。

运动前一周内逐渐减小运动量，运动前一天休息，同时逐渐将膳食中碳水化合物提供的能量占膳食总量的比例提高至 60%～70% 或每千克体重补充碳水化合物 8～10 克。运动前 6 小时内摄入富含碳水化合物（含碳水化合物 75～150 克）的低脂膳食，如面包加果酱、馒头、米饭、玉米、土豆等，肉类以鸡肉、鱼肉为宜。运动前 2 小时摄入含碳水化合物的食物（每千克体重补充碳水化合物 1 克），如含碳水化合物的运动饮料、香蕉、葡萄干等。

② 运动中补充碳水化合物。

运动中每隔 20～30 分钟摄入含碳水化合物的饮料或容易消化的含碳水化合物的食物，如面包、蛋糕、香蕉等。一般推荐每小时补充 20～60 克碳水化合物或每千克体重补充 1～2 克碳水化合物。

③ 运动后补充碳水化合物。

运动后应即刻补充碳水化合物。运动后 2 小时内是补充碳水化合物、蛋白质和脂肪的最佳时间。每千克体重补充 0.75～1 克碳水化合物，24 小时内每千克体重补充碳水化合物的总量为 9～16 克。

（二）运动与脂类

1. 脂类在运动中的意义

（1）脂类是长时间低强度运动的主要能量来源。

（2）脂类供能增加时，可节约糖原的消耗，提高运动耐力。

2. 运动中脂类的代谢特点

（1）脂类的产热量高。

（2）脂类氧化耗氧量高。

（3）脂类在氧气充足的情况下才能被完全氧化。

3. 运动与脂类补充

大部分运动项目的运动员在运动前或比赛前不宜摄入高脂类食物，应以低脂、高碳水化合物食物为主。游泳、滑雪、滑冰等项目的运动员的脂类摄入量应稍高。登山运动员应适当减少脂类的摄入，这是因为高海拔地区的氧含量低，而脂类代谢需要消耗的氧气较多。

（三）运动与蛋白质

1. 蛋白质在运动中的意义

蛋白质与人体的运动能力有密切的关系。蛋白质是由氨基酸组成的，氨基酸是肌肉、骨骼、酶、激素的组成成分，可修复损伤的组织。氨基酸氧化可提供人体运动中所需的一部分能量。蛋白质是氧气的运输载体，对肌肉收缩也有重要作用。

2. 运动中蛋白质的代谢特点

耐力性运动使体内蛋白质分解加快、合成减慢；力量性运动使体内蛋白质分解加快，同时使训练肌群蛋白质的合成加快，并且合成快于分解，因此肌肉体积增大，力量增强。

3. 运动与蛋白质补充

运动时，体内蛋白质代谢加强。进行较长时间的有氧运动，人体排汗量大时，含氮化合物也会随汗液排出体外，蛋白质的需求量也会相应增加。特别是进行系统的力量训练时，人体肌肉蛋白的代谢率加快，人体需要从食物中摄入蛋白质来合成肌肉。因此，肌肉发达的举重运动员、健美运动员对蛋白质的需求量比普通人要大。一般运动员摄入的蛋白质提供的能量应占膳食总能量的 12% ～ 15%。

没有身体接触的运动会造成肌肉纤维和结缔组织损伤，而有身体接触的运动（如篮球、足球等）会造成更多的肌肉纤维和结缔组织损伤。运动后迅速补充蛋白质有助于修复受伤的肌肉和组织，受伤的肌肉合成和储存肌糖原的效率也会提高。

（四）运动与维生素

维生素虽然在人体内含量很低，但对人体的作用不可忽视。维生素可以促进代谢，调节生理机能。维生素与运动能力也有密切的关系。维生素 C 可以改善肌肉的收缩能力。维生素 B_1 与神经、肌肉的正常传导功能有关。人体缺乏维生素 B_1，容易导致运动时体内乳酸堆积过多，使机体容易疲劳，并可能影响心脏功能；人体内维生素 B_1 充足，可以促进体内有氧代谢，提高人体的运动能力，预防过度疲劳。维生素 B_2 与有氧代谢的细胞呼吸过程关系密切。缺乏维生素 B_2 会直接影响骨骼肌有氧代谢供能能力，导致肌收缩无力，耐力下降。维生素 B_6 是氨基酸脱羧酶的辅酶，参与蛋白质的合成和分解，是合成肾上腺素和胰岛素的必需物质。它与身体素质（特别是力量素质）有关。烟酸（维生素 B_3）在人体新陈代谢中起重要作用。由烟酸构成的辅酶参与人体的有氧代谢和无氧代谢，与人体的有氧耐力和无氧耐力有关。维生素 A 是合成视网膜中视紫质的原料，具有保护角膜上皮、防止角膜角化的作用。维生素A缺乏时，肾上腺皮质易发生萎缩和功能性紊乱。因此，要求视力集中的运动项目（如射箭、射击、击剑、乒乓球运动等）的运动员应当重视维生素A的补充。对于青少年运动员和处于恢复期的运动员来说，维生素D能促进骨发育和骨重建。

（五）运动与无机盐

无机盐是构成人体组织和维持正常生理活动的重要物质。无机盐是激素、维生素、蛋白质和多种酶的重要组成成分，可以调节细胞膜的渗透性，维持神经、肌肉的兴奋性。钙对维持人体运动能力非常重要，运动时，随汗液排出的钙增多。增加钙的摄入量并结合运动可使人体骨密度增加。运动员每天应摄入1000～1200毫克钙。含钙的食物有奶及奶制品、海产品、大豆类等。铁可以促进含铁蛋白质和酶的合成，参与氧气的转运和组织呼吸过程。运动可促进铁代谢，使机体对铁的需求量增加。在常温下训练或比赛，男性运动员每天的铁摄入量约为20毫克，女性运动员每天的铁摄入量约为25毫克；在高温下训练或比赛，男性运动员每天的铁摄入量约为25毫克，女性运动员每天的铁摄入量约为30毫克。含铁的食物有动物全血、动物肝脏等。

（六）运动与水

剧烈运动时，体温升高，汗液大量排出。排汗是人体调节体温的重要方式。如果人体大量排汗后没有及时、合理地补充水分，人体代谢就会紊乱，体温升高，脉搏加快，心输出量减小，电解质紊乱，运动能力下降，同时人体伴有疲劳感，严重者甚至昏厥或死亡。

运动前补水：运动前2小时应饮用400～600毫升含电解质和碳水化合物的运动饮料，运动前15～20分钟应补水400～700毫升，少量多次摄入，每次100～200毫升；运动前切忌一次性大量饮水。

运动中补水：在少量多次的基础上，一般以每小时摄入水的总量不超过800毫升为宜，每隔15～20分钟补水150～300毫升，或者每跑2～3千米补水100～200毫升。运动时间小于60分钟，补充纯水即可；运动时间大于60分钟，最好补充含电解质和碳水化合物的运动饮料。

运动后补水：宜少量多次，切忌一次性大量饮水。

（七）运动与膳食纤维

膳食纤维是一种多糖，它既不能被人体消化、吸收，也不能产生能量。膳食纤维在运动减肥、健美塑身的人群中应用较多。膳食纤维可延长胃排空时间，减少食物消化量；膳食纤维吸水会膨胀，易使人产生饱腹感。另外，需要控制体重的运动员（如参加举重、摔跤、柔道、跆拳道、轻量级划船等不同体重级别比赛项目的运动员，以及参加健美操、艺术体操、花样滑冰等灵敏性、技巧类项目的运动员）摄入的膳食纤维较多。

三、不同性质运动的营养需求特点

对于不同性质的运动，人体的适应性不同，体内物质代谢的过程也各有差异。由于供能特点不同，以及运动强度及持续时间的差异，不同性质的运动在营养需求方面存在一些各自的特点。

（一）耐力性运动

耐力性运动的运动强度相对较低，持续时间相对较长。常见的耐力性运动有长距离健步走、马拉松跑、长距离游泳、长距离滑雪等。耐力性运动单位时间内能量消耗小，但运动时间长，总能量消耗很大，能量代谢以有氧氧化为主，随着运动时间的延长，脂肪供能比例增加。

耐力性运动的营养需求特点如下。

（1）膳食应供给充足的碳水化合物，以增加体内的糖原储备量。

（2）膳食应供给丰富的蛋白质和铁，如瘦肉、鸡蛋、绿叶蔬菜等，以保证机体血红蛋白和呼吸酶的含量维持在较高水平。

（3）为缩小食物的体积，减轻胃肠道负担，膳食可供应适量的脂肪（以占总能量的30%～35%为宜）。

（4）膳食应供给充足的水、无机盐、B族维生素和维生素C，以促进疲劳的消除和体力的恢复。

（二）速度性运动

速度性运动的运动强度低，持续时间短。常见的速度性运动有短跑、跨栏跑、短距离游泳等。速度性运动能量输出功率高，以无氧供能为主，主要由磷酸原系统供能。

速度性运动的营养需求特点如下。

（1）膳食应供给丰富的碳水化合物、维生素B_2、维生素C等。

（2）为缓解神经紧张，膳食还应供给充足的蛋白质和磷。

（3）由于短时间内形成的酸性代谢产物在体内堆积，为使体内碱储备充足，锻炼者应多吃蔬菜、水果。

（三）力量性运动

力量性运动要求肌肉兴奋性高、协调性好，人体在短时间内有很强的爆发力，如举重、投掷、健美、摔跤等项目。肌肉力量与肌肉横截面积有密切关系。

力量性运动的营养需求特点如下。

（1）为发展肌肉力量，膳食应适当增加蛋白质、维生素B_2的供应量，特别是在训练初期，蛋白质的供应量可提高到每千克体重2克，其中优质蛋白质占比大于1/3，蛋白质供能比例应在18%左右。

（2）为了增加体内磷酸肌酸的储备量，锻炼者可以适当补充促进肌肉合成代谢的特殊营养品，如肌酸、HMβ（β-羟基β-甲基丁酸盐）等。肌酸与碳水化合物、磷酸盐同时进食可促进肌酸的吸收。

（3）为保证肌肉的正常功能，钠、钙、镁的补充也很重要。

（四）灵巧性运动

灵巧性运动的特点是动作复杂而多样，要求锻炼者有较好的力量素质、速度素质及良好的身体协调性，对神经系统有较高的要求，如健美操、体操、武术等运动。

灵巧性运动的营养需求特点如下。

（1）膳食要避免供给脂肪含量较高或引起胃液分泌紊乱的食物，尽量做到食物量少而质高，维生素A、维生素C及磷、钙和蛋白质的供给量应充足。

（2）控制膳食总能量的摄入。

（五）球类运动

球类运动项目繁多，包括篮球运动、足球运动、排球运动、乒乓球运动、羽毛球运动、网球运动、棒垒球运动等，对锻炼者的各项身体素质（如力量素质、速度素质、耐力素质、灵敏素质等）要求较高。

球类运动的营养需求特点如下。

（1）膳食应以高碳水化合物为主，尤其是在运动前的 3～4 小时。

（2）由于球类运动大多数是在精神高度紧张的情况下进行的，机体对蛋白质的需求量较大。运动后，膳食中蛋白质的含量应占总量的 12%～15%。

（3）运动后要注意补充碳水化合物。为了加快糖原储备水平的恢复，锻炼者应在运动结束后尽快补充碳水化合物，以后每隔 1～2 小时补充一次碳水化合物，直至下一餐。恢复期的 24 小时内，补充碳水化合物的总量应达到每千克体重 10 克，并且膳食以借给高血糖指数的食物为主。

（4）参加小球类运动（如乒乓球运动、羽毛球运动等）后，膳食中维生素A、维生素 B_1、维生素C、维生素E的含量应更高。

● 思辨与探究

1.《中国居民膳食指南（2022）》提出的平衡膳食准则有哪些？

2. 如何在不同运动阶段科学补水？

3. 你会结合经常参加的运动项目来合理补充营养吗？

模块二
科学健身与体重管理

主题一　科学健身知识

主题导言

　　生命在于运动，运动讲究科学。科学健身是获得最佳健身效果、促进健康的有效措施。进行科学健身，锻炼者须掌握适宜的运动强度、正确的运动方式、合理的运动时间和运动频率，在运动处方的指导下进行运动健身，避免因运动观念、运动方法的错误而达不到预期的锻炼目标，甚至给身体带来损伤。

学习目标

1. 对"三二一"运动原则有较为全面的了解。
2. 掌握运动前热身与运动后拉伸的方法。
3. 学会常见运动损伤的处理方法。

一、科学健身要遵循"三二一"运动原则

　　锻炼者可根据我国《全民健身指南》的建议，遵循"三二一"运动原则进行健身运动。"三二一"运动原则即三种运动方式、二种运动强度和每天运动一小时。其中，三种运动方式是指应当参加三种类型的运动，分别是有氧运动、力量练习和拉伸练习；两种运动强度即运动强度以中等强度或高强度为主。

　　有氧运动是基本的体育活动方式。日常的健步走、慢跑、登山、游泳、有氧操等都属于有氧运动。有氧运动的益处很多，包括增强心肺功能、减脂塑形、调节血压、改善血脂等。力量练习是指克服一定阻力的肌肉强化练习。力量练习包括器械练习和无器械练习（如俯

卧撑、原地纵跳、仰卧起坐等），具有增强肌肉力量、增加肌肉体积、发展肌肉耐力的作用，还可以促进骨骼发育和骨健康。拉伸练习可以增加关节的活动幅度，提高运动技能，减少运动损伤。

大学生应至少掌握两种运动技能，并采取多种运动方式进行运动，按照"有氧运动天天做，高强度运动选择做，力量练习隔日做，拉伸练习运动前后做"的要求，以有氧运动为基础，同时兼顾力量练习、拉伸练习。

二、科学健身，预防运动损伤最重要

（一）运动前热身，防止运动损伤

热身是一次完整运动的关键组成部分。随着年龄的增长，肌肉和其他软组织的适应性会越来越差。因此，热身是使身体为运动做好充足准备和防止运动损伤的好方法。一般情况下，一次完整的热身应包括三个方面，分别是心肺唤醒、关节润滑和训练接触。

心肺唤醒 5～10分钟	关节润滑 5～10分钟	训练接触 5～10分钟
人体进行任何形式的运动都离不开能量的供应。人体的肺部负责氧气的摄入与排出，心脏则负责泵血，从而给肌肉输送氧气和能量。要实现心肺唤醒，锻炼者应尽量选择体能项目动作，如慢跑或波比跳之类的动作。	健身运动除了包括肌肉活动之外，还包括关节活动，因此保证关节的润滑度非常重要。如果热身后关节有明显的滞涩感，那么这个部位的热身就是不到位的。	热身没有固定的模式，正式运动项目不同，相应的热身方式也会不同。热身方式应反映专项运动的特点，其动作应与专项运动的内容相符。

（二）运动后拉伸，缓解疲劳

拉伸等柔韧性训练是运动后非常重要的一个环节。对身体各部位肌肉进行拉伸的主要目的是放松身体、缓解肌肉疲劳等。运动后不拉伸不仅不利于锻炼者维持已获得的锻炼效果，还会造成许多不良影响，如引发身体疼痛、增大受伤概率、不利于身体塑形等。

锻炼者使用错误的方法拉伸不仅浪费时间，还会增加受伤的风险。注意，拉伸一块肌肉时，锻炼者至少需要完成一个与该肌肉活动时方向相反的动作。

1 避免疼痛

拉伸时，拉伸的强度不宜过高。当身体有明显的疼痛感时，锻炼者应停止拉伸。当然，这并不表示锻炼者在拉伸练习中要百分之百地避免疼痛，而应以身体有轻微的疼痛感为宜。

2 缓慢拉伸

每个拉伸动作要放慢、做到位，让肌肉充分舒展。锻炼者坚持拉伸 15 分钟就能提高肌肉的柔韧性，有效地降低关节、肌肉、韧带受伤的可能性，深度缓解运动后的肌肉酸痛。

3 标准拉伸

锻炼者在拉伸肌肉和筋膜的时候，一定要明确拉伸的部位。拉伸方向错误会对其他肌肉或关节造成伤害。锻炼者须掌握正确的拉伸动作，了解被拉伸肌肉的位置及功能。

4 配合按摩

运动后拉伸（静力拉伸）配合按摩（如泡沫轴按摩）对缓解肌肉紧张和肌肉酸痛有很大的帮助。

（三）运动损伤"急救包"[1]

一般情况下，运动损伤的发生与锻炼者体质较差、锻炼不科学、不重视医务监督、不良的环境与气候等因素有着密切的关系。锻炼者了解运动损伤的原因、处理方法和康复手段，不仅可以达到预防和治疗运动损伤的目的，还可以为自己科学地参加体育运动提供依据。

下面是几种常见的运动损伤及其处理方法。

1. 挫伤

（1）症状。

受伤部位往往局部红肿、疼痛，皮肤破裂，没有破裂的会出现青紫淤血。

（2）原因。

挫伤的原因：① 锻炼者在运动前热身不充分，肌肉、关节没有得到充分活动；② 锻炼者在运动时用力过猛，运动负荷超过了肌肉、关节和韧带的承受范围。

（3）处理。

伤者或救助者应根据实际情况及时处理挫伤。如果皮肤出血，则伤者应立即停止运动，先用碘伏对伤口进行消毒，再用净布包扎；如果受伤部位红肿、疼痛，则伤者可先用冷水或冰袋对受伤部位进行冷敷，抬高受伤部位，必要时加压包扎，防止出血，24 小时以后改用热敷、按摩来活血、消肿、止痛。进入恢复期后，伤者可进行一些功能性锻炼。

---

[1] 本部分所涉及的运动损伤相关处理方法均须在教师的指导下，且在经过认真学习、反复实践的基础上实施。如伤者情况危急，请优先将其送医治疗，以免贻误伤情。

2. 肌肉损伤

（1）症状。

细微的肌肉损伤症状较轻；如果肌纤维完全断裂，则症状较重。肌肉损伤一般表现为伤处疼痛，局部肿胀、压痛，肌肉紧张或痉挛，伤后肌肉功能减弱或丧失。

（2）原因。

肌肉损伤的原因：① 热身不充分，肌肉的生理机能尚未达到剧烈活动所需的状态，锻炼者就参加剧烈活动；② 体质较弱，运动水平不高，肌肉的弹性、伸展性较差，力量较弱；③ 过度疲劳。

（3）处理。

肌肉损伤治疗要根据具体情况而定：少量肌纤维断裂者，应立即采取局部冷敷、加压包扎等措施，并抬高伤部；肌肉大部分或完全断裂者，应在加压包扎后立即到医院就诊。

3. 关节韧带损伤

（1）症状。

关节韧带损伤一般表现为压痛、自感疼痛，轻者发生韧带纤维部分断裂，重者发生韧带纤维完全断裂，导致关节半脱位或完全脱位，从而出现关节功能障碍。

（2）原因。

上肢关节的韧带损伤以肩关节、肘关节、腕关节韧带损伤较为常见。例如，掷标枪引枪后的错误翻肩动作造成运动员肩关节、肘关节韧带损伤。下肢关节的韧带损伤以髋关节、膝关节、踝关节韧带损伤较为常见。例如，运动员从高处跳下，落地缓冲不够，导致膝关节、踝关节韧带受伤。

（3）处理。

发生关节韧带损伤，伤者或救助者应当在24小时内对受伤部位进行冷敷，必要时加压包扎，24小时后采用热敷、按摩治疗，待疼痛减轻后可增加功能性练习。对于急性腰部损伤，如果腰部出现剧烈疼痛，伤者切不可轻视，不宜自行处置，可平卧，并由救助者用担架将其送至医院就诊。

4. 骨折

（1）症状。

骨折是一种比较严重的运动损伤，分为完全性骨折（骨完全断裂）和不完全性骨折（骨未完全断裂）两种情况。其主要症状为受伤部位肿胀、皮下淤血及功能障碍，出现畸形和假关节，并有压痛和震痛感。

（2）原因。

骨折由身体某部位受到直接或间接暴力，或者肌肉猛烈收缩所致。

（3）处理。

伤者一旦出现骨折，切勿随意移动伤肢，应紧急就医。救助者可先用夹板或其他代用品固定伤肢，动作要轻巧、缓慢，不要生拉硬拽，以免造成伤肢错位，影响整复。如果上肢发生骨折，则救助者可用木板托住伤肢，用绷带扎紧骨折处的上下两端；如果下肢发生骨折，则救助者先将伤肢轻轻放好，再用宽布条或褥单将伤者的两条腿缠在一起，将伤者慢慢抬到硬板担架上，送往医院救治；如果头部、颈部或脊椎发生骨折，则救助者在运送伤者时就更要小心，以免损伤伤者的神经而造成其肢体瘫痪。救助者在搬运伤者时，用枕头或衣服垫住伤者头部，防止其头部移动，固定好后，告知伤者不要扭动伤肢。救助者将伤者送往医院时，要注意做到迅速、平稳。

5. 关节脱位

（1）症状。

受外力作用，构成关节的上下两个骨端失去正常的位置关系、出现错位的现象，称为关节脱位。关节脱位可分为完全脱位和半脱位（或称错位）两种。关节脱位后，伤肢常出现畸形，与健肢相比不对称，表现为局部疼痛、压痛和关节肿胀，并失去正常的活动功能，甚至发生肌肉痉挛等现象。

（2）原因。

运动中发生的关节脱位大多由间接外力撞击所致。例如，锻炼者在摔倒时用手撑地，可能引起肘关节或肩关节脱位。

（3）处理。

救助者可用长度与宽度相称的夹板固定伤肢。如果没有夹板，则救助者可将伤肢固定在伤者的躯干或健肢上，防止震动，随后及时将伤者送往医院治疗。

知识窗

热敷

热敷能使贴敷处的温度上升，从而扩张血管，促进局部血液循环，提高人体的代谢率。热敷有助于消除局部淤血和肿胀，缓解肌肉痉挛和酸痛，促进伤口愈合。在受伤 24 小时后进行热敷处理是比较适宜的。

热敷时，可将暖水袋或热毛巾贴敷于患处，每次热敷时间不宜超过 20 分钟。

知识窗

RICE急救原则

急性软组织损伤是指人体软组织所发生的一系列急性损伤，包括肌肉、韧带、筋膜、肌腱、关节囊等组织及周围神经、血管的急性损伤。发生此类损伤后，伤者可按照RICE急救原则进行处理。

（1）休息（rest）。受伤后，伤者应立即停止运动，以防损伤进一步加重。其目的是减少受伤部位的血流量。24小时内，受伤部位不要活动和负重。

（2）冰敷（ice）。冰敷受伤部位能减缓受伤部位的血流速度，从而缓解肿胀和炎症。常见的冰敷工具有冰块、一次性冰袋。没有冰块和一次性冰袋时，可用流动的冷水代替。为了镇痛，受伤后24小时内每隔3～4小时进行一次冰敷，每次冰敷的时间不宜过长，以15～20分钟为宜。

（3）压迫（compression）。发生急性软组织损伤后，在控制血肿的时候，伤者需要使用弹压迫带对伤处进行压迫止血。安静时，人体的舒张压是60～90毫米汞柱（1毫米汞柱≈133帕），而使用弹性绷带可使舒张压增加。使用弹性绷带可以在数秒内有效减少受伤部位的血流量。

（4）抬高（elevation）。为了减少血流量，伤者应将受伤部位抬至高于心脏水平面约30厘米处。

思辨与探究

1. 简述科学健身应遵循的"三二一"运动原则。
2. 请分析运动前热身与运动后拉伸的作用。
3. 如果你在运动过程中不慎崴脚或拉伤，你将怎样处理？

主题二　体重管理

主题导言

　　大学阶段是大学生身心发育的重要时期，也是大学生体重管理意识和习惯养成的关键时期。体重是衡量一个人身体健康状况的标准之一。过胖或过瘦都是不健康的表现。养成健康的生活方式，做好体重管理，是使大学生终身受益的事情。

学习目标

1. 了解体重管理的原理并能在实际生活中加以运用。
2. 能根据身体胖瘦的判断指标来评价自身是否肥胖。
3. 掌握体重管理的方法并能根据实际情况优化调整自身体重。

一、正确地判断自己的胖瘦

　　如今，随着人们物质生活水平的提高，减脂成了热点话题。尤其是对自己身材要求比较高的大学生，总觉得自己需要再瘦一点，以至于一些体重和体脂率本来正常的大学生，因为过度要求瘦，而采用节食、吃减肥药等不健康的手段减脂，导致身体出现了脱发、皮肤干燥等一系列不健康的问题。仅仅靠体重去判断一个人的身材，是不准确的。大学生可以从以下几个方面来判断自己的胖瘦。

（一）算——算体重指数

　　大学生可按图 2-2-1 所示的方法计算自己的体重指数（body mass index，BMI）。如果体重指数低于 18.5 千克/米^2，则表明体重太轻，需要适当增重；如果体重指数为 18.5 ~ 23.9 千克/米^2，则表明体重正常；如果体重指数为 24.0 ~ 27.9 千克/米^2，则表明有些超重，需要控制体重；如果体重指数大于等于 28.0 千克/米^2，则表明肥胖。其中，需要减脂的是超重和肥胖这两类人群。

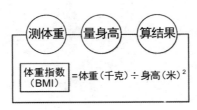

图 2-2-1

（二）量——量腰围和臀围

脂肪在腹部堆积的程度与肥胖相关疾病的关系较为密切。腰围、臀围能够在一定程度上反映腹部脂肪的堆积情况。对于体重指数并不太高而腹部有多余脂肪的人来说，腰围、臀围是一种简单、有效的自我评价指标。

一般情况下，男大学生腰围应在 90 厘米以内，腰臀比不大于 0.9；女大学生腰围应在 80 厘米以内，腰臀比不大于 0.85。（图 2-2-2）

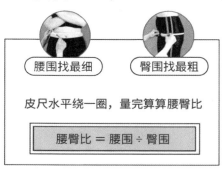

腰围找最细　　臀围找最粗

皮尺水平绕一圈，量完算腰臀比

腰臀比 = 腰围 ÷ 臀围

图 2-2-2

（三）测——测体脂率

体脂率是身体脂肪质量和体重的比值，是衡量人体脂肪含量和身体形态的重要指标。常见的测量体脂率的方法有体脂夹测量法、体脂秤测量法、软尺测量法，还有在医院常用的双能 X 射线吸收测量法。在日常生活中，人们也可以通过一些公式来快速测量自己的体脂率。（图 2-2-3）

成年女性体脂率的计算公式：
参数 a=腰围（厘米）×0.74
参数 b=体重（千克）×0.082+34.89
身体脂肪总质量（千克）=$a-b$
体脂率=（身体脂肪总质量÷体重）×100%

成年男性体脂率的计算公式：
参数 a=腰围（厘米）×0.74
参数 b=体重（千克）×0.082+44.74
身体脂肪总质量（千克）=$a-b$
体脂率=（身体脂肪总质量÷体重）×100%

性别	年龄	体脂率			
		偏瘦	正常	超重	肥胖
女性	18～39 岁	5%～20%	21%～34%	35%～39%	40%～45%
	40～59 岁	5%～21%	22%～35%	36%～40%	41%～45%
	60 岁及以上	5%～22%	23%～36%	37%～41%	42%～45%
男性	18～39 岁	5%～10%	11%～21%	22%～26%	27%～45%
	40～59 岁	5%～11%	12%～22%	23%～27%	28%～45%
	60 岁及以上	5%～13%	14%～24%	25%～29%	30%～45%

图 2-2-3

知识窗

肥胖的危害

（1）高脂血症：肥胖可能会导致人体代谢障碍，引发代谢综合征，造成高脂血症。

（2）糖尿病和高血压：肥胖容易导致血糖水平升高，引发糖尿病；肥胖还是高血压的重要诱因及危险因素。

（3）激素分泌异常：肥胖还容易导致激素分泌异常，有些女性患者会出现月经不调、不孕等情况，有些男性患者会出现不育等情况。

二、体重管理：身体的能量平衡

（一）体重管理的原理

从能量平衡理论来看，能量的摄入与消耗是影响体重变化的根本原因。人体通过神经系统和内分泌系统的调节来精确调控能量的摄入与消耗。当人体摄入的能量大于消耗的能量时，多余的能量将以脂肪的形式储存，从而导致肥胖。科学管理体重关键在于使人体摄入的能量与消耗的能量保持平衡。（表2-2-1）

表2-2-1　能量平衡与体重变化

摄入的能量与消耗的能量的关系	能量平衡情况	体重变化情况
摄入的能量 = 消耗的能量	能量平衡	体重不变
摄入的能量 > 消耗的能量	能量正平衡	体重增加
摄入的能量 < 消耗的能量	能量负平衡	体重减小

（二）怎样科学地减重

（1）科学地评估自己的体重状况，分析体重增加的原因。锻炼者可通过算体重指数、量腰围和臀围、测体脂率等方法简单评估自己的体重状况。对于体重增加的原因，锻炼者需要从遗传、生活方式、营养等因素综合进行分析，其中不健康的生活方式可能是主要因素。

（2）科学调控每日摄入的能量。在坚持平衡膳食的原则下，锻炼者可利用食物能量表精确计算自己每日摄入的能量。减重期间，每天减少摄入能量500千卡（1千卡≈4.19千焦），每周可减轻0.5千克体重。减重状态下，蛋白质、脂肪和碳水化合物的供能比例分别为20%～25%、小于30%和45%～50%，此时减重效果最佳。研究显示，低碳水化合物饮食可有效降低体重，调节血糖、血脂水平，改善脂代谢状况。

（3）科学调控每日消耗的能量。人体每日的能量消耗主要涉及基础代谢、食物热效应和体力活动。

首先，保持或提高基础代谢率。基础代谢的能量消耗占每日能量消耗的60%～70%。因此，基础代谢是能量消耗的主要方式。充足的睡眠是保持基础代谢率的重要方法。进行适宜的有氧运动可提高基础代谢率。

知识窗

> 不同性别、年龄的人，其基础代谢率不同。相对来说，男性的基础代谢率普遍高于女性的基础代谢率，幼儿的基础代谢率普遍高于成年人的基础代谢率。一般来说，年龄越大，基础代谢率越低。

其次，发挥食物热效应。食物热效应是指由进食引起的能量消耗增加现象。换句话说，就是消化食物需要消耗能量。那么，吃饭会消耗多少能量呢？这与食物的成分、进食量、进食频率等多种因素有关。不同成分的食物产生的热效应差别很大。脂肪的食物热效应占其能量的4%～5%，碳水化合物的食物热效应占其能量的5%～6%，而蛋白质的食物热效应占其能量的比例最高，为30%～40%。另外，食物热效应与进食量也有关。吃得越多，人体消耗的能量就越多。吃得快者消耗的能量比吃得慢者消耗的能量多。吃得快时，中枢神经系统更加活跃，激素和酶的分泌速度快、分泌量更多，吸收和储存的速度更快，其能量消耗也相对较大。需要注意，一些大学生为了减轻体重，严格控制每餐摄入的能量，使摄入的能量低于基础代谢所需能量，长此以往，容易导致营养不良。食物热效应也会消耗能量，减重者在计算能量时切不可忽略这一点。

最后，坚持科学运动。体力活动的消耗能量占每日消耗能量的20%～30%。适当增加运动量可以提高机体的基础代谢率。长期坚持有氧运动可降低体重，改善脂代谢。运动的形式包括慢跑、游泳、力量训练等，运动强度以身体微出汗为宜。

（4）制订个性化减重计划。针对自己的生活方式特点和饮食习惯，锻炼者可制订详细的减重计划，以两周为一个单位，对减重计划进行动态调整。

（三）偏瘦的人如何增加体重

（1）保持健康饮食。很多人之所以偏瘦，与其平时饮食方法不正确有关。例如，挑食和偏食的人没有及时补充能量，可能会导致体重下降。想要增加体重，实用的方法就是保持健康饮食。例如，适量摄入碳水化合物、蛋白质、脂肪、维生素等营养物质，是增加体重的重要措施。

（2）科学运动，特别是要加强力量训练。很多人偏瘦，跟人体的代谢能力下降有关。增加体重比较实用的方法是坚持力量训练。科学的力量训练可以让肌肉变得结实，从而塑造良好的体形。运动可以提高人体的代谢能力，有利于营养物质被人体利用。

（3）养成规律的作息习惯。没有足够的休息时间调节身体，身体就可能变得瘦弱，甚至有抵抗力下降的表现。想要增加体重，锻炼者须保持规律的作息习惯。每天保持充足的睡眠有助于提高人体对营养物质的吸收能力，改善人体营养状况。

思辨与探究

1. 你能结合体重管理知识计算自己的体重指数和体脂率吗？

2. 结合自身运动情况简述体重管理的原理。

3. 偏瘦的大学生如何通过科学运动和合理膳食增加体重？

主题三　运动与减脂、增肌

主题导言

在意识到自身存在体形问题后，大学生要学会用科学的手段判断体形问题的类别，寻找适合自己的体形问题解决方法。无论是减脂，还是增肌，大学生都要遵循科学的锻炼原则和饮食原则，采用科学运动与平衡膳食相结合的方法控制体重，通过针对性训练塑造优美体形。此外，大学生还要保证充足的睡眠，循序渐进，持之以恒，这样才能取得自己想要的锻炼效果。

学习目标

1. 科学认识正常情况下人体减脂与增肌的关系。
2. 充分认识科学饮食对减脂、增肌的重要性。
3. 能够根据自身情况制订个性化减脂、增肌计划。

一、减脂和增肌可以同时进行

关于先减脂还是先增肌，减脂和增肌是否可以同时进行的问题，存在以下几种观点。

1 应该先减脂再增肌

一部分人倾向于先减脂再增肌，认为瘦下来再塑形，更符合其审美需求。

2 应该先增肌再减脂

一部分人会持这样的观点：增肌之后，基础代谢率、运动水平提高，更有助于减脂。持这种观点的人一般是健美运动员或者运动经验较为丰富的人，因为他们的需求是尽可能地增大肌肉围度，塑造肌肉的形态，提高肌肉的饱满度，同时尽可能地降低体脂率。

3 可以边减脂边增肌

也有一部分人认为，脂肪减少，体脂率降低，自然实现增肌，减脂和增肌是可以同时进行的。

前两种观点认为减脂和增肌是不能同时进行的，当然这两种观点也有一个相当有力的理论基础：增肌是合成代谢，减脂是分解代谢。前者需要人体摄入更多的能量，造成人体能量盈余；而后者需要人体控制能量的摄入，造成人体能量缺口。

其实，在日常锻炼中，"减脂和增肌同时进行"的情况不少见。例如，每天坚持游泳一两千米，一段时间后，游泳者会发现自己身上的脂肪变少了，肩部和背部的肌肉线条变得明显了。实际上，这就是游泳者在减脂的同时实现了增肌的表现。

普通人减脂和增肌的目的可能只是想要更强的体质和更好的身材，肌肉多一些、脂肪少一些就达到了目的。

二、制订个性化减脂、增肌计划

制订适合自己的减脂、增肌计划是重中之重。对于有不同减脂、增肌需求的人来说，减脂、增肌计划是不同的，但相同的是一定要配合科学的饮食方法。

自律意识强、下定决心要减掉大量脂肪的人可以尝试为期4周甚至3个月的"高蛋白、低碳水"饮食

中间插入增肌周期：想要增肌，就要注重碳水化合物的摄入，因此"过低碳水"饮食是不可取的，此时可以将饮食过渡到限热量平衡膳食模式

平衡膳食：有稳定体重的功效，也是减脂、增肌要达到的最终目的

（一）制订个性化减脂计划

目的：减脂。

主要诉求人群：肥胖人群。

中低水平的能量摄入加上适量的有氧运动可以保证减脂计划的成功，但锻炼者在此阶段不能完全放松力量训练，每周要保持至少两次中等强度的力量训练，间隔时间不超过3天。其中一次主要锻炼上肢，另一次主要锻炼下肢。表2-3-1所示的减脂计划可供参考。

表2-3-1　减脂计划

减脂天数	饮食	训练安排
第1天	"高蛋白、低碳水"饮食	上肢力量训练 + 30～45分钟有氧运动
第2天	"高蛋白、低碳水"饮食	休息
第3天	"高蛋白、低碳水"饮食	核心肌群力量训练 + 30～45分钟有氧运动
第4天	"高蛋白、低碳水"饮食	休息
第5天	"高蛋白、低碳水"饮食	下肢力量训练 + 30～45分钟有氧运动
第6天	"高蛋白、低碳水"饮食	休息
第7天	"高蛋白、低碳水"饮食	核心肌群力量训练 + 30～45分钟有氧运动

（二）制订个性化增肌计划

目的：提高身体素质，增强肌肉力量，让肌肉变得紧实。

主要诉求人群：有增肌需求的人。

对于新手来说，想要收到良好的增肌效果，需要先做基础力量训练，再做进阶力量训练。需要注意的是，锻炼者进行力量训练不能仅仅增加负荷，还应根据自己的锻炼情况调整训练的组数和次数。在肌肉增长阶段，锻炼者对饮食能量的设定不需要太严格，因为只有身体处于能量正平衡状态，肌肉才有可能增长。（表 2-3-2）

表 2-3-2 增肌计划

增肌天数	饮食	训练安排
第 1 天	限热量平衡膳食（进阶阶段可调整为"高蛋白"饮食）	上肢力量训练
第 2 天	限热量平衡膳食（进阶阶段可调整为"高蛋白"饮食）	休息
第 3 天	限热量平衡膳食（进阶阶段可调整为"高蛋白"饮食）	核心肌群力量训练
第 4 天	限热量平衡膳食（进阶阶段可调整为"高蛋白"饮食）	休息
第 5 天	限热量平衡膳食（进阶阶段可调整为"高蛋白"饮食）	下肢力量训练
第 6 天	限热量平衡膳食（进阶阶段可调整为"高蛋白"饮食）	休息
第 7 天	限热量平衡膳食（进阶阶段可调整为"高蛋白"饮食）	核心肌群力量训练

（三）制订个性化减脂、增肌计划

目的：提高身体素质，塑造身体线条，增强肌肉力量。

主要诉求人群：追求身材健美的人群。

很多人既想减脂又想增肌，达到全面发展身体、局部塑形的目的。要想达到这一目的，锻炼者就需要把进行有氧运动与力量训练的时间规划好，同时严格控制饮食。"低碳水"饮食对减脂有明显的效果，但对增肌有反作用。因此，锻炼者需要调整饮食模式，将"高蛋白、低碳水"饮食调整为"高蛋白、正常碳水"饮食，或者采用限热量平衡膳食。

另外，对于想要塑形的人来说，需求不同，目标不同，需要根据自己的实际需要来制订塑形计划。

减脂、增肌计划可参考表 2-3-3。

表 2-3-3 减脂、增肌计划

减脂、增肌天数	饮食	训练安排
第 1 天	限热量平衡膳食	45 分钟有氧运动
第 2 天	限热量平衡膳食	45 分钟有氧运动 + 瘦腹计划（如腹肌马甲线训练）

续表

减脂、增肌天数	饮食	训练安排
第 3 天	限热量平衡膳食	休息
第 4 天	限热量平衡膳食	45 分钟有氧运动 + 瘦腹计划（如腹肌马甲线训练）
第 5 天	限热量平衡膳食	休息
第 6 天	限热量平衡膳食	45 分钟有氧运动 + 瘦腹计划（如腹肌马甲线训练）
第 7 天	限热量平衡膳食	休息

● 思辨与探究

1. 科学运动对减脂、增肌有哪些积极影响？

2. 你能掌握个性化增肌计划中每项力量训练的具体动作吗？

3. 你能根据自己的体形、体态情况科学制订日常健身计划吗？试着为自己制订一份科学的日常健身计划。

模块三
身体运动功能训练

主题导言

　　功能性动作筛查（functional movement screen，FMS）是一种检测受试者整体动作控制性、身体稳定性、身体平衡能力、身体柔韧性及本体感觉等的方式，由格雷·库克与李·伯顿在 1995 年提出，如今被广泛应用在基础运动能力评价方面。功能性动作筛查操作容易、评价简单，能够帮助受试者发现完成基本动作时的局限性因素，以便受试者有针对性地制订适合自己的训练与康复计划。

学习目标

　　1. 了解功能性动作筛查的概念及作用。

　　2. 掌握功能性动作筛查测试的目的、要求与评价标准。

　　3. 学会科学地使用功能性动作筛查测试方法评价自己的运动功能。

一、功能性动作筛查测试

　　功能性动作筛查测试简便、易行，它通过七个简单的动作来测试受试者在整体动作控制性、身体稳定性等方面的基本运动能力。测试者只需要根据功能性动作筛查的评价标准即可判断受试者的运动能力。因此，功能性动作筛查测试深受大众的喜爱，在不同场景下得以广泛应用。

（一）深蹲测试

【测试目的】测试肩关节和脊柱两侧肌肉链的对称性，测试髋关节、膝关节、踝关节的对称性和灵活性。

【测试要求】受试者两脚左右开立，两手于头后握横杆，两臂于肩侧屈肘 90°，使上臂、横杆均与地面平行。开始时，受试者两手握住横杆上举，伸直手臂后缓慢下蹲至最大限度。下蹲时，受试者两脚始终紧贴地面，抬头挺胸，两眼平视前方。受试者需要连续完成此动作 3 次。（图 3-1-1）

正面　　　　　　　　　侧面

图 3-1-1

（二）跨栏架测试

【测试目的】测试髋关节、膝关节、踝关节的灵活性和稳定性。

【测试要求】受试者面对栏架（栏架高度略低于膝关节）站立，两脚左右开立，脚尖不超过栏架底部正下方，两手将横杆置于肩上并使横杆与地面保持平行。受试者保持身体其他部位不动，一腿抬起跨过栏架，脚跟接触地面后，抬起腿跨回，还原为起始姿势。整个过程要求受试者控制好身体，缓慢进行，且一腿连续跨过栏架 3 次，然后换另一腿做上述动作。（图 3-1-2）

正面　　　侧面　　　　　　正面　　　侧面　　　　　　正面　　　侧面

图 3-1-2

正面　　　　侧面

图 3-1-2（续）

（三）直线弓步蹲测试

【测试目的】测试髋关节、膝关节、踝关节的灵活性和稳定性。

【测试要求】受试者站在测试板上，两脚前后开立，两手于背后握木杆，右手从颈部右侧绕至背后握住木杆的上端，左手从身体左侧绕至背后握住木杆的下端，使木杆紧贴背部，上体挺直。开始时，一脚向前跨出，两腿屈膝，缓慢垂直下蹲至后腿膝关节触及测试板。连续完成 3 次后，换另一侧测试。（图 3-1-3）

正面　　　　　　　　　侧面　　　　　　　　　正面　　　　　　　　　侧面

图 3-1-3

（四）肩关节灵活性测试

【测试目的】测试两肩的活动范围和内收肌内旋、外展肌外展的能力。

【测试要求】受试者两脚左右开立，身体挺直，五指并拢伸直，测量手的长度。开始测试时，两臂侧平举，两手握拳，两手分别经同侧颈部和同侧腰骶处于背后相互靠近至最大限度。测试两拳之间的距离。完成 3 次，取最好成绩，然后换另一侧测试。（图 3-1-4）

图 3-1-4

知识窗

高低肩及其改善方法

高低肩多发于经常做单边动作（如长时间伏案、常背单肩包等）的人群；还有一部分患者是因为先天性脊椎侧弯而产生高低肩。从外观上看，患者两侧肩不等高。

改善高低肩的方法：保持正确的姿势；注意纠正不良习惯；加强背部和肩关节后侧的伸展训练；加强单侧站姿耸肩训练（对纠正斜方肌两侧不等高的问题具有较好效果）等。后天因素造成的高低肩会引起脊柱侧弯。对于这类情况，患者需引起重视并及时予以纠正。

（五）直腿主动上抬测试

【测试目的】测试腿部后侧肌群的柔韧性，以及髋关节的稳定性。

【测试要求】受试者仰卧，两手自然放于体侧。测试者找到受试者髂前上棘与膝关节连线的中点，并以此中点为基准在地面上竖一个标志杆（与地面垂直）。开始时，受试者左腿直膝缓慢向上抬至最大限度（尽量靠近标志杆），右腿膝关节始终贴紧测试板。连续完成 3 次后，换另一侧测试。（图 3-1-5）

起始动作

满分动作

图 3-1-5

（六）躯干稳定性俯卧撑测试

【测试目的】测试躯干在矢状面上的稳定性。

【测试要求】受试者从俯卧位开始，两脚脚尖撑地，两臂于同侧肩前方屈肘，两手张开，拇指相对，两手于接近头部发际线处撑地。开始时，躯干保持稳定，两臂伸展，将身体推起，使肩关节、髋关节、膝关节离开地面且在一条直线上。（图 3-1-6）

图 3-1-6

（七）旋转稳定性测试

【测试目的】测试上下肢的协同工作能力和躯干的稳定性。

【测试要求】受试者从六点（两手、两膝、两脚脚尖）支撑跪姿开始，两手在同侧肩关节下方支撑，膝关节相对髋关节稍靠后，使两腿大腿稍倾斜，两脚勾脚尖。开始时，臀部稍后移，使两腿大腿逐渐与地面接近垂直。一侧手臂缓慢向前伸展的同时，异侧腿缓慢向后伸展，直至手臂、躯干与异侧腿在一个水平面上。之后，该侧手臂和异侧腿收回，使该手臂肘关节触碰异侧腿膝关节。连续完成 3 次后，换另一侧测试。（图 3-1-7）

图 3-1-7

二、功能性动作筛查测试评分表

功能性动作筛查测试评分表见表 3-1-1。

表 3-1-1　功能性动作筛查测试评分表

序号	测试项目	得分标准		
		3 分	2 分	1 分
1	深蹲测试	（1）上体与胫骨平行或接近平行； （2）股骨低于膝关节水平线； （3）膝关节活动轨迹没有在两脚内侧； （4）横杆在脚的正上方并保持水平	（1）不能完全满足得 3 分的条件，但仍能完成动作； （2）在垫有木板的前提下能完成动作	（1）上体与胫骨不平行； （2）股骨没有低于膝关节水平线； （3）一侧或两侧膝关节活动轨迹在两脚内侧； （4）腰部明显弯曲
2	跨栏架测试	（1）髋关节、膝关节、踝关节在矢状面上成一条直线； （2）腰部没有明显的移动； （3）横杆与栏架平行	（1）髋关节、膝关节、踝关节在矢状面上不成一条直线； （2）腰部有明显移动； （3）横杆与栏架不平行	（1）脚碰到栏架； （2）身体失去平衡

续表

序号	测试项目	得分标准		
		3分	2分	1分
3	直线弓步蹲测试	（1）木杆始终保持与头部、腰椎或骶骨接触；（2）躯干没有明显移动；（3）木杆和两脚在同一矢状面上；（4）后腿膝关节接触测试板	（1）木杆不能始终保持与头部、腰椎或骶骨接触；（2）躯干有明显移动；（3）木杆和两脚没有在同一矢状面上；（4）后腿膝关节不能接触测试板	身体失去平衡
4	肩关节灵活性测试	两拳的距离在一个手掌长度以内	两拳的距离大于等于一个手掌长度、小于等于一个半手掌长度	两拳的距离大于一个半手掌长度
5	直腿主动上抬测试	测试脚脚跟抬起停留在对侧大腿中点与髂前上棘间	测试脚脚跟抬起停留在对侧大腿中点与膝关节间	测试脚脚跟抬起未能超过对侧大腿膝关节
6	躯干稳定性俯卧撑测试	（1）在规定姿势下能很好地完成1次动作；（2）男性受试者的拇指与发际在一条垂直线上；（3）女性受试者的拇指与下颌在一条垂直线上	（1）在降低难度的姿势下能完成1次动作；（2）男性受试者的拇指与下颌在一条垂直线上；（3）女性受试者的拇指与锁骨在一条垂直线上	在降低难度的姿势下也无法完成动作或者出现动作代偿现象
7	旋转稳定性测试	（1）重复动作时，躯干与地面保持平行；（2）肘膝相触时，前臂和小腿均约与地面平行	能够以左肘对右膝、右肘对左膝的形式正确地完成动作	身体失去平衡或者不能正确地完成动作

思辨与探究

1. 试着运用功能性动作筛查测试方法评估自己的基础运动能力。

2. 直线弓步蹲测试主要测试受试者哪方面的功能？

3. 运用功能性动作筛查测试评分表对自己进行实操评分。

主题二	**运动能力提升方法**

主题导言

　　身体运动功能训练方法有很多种。大学生提升运动能力主要从力量训练、速度训练、平衡能力训练和灵敏训练四个方面着手。大学生通过力量训练可以提高肌肉的含量，提高基础代谢率；通过速度训练可以提高无氧耐力，帮助身体消除多余的脂肪；通过平衡能力训练可以增强身体的稳定性，避免运动损伤；通过灵敏训练可以提高身体的灵活性和协调性。

学习目标

　　1. 了解常见的运动能力提升方法。

　　2. 在实践中学会灵活运用运动能力提升方法。

一、力量训练

（一）上肢基础力量训练方法

　　俯卧撑是常见的上肢基础力量训练方法。

　　【动作要领】俯撑于测试板上，两臂伸直并与地面垂直，两脚脚尖撑地，躯干保持平直，两臂屈肘至上臂约与地面平行，核心收紧，然后两臂伸直，将躯干推起。（图 3-2-1）

图 3-2-1

　　【训练要求】发展肌肉力量，每组 6 ～ 12 次，练习 3 ～ 6 组；发展肌肉耐力，每组 12 次以上，练习 2 或 3 组。

（二）下肢基础力量训练方法

　　徒手深蹲是常见的下肢基础力量训练方法。

　　【动作要领】两脚左右开立，两脚间距与肩同宽或稍宽于肩，上体稍前倾，抬头挺胸，背部挺直。两手叉腰，两腿缓慢且有控制地屈膝下蹲至大腿约与地面平行，然后两脚蹬地，

下肢发力，向上跳起。（图 3-2-2）

图 3-2-2

【训练要求】10 ～ 15 次为 1 组，练习 3 ～ 6 组。

（三）全身动力链训练方法

壶铃摆是常见的全身动力链训练方法。

【动作要领】两脚左右开立，两脚间距与肩同宽或稍宽于肩，两腿屈膝半蹲，两手持壶铃于两腿间，臀部后移至最远端，背部挺直，挺胸抬头。伸髋的同时，两臂顺势上摆至约与地面平行。（图 3-2-3）

图 3-2-3

【训练要求】使用适宜质量的壶铃，6 ～ 8 次为 1 组，练习 3 ～ 6 组。

二、速度训练

（一）直线最大速度训练方法

原地摆臂是常见的直线最大速度训练方法。

【动作要领】两脚前后开立，两眼平视前方，下颌微收，收腹立背，前腿屈膝，后腿膝关节触地，两臂屈肘以肩关节为轴前后交替摆动，两手半握拳或半伸开，两手前摆高度不超过下颌。（图 3-2-4）

图 3-2-4

【训练要求】20 秒为 1 组，练习 3 ～ 6 组。

（二）多方向移动训练方法

L 形跑是常见的多方向移动训练方法。

【摆放位置】3 个标志物分别编号为 1、2、3，相距一定距离，成 L 形摆放。练习者站在标志物 1 处，面向标志物 2 站立；收到信号后，跑向标志物 2；到达标志物 2 后，降低身体重心，急转变向，冲刺到标志物 3。（图 3-2-5）

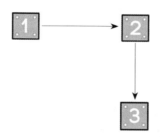

图 3-2-5

【训练要求】3 ～ 5 次为 1 组，练习 2 ～ 4 组。

三、平衡能力训练

（一）静态平衡能力训练方法

利用瑞士球进行坐姿平衡训练是常见的静态平衡能力训练方法。

【动作要领】两名练习者配合，一名练习者坐在瑞士球上，两臂侧平举，身体保持平衡，另一名练习者用手不断地给瑞士球施加适当推力。在这个过程中，坐在瑞士球上的练习者应尽量保持身体平衡。（图 3-2-6）

图 3-2-6

【训练要求】1分钟为1组，练习3组。

知识窗

瑞士球

　　瑞士球也称健身球，最早起源于瑞士。随着它在康复医疗领域的作用不断被发掘，瑞士球逐渐被用于健身运动，并在世界各地被广泛运用。瑞士球可以帮助练习者通过科学的方法锻炼身体各个肌群，提高神经系统的工作能力，提高身体的平衡性，同时在改善身体姿态和预防运动损伤等方面也发挥着重要作用。

（二）动态平衡能力训练方法

利用瑞士球进行坐姿弹力带拉力训练是常见的动态平衡能力训练方法。

【动作要领】两名练习者配合，一名练习者坐在瑞士球上，两手抓住弹力带的一端，两臂前平举。另一名练习者抓住弹力带的另一端，不断地给坐在瑞士球上的练习者施加不同方向的拉力。在这个过程中，坐在瑞士球上的练习者应尽量保持身体平衡。（图3-2-7）

图 3-2-7

【训练要求】40～60秒为1组，练习3组。

四、灵敏训练

（一）上肢灵敏训练方法

拍肩游戏是常见的上肢灵敏训练方法。

【动作要领】两人相对1米左右站立进行拍肩游戏。练习者既要设法拍到对方的肩膀，又要防止对方拍到自己的肩膀。

【训练要求】伺机而动，身手敏捷。

（二）下肢灵敏训练方法

T形跑是常见的下肢灵敏训练方法。

【动作要领】练习者进行T形跑，根据标志物序号依次跑动到指定标志物位置。（图3-2-8）

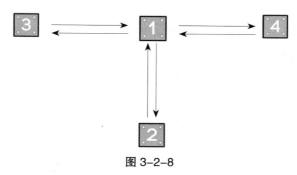

图3-2-8

【训练要求】快速折返，迅速敏捷。

思辨与探究

1. 结合自身情况，谈谈俯卧撑的动作要领及训练方法。

2. 在速度训练中，直线最大速度训练和多方向移动训练的区别是什么？

3. 结合所学知识，尝试创造出一种新的瑞士球训练方法。

主题三　身体素质训练

　　身体素质训练是大学生参加体育锻炼必不可少的一环。身体素质包括力量素质、速度素质、耐力素质、灵敏素质、柔韧素质等。运用科学的身体功能训练方法辅以身体素质训练，能够达到更好的训练效果。大学时期是大学生发展身体素质的重要时期。掌握正确的身体素质训练要点，继而发展身体素质，不但能让大学生精力充沛、高效学习，而且能培养大学生不畏艰苦、永不言弃的意志品质。

　　1. 认识身体素质训练对机体的积极影响与重要性。
　　2. 了解身体素质发展的基本规律。
　　3. 掌握各项身体素质训练的要点。

一、身体素质训练对机体的积极影响

　　经常参加身体素质训练可以充分发挥机体的生长潜能，使人体有效地利用各种营养物质，促进人体新陈代谢，改善身体形态，提高人体的发育水平，同时可以改善身体机能，提高人体的免疫力，使人们达到强身健体的目的。在青春期，身体素质训练积极影响着人的身高、体重、围度等身体指标。在青春期后，经常参加身体素质训练也能为人体带来诸多益处。经常参加身体素质训练对机体产生的积极影响主要有以下四个方面。

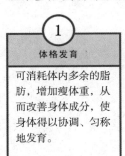

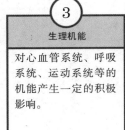
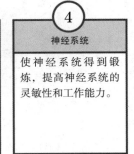

① 体格发育	② 骨骼肌肉	③ 生理机能	④ 神经系统
可消耗体内多余的脂肪，增加瘦体重，从而改善身体成分，使身体得以协调、匀称地发育。	可明显改善骨骼的血液供应状况，使其得到充分的营养物质，促进骨骼的生长，使骨密度增加；可使肌肉体积增大、肌肉力量和弹性增加。	对心血管系统、呼吸系统、运动系统等的机能产生一定的积极影响。	使神经系统得到锻炼，提高神经系统的灵敏性和工作能力。

二、身体素质发展的基本规律

（一）身体素质的自然增长规律

　　身体素质随着年龄的增长而增长的现象，称为身体素质的自然增长。在不同的年龄阶段，各项身体素质的增长速度不同。从身体素质的年增长速度来看，身体素质呈波浪式增长。身体素质

的发展有先后顺序之分，大致顺序为速度素质、灵敏素质、柔韧素质、力量素质、耐力素质。在青春期，身体素质的增长速度快、幅度大。在性成熟期结束时，身体素质的增长速度开始减慢。25 岁以后，身体素质的自然增长结束，若不参加体育锻炼，身体素质将不再增长。

（二）身体素质的阶段性发展规律

身体素质的发展具有明显的阶段性特征。身体素质的发展过程分为四个阶段，即快速增长阶段、缓慢增长阶段、稳定阶段和下降阶段。随着年龄的增长，身体素质发展速度逐渐变慢或停滞，甚至有时还会有所下降。各项身体素质由增长阶段过渡到稳定阶段的先后顺序是速度素质最先，耐力素质次之，力量素质最晚，男女顺序一致。

三、身体素质训练要点

（一）力量素质训练要点

力量素质训练的方法包括动力性等长收缩训练法、静力性等长收缩训练法、等动收缩训练法、超等长收缩训练法和循环训练法。人体力量素质随着年龄的增长而变化。男子在 25 岁左右，女子在 20 岁左右，力量素质达到最高水平。大学生应抓住力量素质增长的高峰期适当加强力量训练。力量训练初期，大学生应以动力性力量训练为主；训练时，要科学呼吸（用力时呼气，放松时吸气），尽量避免出现憋气动作，以有效提高人体对氧气的利用率，达到事半功倍的效果。

（二）速度素质训练要点

速度素质包括反应速度、动作速度和移动速度。提高速度素质的方法有利用外界助力、减小自然阻力、利用器械重量变化而获得的后效作用、信号刺激等。在发展速度素质的时候，我们应在情绪饱满的状态下进行训练；每次训练的时间不宜过长；训练中要注意采用适当的手段调动自己的训练兴趣和训练的积极性；发展速度素质的同时兼顾力量等其他素质的发展，将速度素质训练与其他身体素质训练结合起来进行。为防止训练达到一定程度时产生"速度障碍"，大学生可以用最大力量负荷和最高频率进行最高速度训练。大学生在条件允许的前提下，可以在校内操场和健身房进行多种形式的速度训练。

知识窗

速度障碍及其克服方法

速度障碍是指跑速达到一定水平时，由于动作出现动力定型，练习者出现跑速长时间停滞不前的现象。克服速度障碍的训练手段如下：①加强基本技术练习；②采用多样的训练方法，以不同的步频和节奏完成动作，使中枢神经系统形成灵活多变的条件反射；③充分利用自然条件与人工条件进行训练，如下坡跑、草地跑、顺风跑、牵引跑等。

（三）耐力素质训练要点

耐力素质分为有氧耐力和无氧耐力。在青春期前期，男性和女性的耐力素质差异很小，随着年龄的增长，其差距逐渐增大。耐力素质的训练方法有长时间跑、反复跑、循环练习等。在进行耐力训练时，大学生要注意采用科学的呼吸方法，同时培养坚韧不拔、永不言弃的意志品质。大学生要尽早发展耐力素质。在耐力素质训练中，教师要根据男生、女生的生理特点安排训练负荷。

（四）灵敏素质训练要点

灵敏素质是各种身体素质的综合表现。灵敏素质的主要训练方法有疾跑中听口令或看信号迅速改变方向或动作练习、小器械练习等。大学生应在精力充沛、情绪饱满时进行灵敏素质训练。女性进入青春期后，内分泌系统会发生变化，进而影响机体的灵敏性。研究表明，男女的灵敏素质均在19岁左右达到最高水平，此后有缓慢下降的趋势。大学生应尽早安排灵敏素质训练，女生尤其要加强灵敏素质训练，兼顾其他身体素质训练。

（五）柔韧素质训练要点

进行柔韧素质训练，一般采用拉伸法。拉伸包括动力性拉伸和静力性拉伸。柔韧素质训练应持之以恒，且应与力量素质训练相结合。大学生关节软骨薄，关节内外的韧带较紧张，其骨骼能承担的负荷较小，易出现骨骼损伤。因此，大学生要避免做过分扭转肌肉、骨骼的活动。大学生要根据自身情况安排柔韧素质训练的内容，注意循序渐进地加大柔韧素质训练的负荷量，如果没有一定基础切不可一味追求较高难度的动作，以防发生运动损伤。

● **思辨与探究**

1. 科学的身体素质训练对机体有哪些积极影响？
2. 青少年身体素质的发展过程分为哪几个阶段？
3. 查阅相关身体素质训练的资料，谈谈力量素质训练、速度素质训练等的要点。

模块四
大球类运动

主题一　足球运动

主题导言

　　足球运动是以脚为主来控制和支配球，两支球队按照足球竞赛规则在球场上互相进行进攻、防守的集体运动项目。足球运动因其对抗性强、战术多变、参与人数多等特点，深受世界人民的喜爱。

学习目标

　　1. 掌握足球的基本技术、组合技术及战术并加以运用。

　　2. 了解足球竞赛规则，学会欣赏足球比赛，能在足球运动中感受乐趣。

　　3. 全面发展身体素质，培养团队协作精神，增强集体荣誉感。

一、中国体育故事

（一）风雨彩虹，铿锵玫瑰

　　中国国家女子足球队（以下简称"中国女足"）被国人誉为"铿锵玫瑰"。2022年2月6日，在印度孟买举行的女足亚洲杯决赛中，在主教练水庆霞的带领下，中国女足在0∶2落后韩国队的情况下绝地逆转，凭借唐佳丽和张琳艳的进球顽强地扳平比分（2∶2）。在伤停补时阶段，替补登场的肖裕仪攻入"绝杀球"，最终中国女足以3∶2逆转取胜，时隔16年再次站上亚洲女足之巅，第9次加冕女足亚洲杯冠军。中国女足在这届女足亚洲杯上不仅展示出在赛场上为国争光的民族自信心，还体现出其精神风貌——拼搏和奋斗，不到最后一刻永不放弃！

（二）"中国贝利"——容志行

中国足球运动员容志行在训练中刻苦、用心，在比赛中顽强拼搏、不言放弃，在球场上尊重对手，获得荣誉不骄矜。他在赛场上表现出来的高尚体育道德被誉为"志行风格"。"志行风格"是一种宝贵精神财富。

1980年，容志行在第12届世界杯足球赛亚大区预选赛中表现极为出色，被评为"最佳进攻队员"。1981年，在亚大区决赛阶段，面对强敌，容志行主动申请带伤出战，并攻破了对方球门，为中国国家男子足球队以3∶0战胜强敌立下功劳，他的表现极大地振奋了民族精神。容志行为人谦逊，球风很好，在对方球员野蛮犯规时从不做粗野动作、从未报复过对手，遇到裁判员错判、漏判也坚持通过正确的途径去解决问题，严守体育道德。在一次国际性足球比赛中，对方两名后卫因撞到一起而双双倒地，这让容志行获得了将球射入对方无人防守的球门的机会，但容志行放弃了这一机会，停下进攻，主动上前扶起了对手。这一举动得到了全场观众的尊重和热烈的掌声。

二、跟我学足球技术

（一）足球基本技术

足球技术是队员在足球比赛中所采用的合理动作方法的总称。它是人们在足球比赛实践中逐步形成、发展和完善起来的。足球基本技术是足球技术的基本组成单位和主要内容。

1.运球

运球是指队员在跑动中有目的地用脚连续推拨球的动作方法。

（1）脚背正面运球：直线推拨球，速度快，但路线单一，多在前方纵深距离较长的情况下运用。（图4-1-1）

（2）脚背内侧运球：运球动作幅度大，控球稳定性好；虽速度相对较慢，但是便于队员左右转换方向。（图4-1-2）

（3）脚背外侧运球：易于改变运球方向和发挥速度优势，还有掩护球的作用，可以使队员更稳定地将球控制在一定范围内。（图4-1-3）

（4）脚内侧运球：与其他运球技术相比，这种运球技术速度最慢，容易控制球，多用于掩护性运球或运球变向。（图4-1-4）

图 4-1-1	图 4-1-2	图 4-1-3	图 4-1-4
脚背正面运球	脚背内侧运球	脚背外侧运球	脚内侧运球

2.踢球

踢球是指队员有目的地用脚将球击向预定目标的动作方法，其主要作用为传球和射门。

（1）脚内侧踢球：脚内侧是队员踢球时常用的部位；脚触球面积较大，能使队员更容易控制球。（图 4-1-5）

（2）脚背正面踢球：踢球腿摆幅相对较大，动作顺畅、快速，便于队员发力，但出球路线缺少变化，适用于远距离发球和大力射门。（图 4-1-6）

（3）脚背内侧踢球：摆踢动作顺畅、幅度大，脚触球面积大，能使队员出球平稳、有力，且出球路线富于变化，适用于中远距离传球和射门。（图 4-1-7）

（4）脚背外侧踢球：踢球腿预摆动作幅度小，出脚快，能利用膝关节、踝关节的灵活变化改变出球方向；具有一定的隐蔽性，实用性较强。（图 4-1-8）

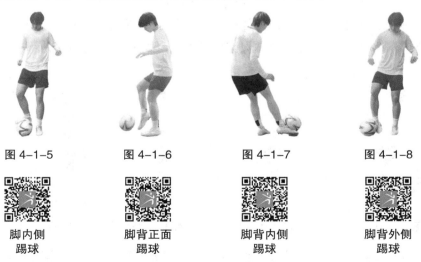

图 4-1-5	图 4-1-6	图 4-1-7	图 4-1-8
脚内侧踢球	脚背正面踢球	脚背内侧踢球	脚背外侧踢球

3.接球

接球是指队员运用身体的有效部位，将运行中的球有目的地接控在所需位置上的动作方法，是队员获得球的重要手段。

（1）脚内侧接球：脚触球面积大，接球平稳，可靠性强，运用时灵活多变。（图4-1-9）

（2）脚背正面接球：迎、撤球动作自如，但变化较少，适用于接下落球。（图4-1-10）

（3）脚背外侧接球：动作幅度小，速度快，灵活机动，隐蔽性强，但动作难度较大，多运用于接地滚球和反弹球。（图4-1-11）

（4）胸部及大腿接球：胸部接球触球点高，触球面积大，适用于接胸部以上的球；大腿接球（图4-1-12）触球面积大，适用于接飞行路线有一定弧度的高球。

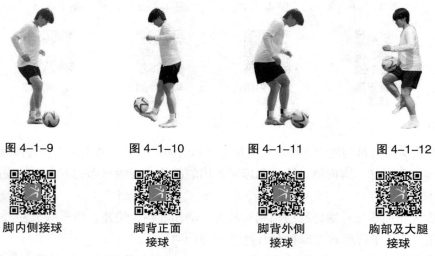

图4-1-9　　　　图4-1-10　　　　图4-1-11　　　　图4-1-12

脚内侧接球　　脚背正面　　脚背外侧　　胸部及大腿
　　　　　　　　接球　　　　接球　　　　接球

4.其他基本技术

（1）颠球：用身体的某个或某些部位连续地将球轻轻击起的动作方法。（图4-1-13）

（2）头顶球：队员有目的地用前额将球击向预定方向的动作方法。（图4-1-14）

（3）掷界外球：队员按规则用两手将球掷向场内目标位置的动作方法。（图4-1-15）

（4）抢、断球：抢球（图4-1-16）是指防守队员将进攻队员控制的球直接争夺过来或破坏掉的动作方法；断球是指防守队员用规则允许的动作，截获对方队员间的传球的动作方法。

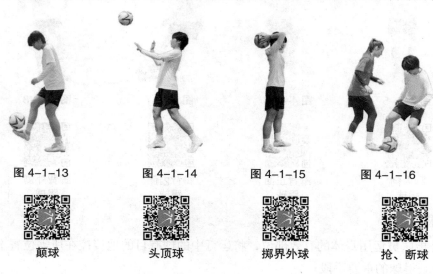

图4-1-13　　　　图4-1-14　　　　图4-1-15　　　　图4-1-16

颠球　　　　头顶球　　　　掷界外球　　　　抢、断球

（二）足球组合技术

1. 运球过人

队员根据战术需要及防守队员的防守位置和身体重心变化情况，利用速度、方向或动作变化，超越防守队员。（图 4-1-17）

运球过人

图 4-1-17

2. 运球射门

队员通过脚部的不同部位运球，在运球后及时跟上并完成射门。（图 4-1-18）

运球射门

图 4-1-18

3. 运球过人射门

队员观察防守队员的防守位置和身体重心变化情况，利用速度、方向或动作变化，在超越防守队员后完成射门。（图 4-1-19）

运球过人
射门

图 4-1-19

4. 运球＋传球

队员观察防守队员的防守位置和队友所在位置，通过直线运球或变换运球方向将球传给队友。（图 4-1-20）

运球＋传球

图 4-1-20

5. 接球+传球

队员运用身体的有效部位，将运行中的球有目的地接控在所需位置上，同时观察防守队员的防守位置和队友所在位置，然后将球传给队友。（图4-1-21）

接球+传球

图 4-1-21

6. 接球射门

队员运用身体的某个部位，将运行中的球有目的地接控在所需位置上，同时观察防守队员的防守位置和对方守门员的站位，然后完成射门。（图4-1-22）

接球射门

图 4-1-22

7. 接球+运球射门

队员运用身体的有效部位，将运行中的球有目的地接控在所需位置上，然后在运球的同时观察防守队员的防守位置和对方守门员的站位，继而完成射门。（图4-1-23）

接球+运球
射门

图 4-1-23

8. 接球+转身传球

队员背对对方球门时观察防守队员的防守位置和队友所在位置，然后运用身体的有效部位将运行中的球有目的地接控在所需位置上，转身后将球传给队友（注意传球的时机和力度）。（图4-1-24）

接球+转身
传球

图 4-1-24

9. 接球转身射门

队员背对对方球门时观察防守队员的防守位置和守门员的站位，然后运用身体的有效部位将运行中的球有目的地接控在所需位置上，转身后完成射门（注意射门的质量）。（图 4-1-25）

接球转身射门

图 4-1-25

三、跟我学足球战术

足球战术是指比赛双方为了充分发挥个人和集体的特长，针对对方弱点组织进攻和防守，以求取得比赛胜利所采用的手段和方法。根据攻防的基本特点，足球战术可分为进攻战术、防守战术、比赛阵型三大部分。

（一）进攻战术

1. 局部进攻战术

局部进攻战术是指两个或两个以上队员在比赛中为了完成全队攻防任务而采用的局部协同作战的配合方法，包括交叉掩护配合、传切配合、"二过一"战术配合、"三过二"战术配合等。

（1）交叉掩护配合。

交叉掩护配合是指在局部区域，两名进攻队员在运球交叉换位时，其中一名进攻队员以自己的身体掩护同伴越过一名防守队员的配合方法。

交叉掩护配合成功的要素如下：① 运球队员必须以自己的身体挡住防守队员，在将球传给同伴后，继续向前跑动；② 接球队员必须主动迎面跑向同伴，接球后，快速向前运球。

（2）传切配合。

传切配合是指持球队员将球传给切入的进攻队员的配合方法。传切配合的形式包括局部一传一切和长传切入。

传切配合成功的要素如下：① 持球队员在跑位队员起动的瞬间传球，并且控制好传球的力量和方向；② 跑位队员在持球队员传球的瞬间起动，并且突然加速。

（3）"二过一"战术配合。

"二过一"战术配合是指两名进攻队员通过传球配合突破一名防守队员的配合方法，具体是指两名进攻队员在一定的距离内一传一切的配合。"二过一"战术配合是集体配合的基础。进攻方在比赛场区的任何位置都可以运用这种战术来摆脱对方的防守或突破对方的防线。"二过一"战术配合要求进攻队员传球平稳且及时，一般进攻队员多用脚内侧传球、脚背外侧传球等传球方法，以传低平球为主。传球的位置尽可能是接球队员脚下或前面两三步远的地方。

"二过一"战术配合的形式根据进攻队员传球和跑位的路线分为横传直插斜传"二过一"、横传斜插直传"二过一"、横传斜插斜传"二过一"、回传反切直传"二过一"等。

（4）"三过二"战术配合。

"三过二"战术配合是指比赛中三名进攻队员在局部区域通过连续配合突破两名防守队员的配合方法。在这种战术中，两名进攻队员（非持球队员）可以同时接应传球，使持球队员的传球路线多变，进攻面扩大。

2. 整体进攻战术

整体进攻战术是指比赛中的一方获得球后，得球一方全体队员通力合作以达到射门目的的配合方法。与局部进攻战术相比，整体进攻战术的进攻面更大。整体进攻战术的形式包括边路进攻、中路进攻等。

（1）边路进攻。

进攻方利用球场两侧区域发起进攻的方法称为边路进攻。边路进攻是整体进攻战术的主要形式之一，其目的在于充分利用场地的宽度拉开对方的防线，使对方中路出现空当，为本方创造中路射门得分的机会。边路进攻的主要特点是有利于本方发挥速度优势，突破对方防线，给对方制造防守缺口。

边路进攻分为发动阶段、发展阶段和结束阶段三个阶段。

① 发动阶段通常有两种形式：队员在中场、后场得球后，直接将球传给在边路接应的队员发动进攻；中路进攻受阻时，将球转移到边路进攻。

② 在发展阶段，进攻方要通过各种战术配合突破对方防线，创造传中或切入射门的机会。

③ 在结束阶段，进攻方通常采用的手段是一侧传中，另一侧和中路的同伴包抄抢点射门。

（2）中路进攻。

中路进攻是进攻方利用球场中间区域组织的进攻。采用这种进攻形式，虽然进攻队员能直接射门，但是难度较大。原因是对方中路防守往往比较严密，前场进攻队员必须反应敏锐、进攻意识强、技术高、敢于冒险、速度快和善于跑位策应。

中路进攻分为发动阶段、发展阶段和结束阶段三个阶段。

① 发动阶段通常有两种形式：队员在中场、后场得球后，直接向前推进；边路进攻受阻时，将球转移到中路进攻。

② 在发展阶段，进攻方要通过各种战术配合突破对方防线，创造射门机会。进攻方通常采用的配合方法如下。

·运球推进远射。当进攻队员在中前场得球且对方守门员离对方球门较远时，进攻队员可立即起脚远射。

·长传反击配合突破。当对方全队压上进攻、后防空虚且暴露较大空隙时，本方一旦得球就应立即将球长传给冲在前面的队员进行快速反击。

·快速传球配合，创造射门机会。

③ 在结束阶段，进攻队员在中路突破对方的防线后，要抓住中路射门角度大的有利时机，迅速、果断地射门。

（二）防守战术

1. 局部防守战术

（1）保护。

保护是指其他防守队员给逼抢持球队员的同伴以心理和行动上的支持，使其无后顾之忧、全力以赴地紧逼持球队员。若逼抢队员被突破，则保护队员可以及时补防，堵住对方的进攻路线或夺回控球权。若逼抢队员夺得控球权，则保护队员可以接应逼抢队员并发动进攻。

（2）补位。

补位是比赛中防守方在局部区域进行集体配合防守的重要方法。在防守过程中，当一名防守队员被对方突破时，另一名防守队员应立即上前进行补位。

（3）围抢。

围抢是指比赛中在某局部区域，防守方利用人数上的相对优势围堵对方持球队员，以求在短时间内达到抢断球或破坏对方进攻的目的。

（4）造越位。

造越位是利用越位规则设计的防守战术，是一种以巧制胜的打法，也是重要的防守手段。由于其配合难度较大，本方配合不好会适得其反，容易让对方钻空子。这种战术往往被水平较高的球队采纳，而且在一场比赛中运用的次数不会很多。

2. 整体防守战术

整体防守战术可分为两种基本类型：① 盯人紧逼防守，即防守队员在规定的范围内盯人紧逼，不交换所盯防的队员；② 区域紧逼防守，即综合防守，紧逼与保护相结合，防守队员在个人的防守区域内紧逼对方，可做交替盯防。

防守打法包括以下几种：① 向前逼迫式打法，即防守方失去控球权后，立即对对方进行逼压，降低对方的进攻速度或夺回控球权；② 层层回撤式打法，即防守方分层次、有步骤、有组织地布防；③ 快速密集式打法，即防守方缩小防守区域，集中防守力量于本方球门前危险地带，仅留 1 或 2 名防守队员在中场附近。

防守的根本原则是紧逼和保护。紧逼有利于防守方有效地主动抢断球，压制对方的技术优势，获取主动权；保护有利于防守方更好地紧逼对方和控制防守区域的空当。

（三）比赛阵型

比赛阵型是指比赛中队员的位置排列，是本队攻守力量搭配和职责分工的形式。本方要根据本方队员的特点和对方队员的特点来选择比赛阵型。比赛阵型是比赛战术的重要组成部分。要使每个场上队员在明确基本位置和主要职责的前提下充分发挥个人智慧，并符合全队的攻守特点。

目前，普遍采用的阵型有"4-3-3""4-4-2""3-5-2""4-2-3-1"等。

四、足球竞赛规则简介

足球竞赛规则对足球技术的发展起到了积极的作用。足球运动从最初的野蛮游戏发展为一项世界性运动，其竞赛规则在这一过程中起到了决定性作用。足球运动的魅力在于公平，这也是足球比赛的重要特点。足球基本竞赛规则如下。

（一）比赛场地与用球

（1）比赛场地：比赛场地形状必须为长方形，长度为 90～120 米，宽度为 45～90 米，两根球门柱内侧之间的距离为 7.32 米，从横梁下沿至地面的距离为 2.44 米。（图 4-1-26）

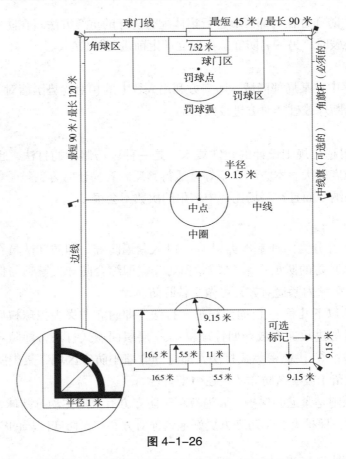

图 4-1-26

（2）比赛用球：所有比赛用球必须由合适的材料制成，周长为 68～70 厘米。（图 4-1-27）

图 4-1-27

（二）队员与队员装备

（1）队员：一场比赛由两队参加，每队最多可有11名上场队员，其中1名必须为守门员。如果任何一队场上队员人数少于7人，则比赛不得开始或继续。

（2）队员装备：包括有袖上衣、短裤、护腿板、护袜和鞋子（图4-1-28）。双方守门员着装颜色必须有别于其他场上队员和比赛官员。

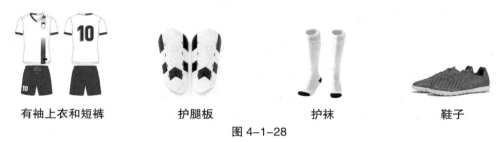

有袖上衣和短裤　　　　护腿板　　　　护袜　　　　鞋子

图4-1-28

（三）比赛时间、比赛开始与恢复

（1）比赛时间：一场比赛分为两个45分钟相同时长的半场。队员享有中场休息的权利，休息时间不得超过15分钟。

（2）比赛开始与恢复：一场比赛各半场、加时赛各半场、进球后均以开球恢复比赛。

（四）越位

一名队员在同队队员传球或触球（应使用传球或触球的第一接触点）的一瞬间处于越位位置，该队员随后干扰了比赛或干扰对方队员，才被判罚越位犯规。如果队员直接从球门球、掷界外球、角球这三种情况中得球，则不存在越位犯规。

（五）犯规与不正当行为

只有在比赛进行中犯规或违规，才可判罚直接或间接任意球，以及罚球点球。

（1）任意球：当场上队员、替补队员、已替换下场的队员、已罚令出场的队员或者球队官员犯规或违规时，判由对方球队罚直接或间接任意球。

（2）罚球点球：队员在本方罚球区内，或如其他规则中已明确的正常比赛移动中离开比赛场地后，犯有可判罚直接任意球的犯规，则判罚球点球。罚球点球可直接射入球门得分。

（六）球门球、角球、界外球

（1）球门球：球必须放定，由守方球队中的一名场上队员在球门区内任意位置踢球。球门球可以直接射入对方球门而得分。

（2）角球：当球的整体从地面或空中越过球门线，而最后由守方队员接触，且并未出现进球，则判为角球。角球可以直接射入对方球门而得分。如果角球直接射入踢球队员本方球门，则判给对方角球。

（3）掷界外球：当球的整体从地面或空中越过边线时，由最后触球队员的对方掷界外球。

界外球不能直接掷进球门得分：

① 如果球直接掷入对方球门——判踢球门球。

② 如果球直接掷入本方球门——判踢角球。

（七）视频助理裁判操作规范

视频助理裁判员作为比赛官员，可独立调用其所需要的比赛画面，且仅在有关以下各类事件的判罚存在"清晰而明显的错误"或"遗漏的严重事件"时，方可协助裁判员：① 进球/未进球；② 罚球点球/不是罚球点球；③ 直接红牌（不包括第二次警告/黄牌）；④ 纪律处罚对象错误（裁判员对违规球队执行警告或罚令出场时错认了受处罚队员）。

思辨与探究

1. 足球技术有哪几种？

2. 在足球比赛中，什么情况下应判罚球点球？

主题二 篮球运动

主题导言

　　篮球运动自问世起，就以其独特的竞争性、娱乐性、观赏性、健身性受到人们的喜爱，成为深受人们欢迎的运动之一。篮球运动具有增强体质、增进人际交往和休闲娱乐的功能，发展迅速。

学习目标

　　1. 学习并掌握篮球的基本技术和基本战术，并在实践中应用。

　　2. 熟悉篮球竞赛规则并能在实践中运用，学会观赏篮球比赛。

　　3. 在篮球运动中培养顽强拼搏和团结协作精神，提高抗压能力。

一、中国体育故事

（一）精彩"绝杀"

　　在 2006 年男篮世锦赛上，中国国家男子篮球队（以下简称"中国男篮"）在小组赛最后一场迎来"生死战"，赢球就出线，输球就被淘汰。中国男篮在面对欧洲劲旅斯洛文尼亚队时表现出色。朱芳雨在关键时刻后撤步命中 3 分，王治郅连拿 5 分，这些都是留存在球迷记忆中的经典画面。在比赛最后 5 秒，斯洛文尼亚队队员在内线投中 1 球。此时，中国男篮落后 2 分。王仕鹏从后场带球一路狂奔，在左侧约 45° 的位置急停 3 分出手，远投命中的同时比赛结束。中国男篮"绝杀"了对手，挺进男篮世锦赛 16 强。时至今日，王仕鹏的这个"绝杀"依然为人们津津乐道。

（二）中国女篮再创辉煌

　　2022 年 7 月 10 日，在 2022 年三人篮球亚洲杯女篮决赛中，中国国家女子篮球队（以下简称"中国女篮"）以 14∶10 战胜澳大利亚女篮，首夺三人篮球亚洲杯冠军。从 2017 年三人篮球亚洲杯中位居第三，2018 年收获亚军，到 2022 年夺冠，中国女篮脚踏实地、顽强拼搏，风雨之后终见彩虹。球员王丽丽说："想要获得冠军，就必须全神贯注，专注做好自己。"中国女篮的队员和教练员深知，水平越高，阻力越大，要想进一步突破自己，就要勇敢面对困难，战胜这种阻力。正如主教练许佳敏所言："要记住这一刻，也要忘记这一刻，准备面对更多的挑战。"

二、跟我学篮球技术

篮球技术是篮球比赛中队员为了进攻与防守所采用的专门动作方法的总称，主要包括移动技术、投篮技术、传接球技术、运球技术、持球突破技术、个人防守技术、抢篮板球技术等。

（一）移动技术

移动技术是队员在篮球运动中为了改变位置、方向、速度和争取高度所采用的各种脚部动作的统称。进攻队员的急停、急起、转身、变向等动作，防守队员的滑步、交叉步、后撤步等动作都离不开移动技术。

（二）投篮技术

1. 单手肩上投篮

以右手投篮为例。右臂屈肘，右手五指自然分开，掌心空出，用指根以上部位持球，左手扶住球的左侧，将球置于右肩上方。投篮时，下肢蹬地发力，右臂随腿的蹬伸和腰腹的伸展，提肘向前上方伸展，手腕前屈，主要靠右手的食指、中指或无名指拨球。投球出手后，右臂随球自然伸出。（图 4-2-1）

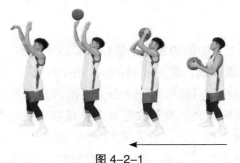

图 4-2-1

2. 行进间单手低手投篮

以右手投篮为例。在跑动中接球或运球突破上篮时，右脚向前跨出，同时两手接球，接着左脚跨出一步并用力蹬地跳起，右手托球，左手扶球。腾空后，当身体接近最高点时，右臂用力向球篮方向伸出，通过手腕、手指拨球，将球投向球篮。（图 4-2-2）

图 4-2-2

（三）传接球技术

1. 双手胸前传接球

两手持球于胸前，十指自然分开，两手拇指相对成八字形，两臂自然弯曲，两脚前后开立。传球时，两臂向传球方向伸出，用手腕和手指的力量把球传出（图4-2-3）。接球时，两臂伸出迎球，十指自然分开，掌心正对来球方向。手指触球后，两臂迅速随球后引到胸前。

图 4-2-3

2. 单手传接球

以右手传接球为例。右手传球时，两脚前后开立，右手持球于胸前，然后上体稍右转，右臂屈肘后引。传球时，上体左转至正对传球方向，右臂前摆，掌心向前，用手腕和手指的力量将球传出（图4-2-4）。右手接球时，右臂向来球方向伸出，掌心正对来球方向。右手触球后，顺势后引接住球。

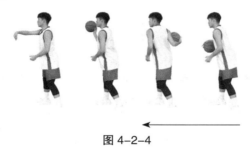

图 4-2-4

3. 反弹传球

反弹传球又称击地传球，多用于近距离传球，可用双手或单手实现。球的落点一般在传球队员与接球队员之间距离的2/3处（靠近接球队员）。球弹起的高度最好在接球队员胸部高度。（图4-2-5）

反弹传球

图 4-2-5

（四）运球技术

1. 原地运球

运球时，运球手五指自然分开，掌心空出，用手指触球，以肩关节或肘关节为轴，向下按拍球，并用手掌向上引球；至一定高度时，再向下按拍球。（图4-2-6）

图4-2-6

2. 胯下运球

在运球过程中，两脚左右开立，身体重心降低，运球高度在腰、膝之间，使球穿越胯下以改变运球方向。（图4-2-7）

图4-2-7

3. 体前变向运球

两脚左右开立，上体前倾，左手在运球时按拍球的左上部，将球拍向身体正前方的地面，右手接从地面弹起的球后按拍球的右上部，将球拍向身体正前方的地面，左手接从地面弹起的球。（图4-2-8）

图4-2-8

4. 背后变向运球

两脚左右开立，上体前倾，右手在运球时将球引至身体右后方，按拍球的右上部，将球拍向身体正后方的地面；左手在背后接从地面弹起的球后按拍球的左上部，将球拍向身体正后方的地面，右手接从地面弹起的球。（图4-2-9）

背后变向运球

图 4-2-9

5. 运球后转身

以右手运球为例。当防守队员靠近自己右侧时，运球者以左脚为轴，右手按拍球，随着右脚蹬地、后转身将球拉向身体的右后方，同时换左手运球，从防守队员的右侧突破。（图 4-2-10）

运球后转身

图 4-2-10

（五）持球突破技术

持球突破技术是队员在运球过程中运用脚部动作和速度的变化超越对手的一项进攻技术，包括同侧步突破和交叉步突破。

1. 同侧步突破

以左脚作为中枢脚为例。突破时，左脚前脚掌内侧蹬地，右脚迅速向前方跨出一大步，同时上体右转、探肩，身体重心前移，将球移至右手推运，然后左脚迅速蹬地，加速超越对手。（图 4-2-11）

同侧步突破

图 4-2-11

2. 交叉步突破

以左脚作为中枢脚为例。突破时，右脚向前方跨出，做向右突破的假动作。待对手身体重心移动后，右脚前脚掌内侧迅速蹬地，随即向左前方跨出一大步，同时上体左转、探肩，将球移至左手推运，加速超越对手。（图 4-2-12）

交叉步
突破

图 4-2-12

（六）个人防守技术

1. 防守基本站立姿势

两脚前后开立，间距约为 1.5 倍肩宽，身体重心落在两脚前脚掌上，两膝弯曲，上体稍前倾，两眼平视，两臂屈肘。（图 4-2-13）

个人防守
技术

图 4-2-13

2. 防守无球队员

防守队员应站在无球队员与持球队员之间的内侧，抢占"人球兼顾"的有利位置，不让无球队员在篮下轻易接球，严密封锁对方的传接球路线，同时根据战术需要及时夹击、协防、保护内线。

3. 防守持球队员

防守队员应站在持球队员与球篮之间，以对方离球篮的距离、进攻地点来确定自己的防守位置与距离，随时移动脚步，调整防守位置。手臂要不停地挥动，给对方造成压力，寻找堵截和抢断球的机会，以尽快获得控球权。

（七）抢篮板球技术

抢篮板球技术由判断、抢位、起跳、空中抢球、获球后动作等技术动作组成。

（1）判断：抢篮板球的第一反应包括注意球的飞行路线和落点，观察防守队员的位置。

（2）抢位：迅速移动到抢球的最佳位置，用身体挡住防守队员。

（3）起跳：在抢占有利位置的同时，做好起跳准备；起跳时，两脚用力蹬地，两臂向上伸展。

（4）空中抢球：用单手或双手在空中最高点抢球，注意保持身体平衡。

（5）获球后动作：在空中抢到球后，将球保护在腰腹部位，两肘稍外展；获球后，应迅速投篮或传球。

从起跳到获球后动作如图 4-2-14 所示。

图 4-2-14

三、跟我学篮球战术

篮球战术是指在篮球比赛中，在一定的战术指导思想和战术意识支配下，队员与队员之间有策略、有组织、有意识地协同运用相应技术开展攻守对抗的行动。

（一）战术基础配合

1. 进攻战术基础配合

进攻战术基础配合是指两三名队员之间有目的、有组织、快速且有效地协同配合进攻的方法。进攻战术基础配合有传切配合、掩护配合、策应配合、突分配合等。

（1）传切配合。

传切配合是指两三名队员利用传球和切入技术组成的简单配合。传切配合主要分为一传一切配合和空切配合。

（2）掩护配合。

掩护配合是指进攻队员选择正确的位置，用身体和合理的技术动作挡住同伴的防守队员的移动路线，使同伴借以摆脱防守的配合方法。掩护配合主要有前掩护配合、侧掩护配合、后掩护配合三种。

（3）策应配合。

策应配合是指内线进攻队员接球后，以自己为枢纽，与同伴做空切、绕切的配合，借以摆脱防守、创造投篮机会的配合方法。

（4）突分配合。

突分配合是指持球队员突破防守，给同伴传球的配合方法。持球队员突破后，应主动利用传球与同伴配合。

策应配合　　突分配合

2.防守战术基础配合

防守战术基础配合是指两名防守队员以破坏对方进攻战术为目的的协同防守方法。防守战术基础配合包括关门配合，夹击配合，换防配合，挤过、穿过、绕过配合，补防配合等。

（1）关门配合。

关门配合是指邻近的两名防守队员利用脚部动作靠拢，协同封堵突破队员移动路线的配合方法。

（2）夹击配合。

夹击配合是指当持球队员向边角区域运球或在边角区域停球时，两名防守队员同时上前防守持球队员，封堵其传球路线，限制其正常传球和活动范围，与同伴一起进行抢断的配合方法。

（3）换防配合。

换防配合是指为了破坏进攻队员的掩护配合，防守队员之间及时地交换防守对象的一种配合方法。

（4）挤过、穿过、绕过配合。

挤过、穿过、绕过配合是指当进攻队员进行掩护时，防守掩护队员的队员主动让同伴从自己身旁挤过、穿过、绕过，继续防守对手的配合方法。

（5）补防配合。

补防配合是指当同伴被进攻队员突破而有可能失分时，邻近的防守队员立即放弃自己的防守对象，进行补位防守，被突破的同伴立即进行换防的配合方法。

关门配合　　　　夹击配合　　　　换防配合　　　　绕过配合

（二）全队防守战术

全队防守战术是指全体防守队员以破坏对方进攻战术为目的的协同防守方法。常用的全队防守战术有对快攻的防守、区域联防、半场人盯人防守、全场紧逼人盯人防守等。

1.对快攻的防守

在由进攻转防守的瞬间，防守队员有组织地运用个人技术和全队防守战术进行协调配合。首先，防守队员要堵截快攻一传和接应一传，造成进攻队员在运球、传球、跑动上的困难，减缓其进攻速度，为本队防守争取时间。其次，在防守快攻过程中，防守队员要合理地运用技战术的手段来破坏对方的快攻，从而提高本方对快攻的防守能力。

2.区域联防

每名防守队员负责一定的防守区域，严密防守进入该区域的球和进攻队员，同时进行联合防守。运用区域联防战术时，防守队员要以球为主，根据球的不同位置及时、快速地移动，互相补防，紧密配合，观察对方的传球方式，揣测对方的进攻意图。常用的区域联防基本站位有三二联防基本站位和二三联防基本站位。（图4-2-15）

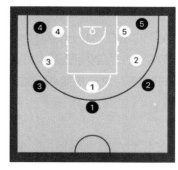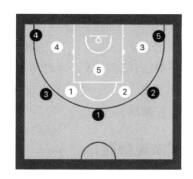

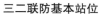

三二联防基本站位	二三联防基本站位

图 4-2-15

3. 半场人盯人防守

每名防守队员盯住自己的防守对象，在一对一防守的同时进行集体防守。防守持球队员时，防守队员对持球队员采取紧逼防守的方法。防守无球队员时，防守队员要错位防守，积极地控制对方的重点队员，干扰其接球。无球一侧的防守队员可向有球一侧适当靠拢，抢占有利位置，以加强协防。

4. 全场紧逼人盯人防守

全场紧逼人盯人防守是指由进攻转为防守时，全体防守队员就地寻找防守对象，在全场范围内紧逼盯人的攻击性防守战术。运用全场紧逼人盯人防守战术时，防守方应突然变化战术，掌握"不让接应，前紧后松，防守运球，堵中放边"的原则。全队积极夹击、断球、补防，以造成对方违例和失误。

（三）全队进攻战术

1. 快攻

快攻是指由防守转入进攻时，进攻队员趁对方立足未稳、来不及防守时，以最快的速度、最短的时间，争取形成以多打少的局面，快速、果断地组织进攻的战术。

2. 进攻区域联防

进攻区域联防是指进攻方针对防守方布置好的联防阵型特点及其薄弱区域，并根据本队情况确定进攻重点和方法所采用的进攻战术。如果防守方采用三二联防基本站位，则其薄弱区域是端线两角和限制区。如果防守方采用二三联防基本站位，则其薄弱区域主要是侧面的两腰和三分线弧顶区域。

3. 进攻半场人盯人防守

进攻半场人盯人防守时，进攻方可依据对方防守情况和本队队员的身高、技术特点，发挥每名队员的技术特长，寻找对方的弱点和突破口，布置进攻战术。进攻方采用进攻半场人盯人防守应建立在全队整体战术（如落位、移动、策应、传切、突分等）基础上，针对对方防守阵型，采取相应的进攻方法，主要通过进攻队员之间的掩护、跑动、穿插，迫使对方防守出现防守漏洞，以增强进攻效果。

4. 进攻全场紧逼人盯人防守

在由防守转入进攻时，进攻队员为摆脱防守队员的堵截，迅速起动，将球从后场向前场推进，利用相互掩护、快速传球、运球等技术，破坏对方的全场紧逼人盯人防守战术。在对方紧逼时，进攻队员要沉着冷静，抓住攻守转换的时机，快速地组织反击，运用掩护配合、策应配合等进攻对方薄弱环节。

四、篮球竞赛规则简介

（一）违例

1. 掷球入界违例

下列情况均属掷球入界违例：① 超过 5 秒球才离手；② 掷球入界的球离手后，使球接触界外；③ 在球接触另一队员前，在场上接触球；④ 在球离手前，从界外指定的掷球入界地点，在一个或两个方向上横向移动总距离超过 1 米。

2. 3 秒钟

某队在前场控制活球并且比赛计时钟正在运行时，该队的队员不得在对方队的限制区内停留超过持续的 3 秒。

3. 被严密防守的队员

一名队员在场上正持着一个活球，一名对方队员在距离他/她不超过 1 米处，并采取积极的、合法防守的动作时，该持球队员是被严密防守的队员。一名被严密防守的队员必须在 5 秒内传球、投球或运球。

4. 8 秒钟

每当一名在后场的队员获得控制活球时，或在掷球入界中，球接触后场的任一队员或者被后场的任一队员合法接触，掷球入界队员所在队仍拥有在后场的球权，该队必须在 8 秒内使球进入该队的前场。

5. 进攻计时钟

每当一名队员在场上获得控制活球时，或在掷球入界中，球接触任一场上队员或被任一场上队员合法接触，并且掷球入界队员的球队仍然控制球时，该队必须在 24 秒内尝试投篮。

6. 球回后场

在前场控制活球的球队不得使球非法地回到他/她的后场。

7. 带球走

当队员在场上持着一个活球，其一脚或双脚超出规则限制，向任一方向非法的运动是带球走。

8. 运球

运球是指一名控制活球的队员在场上将球掷、拍、滚或反弹在地面上。当在场上已获得控制活球的队员将球在地面上掷、拍、滚、运或弹在地面上，并在球接触另一队员之前再次接触球，为运球开始。当队员双手同时接触球或允许球在一手或双手中停留时运球结束。

队员第一次运球结束后不得再次运球，除非在两次运球之间由于下述原因他/她已在场上失去了控制活球：投篮；球被对方队员接触；传球或漏接，然后球接触了另一队员或被另一队员接触。

9. 干涉得分

在一次投篮中，当一名队员接触完全在篮圈水平面之上的球时，并且球是下落飞向球篮中，或在球已碰击篮板后，干涉得分发生。在一次罚球中，当一名队员接触飞向球篮的、接触篮圈前的球时，干涉得分发生。

（二）犯规

1. 侵人犯规

侵人犯规是无论在活球还是死球的情况下，攻守双方队员发生的非法身体接触的犯规。队员不应通过伸展手、臂、肘、肩、髋、腿、膝、脚或将身体弯曲成"不正常的姿势"（超出他/她的圆柱体）去拉、阻挡、推、撞、绊对方队员，或阻止对方队员行进；也不得放纵任何粗野或猛烈的动作出现。

罚则：应登记犯规队员1次侵人犯规。如果对没有做投篮动作的队员发生犯规，由非犯规的队在最靠近违犯的地点掷球入界重新开始比赛；如果犯规的队处于全队犯规处罚状态，所有随后发生的对未做投篮动作的队员的侵人犯规应被判2次罚球，代替掷球入界。如果对正在做投篮动作的队员发生犯规，应按下列所述判给投篮队员若干罚球。如果从中篮区域的出手投篮成功，应计得分并追加1次罚球；如果从2分中篮区域的出手投篮不成功，判2次罚球；如果从3分中篮区域的出手投篮不成功，判3次罚球。

2. 违反体育运动精神的犯规

违反体育运动精神的犯规是一起队员身体接触的犯规，并且根据裁判员判定，包含：

（1）与对方发生身体接触，且该接触不是在规则的精神和意图的范畴内致力于对球作出的攻防尝试。

（2）在尽力抢球或在与对方队员尽力争抢中，造成与对方队员过分的严重身体接触。

（3）一起攻防转换中，防守队员为了中断进攻队的进攻，与进攻队员造成不必要的身体接触。该原则在进攻队员开始他/她的投篮动作之前均适用。

（4）当一名队员正朝向对方球篮行进，且该行进队员和对方球篮之间没有对方队员。该原则在进攻队员开始他/她的投篮动作之前均适用。

（5）在整场比赛中，裁判员对违反体育运动精神的犯规的解释必须一致，并且只能根据其所作所为来判定。

罚则：应给犯规队员登记1次违反体育运动精神的犯规。应判给被犯规的队员执行罚球，以及随后在该队前场的掷球入界线处掷球入界，或在中圈跳球开始第1节。应按下述原则判给若干罚球。如果对没有做投篮动作的队员发生犯规，判2次罚球；如果对正在做投篮动作的队员发生犯规，如果中篮应计得分并追加1次罚球；如果对正在做投篮动作的队员发生犯规，并且球未中篮，判2次或3次罚球。

当登记了一名队员2次违反体育运动精神的犯规或2次技术犯规，或1次技术犯规和1次违反体育运动精神的犯规时，应该取消他/她本场剩余比赛的资格。在此情况下，应只执行该违反体育运动精神的犯规的罚则，不追加执行取消比赛资格的罚则。

3. 取消比赛资格的犯规

队员、替补队员、主教练、助理教练、出局的队员和随队人员的任何恶劣的违反体育运动精神的行为是取消比赛资格的犯规。

罚则：应给犯规者登记1次取消比赛资格的犯规。每当犯规者依据规则的各个条款被取消比赛资格，他/她应去该队的休息室，并在比赛期间留在那里，或者如果他/她愿意，也可以选择离开体育馆。如果是一起非身体接触犯规，由对方主教练指定的任一本队队员执行罚球；如果是一起身体接触犯规，由被犯规的队员执行罚球。

五、解析篮球裁判手势

主要篮球裁判手势如表4-2-1所示。

表4-2-1　主要篮球裁判手势

主要篮球裁判手势							
比赛时钟信号	得分	替换和暂停	提供信息	违例	队员的号码	犯规的类型	特殊犯规

● **思 辨 与 探 究**

1. 篮球基本技术除移动技术、投篮技术外，还包括哪些技术？
2. 简述篮球进攻半场人盯人防守战术。
3. 在篮球竞赛规则中，"违例"的11种情形具体指的是什么？

排球运动

主题导言

　　排球运动是世界上开展较为广泛的运动项目之一，深受各年龄段人群的喜爱。中国国家女子排球队（以下简称"中国女排"）在 20 世纪 80 年代取得"五连冠"之后，在很大程度上促进了我国排球运动的发展及排球技战术水平的提高。排球运动是我国学校体育的主要内容之一。参加排球运动，可不断激发大学生的运动兴趣，培养大学生的集体主义精神和团队合作精神，促进大学生身心全面发展。

学习目标

　　1. 全面了解"女排精神"，并做弘扬体育精神的践行者。

　　2. 掌握排球基本技术、基本战术和竞赛规则，提高排球技战术水平。

　　3. 在参与排球运动的过程中不断提高身体素质，培养集体主义精神和团结合作精神。

一、中国体育故事

（一）"铁榔头"郎平

　　郎平，中国女排前运动员、中国女排前主教练，因其在比赛中扣杀强劲、精确被人们称为"铁榔头"。20 世纪 80 年代，郎平与其他女排队员一起实现"五连冠"，塑造了激励各行各业的人不懈奋斗的"女排精神"—— 祖国至上、团结协作、顽强拼搏、永不言败。在担任中国女排主教练期间，郎平大胆改革创新，搭建复合型女排教练团队，使中国女排获得了奥运会排球比赛、世界女子排球锦标赛、女排世界杯等多项世界大赛冠军。"女排精神"已成为激励国人持续奋斗、自强不息的精神符号。

（二）2004 年雅典奥运会中国女排逆转夺冠

　　在 1981 年女排世界杯比赛上，中国女排第一次夺得世界冠军，之后中国女排实现了"五连冠"。1984 年洛杉矶奥运会之后，中国女排一度进入低谷期，一直到 2004 年雅典奥运会才重回巅峰。在 2004 年雅典奥运会女排决赛上，面对落后两局的不利局面，中国女排的姑娘们没有被击垮，反而在防守和进攻中变得更加坚决和果断，最后以总比分 3：2 击败对手，获得了冠军。这是中国女排继 1984 年洛杉矶奥运会夺冠以来第二次在奥运会女排比赛中摘金。二十年间，几经沉浮、痛苦与挫折后，中国女排重回巅峰。

二、跟我学排球技术

（一）准备姿势

队员在起动、移动和击球前所采用的合理的身体姿势，称为准备姿势。准备姿势是排球运动中所有单项技术动作的基础，其目的是使队员迅速起动和快速移动，为衔接下一个动作做准备。准备姿势包括稍蹲姿势、半蹲姿势、低蹲姿势。（图 4-3-1）

稍蹲姿势　　　　半蹲姿势　　　　低蹲姿势

图 4-3-1

【动作要领】以半蹲姿势为例，两脚左右开立，两脚间距比肩稍宽，两脚脚尖适当内扣，两腿屈膝，大腿与小腿之间的夹角略大于 90°，上体前倾，两臂自然弯曲于体侧，两手置于胸腹之间，抬头看球，随时准备移动。

（二）移动步法

并步

1. 并步

【动作要领】以准备姿势站立。并步时，来球方向同侧脚向来球方向迈出一步，另一脚迅速跟上，并做好击球前的准备。队员可根据来球方向向各个方向移动。

交叉步

2. 交叉步

【动作要领】以右交叉步为例。以准备姿势站立，当向右侧移动时，上体稍右转，左脚经右脚前面（或后面）向右迈出一步，右脚再迅速向右迈出一步，同时身体转向来球方向，做好击球前的准备。左交叉步的动作要领同右交叉步，只是动作方向相反。交叉步的特点是步幅大，动作快，便于制动。

跨步

3. 跨步

【动作要领】以准备姿势站立。跨步时，来球方向异侧脚用力蹬地，另一脚向来球方向跨出一大步，身体重心随即移至跨出脚上。跨步的特点是跨距大，便于队员向前方、斜前方进行低点击球。

（三）发球技术

下面均以右手发球为例介绍发球技术。

1. 正面上手发飘球

【动作要领】面对球网，两脚前后自然开立，左脚在前，右脚在后，左手托球于体前，利用抬臂和手掌的平托上送动作，将球平稳地垂直向上抛于右肩前上方。在左手抛球的同时，右臂抬起，屈肘后引至肘约与肩平，上体稍向右转。击球前，右臂自后向前沿直线挥动。击球时，右手五指并拢，手腕稍后伸，用掌根击球的后下部，作用力通过球体中心。击球瞬间，右手手指、手腕紧张，手型固定，不加推压动作，右臂有突停动作。

正面上手发
飘球

2. 侧面下手发球

【动作要领】左肩对球网，两脚前后自然开立，两脚间距与肩同宽，左手持球于腹前，身体重心在两脚之间。左手于胸前一臂距离处抛球，使球离手高度为20～30厘米。在抛球的同时，右臂以肩关节为轴向身体侧后方摆动，右脚顺势蹬地。击球前，右臂自侧后方向前摆动，身体重心随着右臂的向前摆动前移。击球时，右手在腹前用掌根、虎口或全手掌击球的右后下部。身体重心随着击球动作前移，迅速进场。

侧面下手
发球

（四）垫球技术

【动作要领】两脚左右开立，两脚间距稍比肩宽，两腿屈膝，两臂屈肘置于体侧，肘关节稍内收，上体前倾，两眼注视来球。两手手指并拢，上下叠放，两手拇指的指尖和指根对齐，靠压在上面手手指的第二指节上（图4-3-2），两臂伸直并夹紧，手腕下压，使两臂前臂桡骨内侧（腕关节以上10厘米左右的部位）形成一个平面。迎击来球时，身体正对来球，两臂插入球下，在腰腹前约一臂距离处，用两臂前臂桡骨内侧形成的平面触球的后中下部，同时两腿迅速蹬伸，身体重心前移。击球时，两臂伸直并夹紧，同时提肩压腕、抬臂前送，靠上下肢的协调用力来控制击球的力量和方向（图4-3-3）。

图 4-3-2　　　　　　　　　　　图 4-3-3

（五）传球技术

【动作要领】两臂屈肘抬起，两手置于头部前上方 10 ～ 15 厘米处。两肘自然下垂，手腕稍后伸，两手自然张开成半球形，两手拇指相对成一字形，两手食指相对成八字形，用拇指，食指全部，中指的第二、第三指节，无名指的第三指节和小指指尖触球（图 4-3-4）。两脚左右开立，两脚间距宽于肩，两腿屈膝，身体重心落于两脚之间且略偏前脚掌上。上体前倾，两臂放松，抬头注视来球方向。击球时，依靠蹬地、手腕的力量及手指弹力将球向前上方传出（图 4-3-5）。

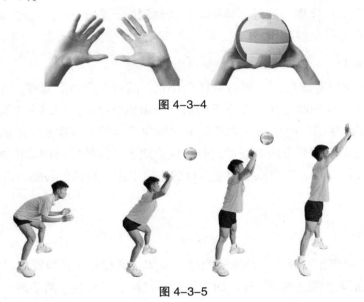

图 4-3-4

图 4-3-5

（六）扣球技术

【动作要领】身体正对来球方向，两臂自然下垂，站在离球网 3 米左右处，两眼紧盯来球，做好向各个方向助跑起跳的准备。助跑（以右手扣球、两步助跑为例）时，左脚先向前迈出一小步，接着右脚迅速跨出一步，左脚及时并向右脚，两脚脚尖稍内转，准备起跳。在助跑跨出最后一步的同时，两臂沿体侧向后摆动。在左脚并向右脚、踏地制动的过程中，两臂积极由后向前摆动。随着两脚蹬地向上起跳，两臂快速上摆，配合起跳。两脚从两腿弯曲制动的最低点，猛力蹬地向上起跳。起跳后，挺胸展腹，上体稍向右后转，右臂向后上方抬起，身体成反弓形。随后以迅速转体、收腹动作发力，依次带动肩、肘、腕各关节发力，成鞭打动作向前上方挥臂击球。击球时，五指稍张成勺形，并保持紧张，以全手掌包满球，以掌心为击球中心，击球的后中部，同时主动用力屈腕向前推压，使扣出的球加速上旋。落地时，以前脚掌着地，同时顺势屈膝、收腹，以缓冲下落力量。（图 4-3-6）

扣球

图 4-3-6

（七）拦网技术

【动作要领】以单人拦网为例，身体面对球网，两脚左右开立，两脚间距与肩同宽，两腿屈膝，两手置于体前。队员可采用并步、交叉步等步法移动到拦网位置。移动到位后，身体立即制动，正对球网起跳。起跳时，膝关节弯曲，两脚用力蹬地，两臂在体侧画小弧并用力上摆，带动身体向上垂直起跳。起跳后，身体保持平衡，两臂沿球网向前上方伸出，两臂伸直，肩部上提。拦网时，两手尽量伸向对方场区上空，手指自然张开成勺形。触球时，两手压腕，用力捂盖球。拦网后，含胸收腹，落地屈膝缓冲。

为了增加拦网面积，队员还可采用双人拦网或三人拦网的方法，同时结合移动步法，可以更快速地到达有效拦网位置。常见的移动拦网包括并步拦网和交叉步拦网。

单人拦网　　　　　　并步拦网　　　　　　交叉步拦网

三、跟我学排球战术

在排球比赛中，球队成员包括二传队员、主攻队员、副攻队员。

二传队员：接对方来球后专门负责第二次传球并组织进攻的队员。

主攻队员：主要攻击手，防守反击中的主要得分队员。

副攻队员：进攻方站在 3 号位的队员，主要负责拦网和进攻。

（一）阵容配备

1."五一"配备

"五一"配备即五名进攻队员（包括两名主攻队员、两名副攻队员、一名接应二传队员）、一名二传队员的配备。这种阵容配备的特点是五名进攻队员围绕二传队员组织进攻，队员之间的配合相对简单，因为进攻队员只需要熟悉一名二传队员的传球特点即可。当二传队员站位在前排时，由于前排只有两名进攻队员，接应二传队员须具备后排进攻能力，以弥

补本方攻击力的不足。当二传队员站位在后排时，本方前排有三个攻击点，丰富了本方进攻套路和进攻战术。（图 4-3-7）

2."四二"配备

"四二"配备即四名进攻队员（包括两名主攻队员、两名副攻队员）、两名二传队员的配备。"四二"配备要求场上有两名水平比较高的二传队员，同时要求其他队员熟悉两名二传队员的传球特点，难度较大。"四二"配备的特点是战术变化丰富，战术组织灵活；缺点是本方前排只有两个攻击点，很难保证本方有充足的进攻力，容易被对方猜到本方的攻击方向。使用"四二"配备，要求场上的两名二传队员至少有一名具备进攻能力，否则本方的进攻能力与使用"五一"配备的球队相比会稍差些。（图 4-3-8）

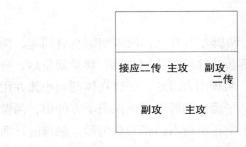

图 4-3-7

图 4-3-8

（二）进攻战术

（1）"边一二"进攻战术：前排 2 号位或 4 号位队员做二传队员，其他两名队员做进攻队员，二传队员在 2 号位组织进攻的居多。这样的进攻战术既对队员的要求不高，易于组织，又能使战术多变，经常出现在中级球队的比赛中，也可能出现在高级球队处于不利局面而要稳定战局时。（图 4-3-9）

（2）"中一二"进攻战术：前排 3 号位队员做二传队员，2 号位、4 号位队员做进攻队员，当二传队员轮转到 2 号位或 4 号位时，相应的 2 号位或 4 号位队员可换位到 3 号位做二传队员。这样的进攻战术较为单一，对队员的要求低，易于组织，经常出现在初级球队的比赛中。（图 4-3-10）

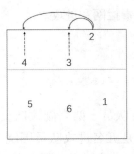

图 4-3-9

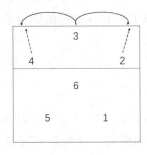

图 4-3-10

（三）防守战术

1. 接发球阵型

接发球阵型既要有利于本方接球，又要有利于本方进攻。另外，本方还要依据对方的发球特点来布置接发球阵型。

（1）五人接发球阵型：除一名二传队员在网前站立或后排插上外，其余五名队员均担负一传的任务，通常为"一三一"或"三二"站位。这种阵型的优点是便于队员分布，缺点是二传队员插上距离较远或进攻变化较少。

（2）四人接发球阵型：二传队员和扣快球队员站在网前不接发球，后场四名队员成一字形或弧线站立。这种阵型便于二传队员传球和进攻跑动，但容易造成本方空当，对接发球队员的判断力和移动速度要求较高，一般用来应对发球技术较差的对手。

2. 防守阵型

（1）不拦网防守阵型：在没有拦网必要时，二传队员在网前，既可以接网前球，又可以组织进攻；前排队员后撤，准备防守和进攻。

（2）单人拦网防守阵型：用于对方进攻力量较弱、扣球以中线为主、吊球较多的情况。单人拦网应以中线为主，防止对方将球吊入本方场区中场，前排不拦网队员后撤以防守前区。

（3）接拦回球防守阵型：接拦回球时，本方一般应在后排留一名队员准备接反弹较远的球，其他队员尽量参加前排保护。在对方组织一点进攻时，本方可采用四人的接拦回球防守阵型。在有战术变化时，进攻队员跑动或跳起后如未扣球，本方应争取保护。二传队员和后排队员应尽量组成两三人的接拦回球防守阵型。

四、排球竞赛规则简介

（一）队的组成

（1）一场比赛中，一支球队可以由最多 12 名队员及以下人员组成：教练成员，包括一名教练员、最多两名助理教练员；医疗成员，包括一名理疗师和一名医生。只有登记在记录表上队的成员才可以进入比赛/控制区，参加赛前的正式准备活动和比赛。

（2）球队中任何 1 名队员可担任队长，并注明在记录表上。

（3）只有登记在记录表上的队员才可以进入场地和参加比赛。教练员和队长在记录表上签字以后，已登记在记录表（和电子记录表）上的队员名单不得更改。

（二）得 1 分、胜 1 局与胜 1 场

1. 得 1 分

以下情况，球队得 1 分：球成功落地在对方场区；对方犯规；对方受到判罚。

2.胜1局

每局（决胜的第5局除外）先得25分同时至少超过对方2分的队胜1局。当比分为24–24时，比赛继续进行至一支球队领先2分（26–24、27–25……）为止。

3.胜1场

（1）胜3局的球队胜1场。

（2）当2–2平局时，决胜的第5局先得15分并至少领先对方2分的球队获胜。

（三）球队的击球

比赛中，队员与球的任何触及都视为击球。每队最多击球3次（拦网除外）将球击回对区。如果超过3次，则该队被判为"4次击球"。

（1）连续击球。1名队员不得连续击球2次（另有规定除外）。

（2）同时击球。2名或3名队员可以同时触球。同队的2名（或3名）队员同时触到球时，被记为2次（或3次）击球（拦网除外）。如果只有其中1名队员触球，则只记1次。队员之间的碰撞不算犯规。2名不同球队的队员在网上同时触球时，比赛继续进行，获球一方可再击球3次。如果该球落在某方场区之外，则判对方击球出界。如果2名不同球队的队员在网上同时触球并造成短暂停留，则比赛继续进行。

（3）借助击球。队员不得在比赛场地之内借助同伴或任何物体支持进行击球，但是队员可以挡住或拉住另一名即将犯规（如触网、过中线等）的同队队员。

（四）犯规

1.队员在球网附近的犯规

（1）对方进攻性击球前或击球时，在对方空间触及球或对方队员。

（2）从网下穿越进入对方空间并干扰对方比赛。

（3）队员的单脚（双脚）全部越过中线进入对方场区。

（4）队员干扰比赛的行为涉及（但不限于）有下列情况：击球行为触及标志杆及标志杆以内球网的任何部分；利用球网进行支撑或稳定身体；通过触网造成对本方有利；妨碍了对方合法的击球试图；拉住或抓住球网。

任何队员靠近球击球或准备击球，不管是他是否击到球，都被视作击球行为。但是，队员身体触及标志杆外侧的球网不算犯规（另有规则除外）。

2.发球时的犯规

（1）发球犯规。下列犯规应被判为发球犯规，即使对方位置错误。发球方队员：发球次序错误；没有遵守"发球的执行"的规定。

（2）发球击球后的犯规。球被发出后出现以下情况仍为发球犯规（除非位置错误）：球触及发球队队员或球的整体没有从过网区通过球网垂直平面；界外球；球越过发球掩护。

3.击球时的犯规

（1）4次击球：一支球队连续击球4次。

（2）借助击球：队员在比赛场地内借助同伴或任何物体的支持进行击球。

（3）持球：球被接住或抛出，而不是被弹击出。

（4）连击：1名队员连续击球2次，或球连续触及1名队员身体的不同部位。

4.进攻性击球的犯规

（1）队员在对方空间击球。

（2）队员击球出界。

（3）后排队员在前场区完成进攻性击球，并且击球时球的整体高于球网上沿。

（4）队员在前场区内对高于球网上沿的对方发球完成进攻性击球。

（5）自由防守队员对高于球网上沿的球完成进攻性击球。

（6）当自由防守队员在前场区用上手传出球后，本方队员在高于球网处完成进攻性击球。

5.拦网犯规

（1）拦网队员于对方进攻性击球前在对方场地空间内触球。

（2）后排队员或自由防守队员完成拦网或参加了拦网的完成。

（3）拦对方的发球。

（4）拦网出界。

（5）从标志杆外侧伸入对方空间拦网。

（6）自由防守队员试图进行个人或参加集体拦网。

思辨与探究

1."女排精神"对你有哪些启发？

2. 简述排球发球、垫球、传球、扣球的动作要领。

3. 排球比赛中的犯规包括哪些具体情况？

主题四 气排球运动

主题导言

　　气排球运动是集健身、娱乐、休闲于一体的大众体育项目，融入了排球运动的许多特点。气排球具有质量小、体积大、球质软的特性，气排球运动的运动量适中，对参与者的技术要求较排球运动低，球的飞行速度慢，球网较低，场地相对较小，因此开展气排球活动的难度小。另外，气排球运动具有较高的观赏性、趣味性和安全性，能有效地激发人们的运动热情，提高人们参与运动的积极性，适合各年龄段人群参与。

学习目标

　　1. 掌握气排球基本技术、基本战术和竞赛规则，并学会灵活运用。
　　2. 在气排球竞赛中感受乐趣，增强体质，增强团队合作意识。
　　3. 学会在日常生活中组织业余气排球活动。

一、中国体育故事

（一）乐山气排球界的"明星"——袁建国

　　袁建国 1954 年出生于井研县马踏镇，1975 年起先后在多所学校任体育教师，从事体育相关工作。提起乐山的气排球运动，袁建国是一个无法绕过的关键人物。自 1976 年袁建国训练的排球队获乐山地区业余体校排球比赛第一名后，他与排球、气排球就分不开了。他从一个气排球运动员开始，慢慢变成了气排球教练、裁判、赛事组织者，并在 2017 年筹建了乐山市气排球协会（现更名为"乐山市排球协会"）。气排球运动一直是袁建国工作、生活的支点。多年来，他走到哪里就把气排球运动带到哪里。即使退休后，他也一直致力于气排球运动的推广科普工作，依然继续着他热爱的气排球事业，如开展气排球公益培训，积极争取社会各界对气排球运动的支持，积极筹办各类气排球比赛等，以让更多人了解气排球运动，加入气排球运动。有人问他有没有想过停下来，他只淡淡地说："我将继续发挥余热，感恩党的培养教育，为发展乐山气排球运动做出贡献。"

（二）张春恒的三个境界

　　2021 年 9 月，武汉市第 11 届运动会成年人气排球比赛在武汉体育馆举行，来自 10 个城区的 26 支队伍、236 名选手参赛。来自中老年组的张春恒曾多次参加"超级杯"全国气排球联赛，有丰富的打气排球的经验，总结出打气排球的三个境界：一是"打得好"，二是"打得巧"，三是"打得妙"。张春恒介绍，气排球运动不是个人项目，而是集体项目。组织方在赛前特意把技术好的气排球队员分配到了各支队伍，让他们去带动、影响每支队伍。张春恒还说，不希望只有一支精英队伍"一枝独秀"，而是希望气排球运动"遍地开花"，让越来越多的人热爱气排球运动。

二、跟我学气排球技术

（一）准备姿势

准备姿势是队员完成发球、接球、传球、扣球、拦网等各项技术的前提和基础。它对各项技术的运用起串联和纽带作用，便于队员及时起动、快速移动，以便在合理位置上完成各项技术动作，实现战术目标。准备姿势主要包括以下三种。

1. 半蹲姿势

两脚左右开立，两脚间距比肩宽，两脚脚尖稍外展，脚跟稍抬起，身体重心放在两脚前脚掌上，膝关节保持一定的弯曲程度。上体稍前倾，收腹含胸。两臂放松，自然弯曲，两肘下垂，两手置于腹前。队员适当放松全身，处于灵活机动状态，并根据场上情况随时调整身体的位置、方向和身体重心。（图4-4-1）

图4-4-1

2. 稍蹲姿势

稍蹲姿势的身体重心比半蹲姿势的身体重心稍高，动作方法与半蹲姿势的动作方法基本相同。稍蹲姿势主要用于扣球和传球。（图4-4-2）

图4-4-2

3. 低蹲姿势

与半蹲姿势相比，低蹲姿势的身体重心更低、更靠前。低蹲姿势主要用于后排防守和跟进保护扣球队员。（图4-4-3）

图4-4-3

（二）移动步法

移动是从起动到制动之间的人体位移。移动速度直接影响击球效果。气排球运动的移动步法主要有以下几种。

1. 并步和滑步

并步

【动作要领】以准备姿势站立。并步时，来球方向同侧脚向来球方向跨出一步，另一脚迅速蹬地并上，做好击球前的准备。连续并步即滑步。

2. 跨步

跨步

【动作要领】跨步时，一脚用力蹬地，另一脚向来球方向跨出一大步，上体前倾，身体重心移至前脚上，后脚随身体重心前移自然跟上，两臂做好迎球动作。

3. 交叉步

交叉步

【动作要领】以左交叉步为例。当向左侧移动时，上体稍左转，右脚从左脚前面（或后面）向左交叉落地，然后左脚向左跨出一步，身体重心移至左脚。身体转向来球方向，保持击球前的准备姿势。右交叉步的动作要领同左交叉步，只是动作方向相反。

（三）接球技术

接球技术主要用于接发球、接扣球、接拦回球，以及防守和处理各种困难球。接球技术有垫球、插托球、捧球、拦挡球等。

1. 垫球

下面以正面双手垫球为例介绍垫球的方法。

（1）准备姿势：身体正对来球方向，成半蹲姿势。

（2）手型：垫球时的常用手型可分为以下两种。① 叠掌式，即两手手指上下重叠成十字状，掌根紧靠，合掌互握，两手拇指并排放在上面手的手指上；② 抱拳式，即两手抱拳

互握，掌根紧靠，两手拇指并排放在拳眼上，两臂自然伸直，手腕下压。（图4-4-4）

叠掌式   抱拳式

图4-4-4

（3）击球部位：两手腕关节以上10～15厘米处，两臂前臂桡骨内侧形成的平面。

（4）垫球方法：① 在垫较小力量的来球时，靠手臂上抬力量来增加球的反弹力，同时还要靠脚蹬地、送腰夹肩动作协调配合；② 在垫中等力量的来球时，主要靠球的反弹力垫球，动作幅度要小，以免因球的反弹力过大而将球垫得过远；③ 在垫较大力量的来球时，手臂要随球后撤，以缓冲来球力量。

2. 插托球

（1）准备姿势：面对来球，根据来球的速度、弧度、落点等可采用不同的准备姿势。

（2）手型：左手在下为左手型，右手在下为右手型。两肩自然下沉，两手十指张开，上下相对，上面手的掌心斜向前，下面手的掌心向上，两肘向外张开。以左手型插托球为例，接球后，左手在下托住球，右手在球后方保护球（图4-4-5）。

图4-4-5

（3）击球动作：在正确迎球手型的基础上，两手自然将球向前上方击出。（图4-4-6）

图4-4-6

3. 捧球

（1）准备姿势：面对来球，根据来球的速度、弧度、落点等可采用不同的准备姿势。

（2）手型：两手掌心斜向上，十指张开，成半球形，手指、手腕与前臂基本在一个平面上，击球位置在腹部以下。（图4-4-7）

图 4-4-7

（3）击球动作：在正确迎球手型的基础上，以两手全手掌触球的下部。上臂微夹紧身体，靠手指与前臂上托的动作瞬间发力将球击出。（图 4-4-8）

图 4-4-8

4. 拦挡球

（1）准备姿势：面对来球，根据来球的速度、弧度、落点等可采用不同的准备姿势。

（2）手型：两手十指张开，成半球形，类似捧球手型。

（3）击球动作：两手击球时，用全手掌与手指同时接触来球，将球向上击出。拦挡球多用于挡击肩部以上、力量大、速度快的来球。

（四）传球技术

1. 正面传球

（1）准备姿势：两脚左右开立，上体稍挺起，两腿微屈，身体重心落在两脚之间，身体放松，两手置于胸前。

（2）手型：两手张开成半球形，两手拇指相对成一字形，手腕稍后伸，十指与球面接触，掌心不触球。手指触球时，以拇指、食指、中指的力量控制球，以无名指及小指护住球。（图 4-4-9）

图 4-4-9

（3）击球点：在额前上方约一个球的距离处。

（4）击球动作：当手与球接触时，手腕应稍后伸，以缓冲来球力量。传长距离球时，发力由下而上，即两脚蹬地，膝关节伸直，含胸直立，两臂伸直，最后用手指、手腕的弹力将球传出。（图 4-4-10）

图 4-4-10

2. 背向传球

（1）准备姿势：上体比正面传球时稍后仰，两手自然抬起并置于额前上方。

（2）手型：与正面传球相似，只是触球时，手腕后伸幅度更大，掌心向上，两手拇指成一字形托球的下部。

（3）击球动作：击球时，手腕后伸，上体前挺，利用蹬腿、展体、伸肘，以及手指和手腕的弹力，将球向后上方传出。（图 4-4-11）

图 4-4-11

3. 插传球

（1）准备姿势：同插托球。

（2）手型：与插托球的手型基本相似。

（3）击球动作：击球时，两手掌心相对成半球形，两手全手掌托球，掌心不触球，利用托、翻、顶的合力将球传出。（图 4-4-12）

图 4-4-12

（五）发球技术

发球是比赛的开始，是 1 号位队员在发球区用一只手臂将抛起的球击入对方场区的行为。以下以右手发球为例，主要介绍正面上手发飘球技术。（图 4-4-13）

正面上手
发飘球

图 4-4-13

（1）准备姿势：身体正对发球方向，左手持球于胸前，站在端线后 1～2 米处。

（2）击球手型和击球点：击球时，右手五指并拢，手腕稍后伸，用掌根部位击球的后中下部。

（3）抛球与引臂：左手将球平稳抛起在右肩前上方，球离手高度约为一个手臂的距离。在抛球的同时，右臂上举后引，肘部适当弯曲，并高于肩，眼睛盯住球。

（4）挥臂击球：触球瞬间，右手手指、手腕紧张，右臂鞭甩击球。击球前，右臂不是沿弧形路线击球，而是由后向前做直线运动。击球后，右臂要有停顿动作。

（六）扣球技术

以下以右手扣球、一步助跑为例，介绍正面扣球技术。（图 4-4-14）

正面扣球

图 4-4-14

（1）准备姿势：扣球助跑前，采用稍蹲姿势，两臂自然下垂，站在离进攻线 1～2 米处，身体转向来球方向，眼看来球，做好向各个方向助跑起跳的准备。

（2）助跑：助跑开始时，右脚先向前迈一步，紧接着左脚及时跟上，踏在右脚左前方（或与右脚平行），两脚脚尖稍向右转，两臂沿体侧向后引摆。

（3）起跳：在助跑跨出最后一步，左脚跟上、踏地制动的同时，两臂积极由后向前摆动，随着两腿蹬地向上起跳，两臂配合起跳有力地向上摆动。

（4）空中击球：起跳后，挺胸展腹，上体稍向后仰并稍向右转，右臂向后上方抬起，肘稍高于肩，身体成反弓形。随后，迅速转体，收腹发力，依次带动肩、肘、腕各关节发力，向前上方鞭甩挥臂击球。击球时，五指张开，以掌心击球为主，全手掌包满球，在右臂伸直最高点的前上方击球的后中部，同时主动用力甩腕，屈腕、屈指向前推压球，使扣出的球上旋飞行。

（5）落地：两脚前脚掌先着地，再迅速过渡到全脚掌着地，同时顺势屈膝、收腹，以缓冲下落力量，并为衔接下一个动作做好准备。

（七）拦网技术

以下主要介绍单人拦网技术。单人拦网技术一般是本方在对方进攻威力不大、球路变化不多、轻打吊球较多时，或因受对方战术迷惑，来不及组织集体拦网时采用的一种拦网技术。单人拦网的动作方法如下。

单人拦网

（1）准备姿势：身体面对球网，两脚左右开立，两脚间距约与肩同宽，距网 30～40 厘米。两腿微屈，两臂屈肘置于体前。

（2）移动：常用的步法有并步、交叉步、滑步。无论采用哪种步法，队员都要做好制动动作，以保证能够及时向上起跳，避免触网和冲撞同队队员。

（3）起跳：原地起跳时，两腿屈膝，身体重心降低，随即两脚用力蹬地，两臂以肩发力，向上画弧摆动，帮助身体迅速跳起。移动后的起跳动作与原地起跳一样，要注意制动并使移动与起跳动作紧密衔接。

（4）空中动作：起跳时，两臂从体侧沿球网向上方伸出，两臂伸直并保持平行。拦网时，两臂应伸过球网去接近球，十指张开成半球形。当手触球时，手腕下压，两手捂盖球的前上部，同时两肩上提。

（5）落地：拦网后，要做含胸、收腹动作，以保持身体平衡，同时压腕、提肩，两臂从球网上收回至本方场区上空，再屈肘向下收回，以免触网。与此同时，两腿屈膝缓冲，两脚同时落地，准备接应来球或做下一个动作。

并步拦网

三、跟我学气排球战术

气排球战术是指队员在比赛中，根据气排球竞赛规则和气排球运动的规律、比赛双方的具体情况和临场变化，合理运用个人技术及集体配合所采取的有意识、有组织的行动。

气排球比赛分五人制比赛与四人制比赛。五人制比赛的场上位置是"前三后二"，即2、3、4 号位为前排，1、5 号位为后排（图 4-4-15）。在气排球比赛中，前后排队员的主要区别是后排队员不能拦网。

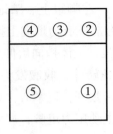

图 4-4-15

（一）阵容配备

1."四一"配备

"四一"配备由四名进攻队员和一名二传队员组成（图 4-4-16）。"四一"配备的特点是二传队员与进攻队员分工明确，进攻点多，全队要适应一名二传队员的技术特点。

2."三二"配备

"三二"配备由三名进攻队员和两名二传队员组成（图 4-4-17）。"三二"配备的特点是二传队员与进攻队员的数量及站位比较合理，便于本方组织进攻和发挥攻击力量。

图 4-4-16

图 4-4-17

（二）个人战术

个人战术是指在集体战术配合的基础上，队员根据个人的特点和战术的需要，巧妙地运用个人技术的变化，达到有效进攻和防守目的的战术。个人战术包括发球个人战术、一传个人战术、二传个人战术、扣球个人战术、拦网个人战术、防守个人战术等。

1.发球个人战术

任务：在观察和分析对方的具体情况后，本方有针对性地采用不同的发球战术，先发制人。常用的发球个人战术有提高发球的性能、控制发球的落点、改变发球的方法等。

2.一传个人战术

任务：在第一次接对方来球时，本方采用有目的、有意识的击球动作，完成一传。常用的一传个人战术有组织快攻的低弧线一传、组织强攻的高弧线一传、突袭对方空当的一传等。

3.二传个人战术

任务：本方有效地组织进攻战术，给扣球队员创造有利的进攻条件，突破对方防守。

常见的二传个人战术有集中与拉开、近网与远网、升点与降点传球、声东击西与假动作、突然把球传入对方场区等。

4.扣球个人战术

任务：根据对方拦网和防守情况，本方选择合理的扣球技术和扣球路线，有效地突破对方防守。

常见的扣球个人战术有变化扣球路线、变化扣球动作等。

5.拦网个人战术

任务：根据对方扣球的情况，本方利用时间、空间等变化因素，用不同手法阻拦对方进攻。

常见的拦网个人战术有侧跳拦直线、直跳拦斜线、改变拦网手位置、空中撤手等。

6.防守个人战术

任务：本方选择最有利的位置，采用合理的接球动作，按战术要求把球防起。

常见的防守个人战术有根据进攻点、进攻手段采用相对合理的防守站位和手型等。

四、气排球竞赛规则简介

（一）比赛方法

1.胜一场

比赛采用三局两胜制，胜两局的队为胜一场。在 1 : 1 平局时，进行决胜局（第三局）的比赛。

2.胜一局

第 1、2 局先得 21 分同时超过对方 2 分为胜一局，当比分为 20 : 20 时，比赛继续进行至某队领先 2 分（22 : 20、23 : 21……）为胜一局。决胜局，先得 15 分同时超过对方 2 分的队获胜，当比分为 14 : 14 时，比赛继续进行至某队领先 2 分（16 : 14、17 : 15……）为胜一局。决胜局，某队得到 8 分时，双方队员交换场地进行比赛，比赛按照交换时的阵容继续进行。

3.得 1 分

下列情况下得 1 分：球成功地落在对方场区；对方犯规；对方受到判罚。

4.弃权和阵容不完整

某队被召唤后拒绝比赛，则宣布该队为弃权。对方以每局 21 : 0 的比分和 2 : 0 的比局获胜。某队无正当理由而未准时到达比赛场地，则宣布该队为弃权。某队被宣布一局或一场比赛阵容不完整时，则输掉该局或该场比赛，判给对方胜该局或该场比赛所必要的分数和局数。阵容不完整的队保留其所得分数和局数。

（二）比赛行为

1.比赛中的击球

比赛中队员与球的任何触及都视为击球，队员必须在本方场区和本方无障碍区空间击球。每队最多击球3次，无论是主动击球还是被动触及球，均作为该队的一次击球。一名队员不得连续击球2次。球可以触及身体的任何部位。球必须被击出，不可接住或抛出。击球时（包括第一、二、三次击球），允许身体不同部位在一个动作中连续触球。

击球时的犯规包括4次击球、借助击球、持球和连击。

（1）4次击球：一个队连续触球4次。

（2）借助击球：队员在比赛场地内借助同伴或任何物体的支持进行击球。

（3）持球：没有将球击出，造成接住或抛出。

（4）连击：一名队员连续击球2次或球连续触及其身体的不同部位。

2.球网附近的球

球的整体必须通过球网上空的过网区进入对方场区。球通过球网时可以触及球网。球入网后，在该队的3次击球内，可以再次击球。

3.球网附近的队员

在不妨碍对方比赛的情况下，允许队员在网下穿越进入对方空间。队员的一只（两只）脚部分越过中线触及对方场区的同时，其余部分接触中线或置于中线上空是允许的，不判为犯规。队员除脚以外，身体任何其他部位触及对方场区为犯规。

队员触网即犯规，比赛过程中在任何情况下都不得触网。队员击球后可以触及网柱、全网长以外的网绳或其他任何物体，但不得干扰比赛。

队员在球网附近的犯规：对方进攻性击球前或击球时在对方空间触球或触及对方队员；从网下穿越进入对方空间并妨碍对方比赛；整个脚越过中线踏及对方场区；除脚以外的身体任何部位越过中线触及对方场区。

4.发球

（1）第一局和决胜局由抽签选定发球权的队首先发球。队员发球的次序按位置表上的顺序进行。当胜一球时，必须轮转发球，由前排右（2号位）队员轮换至1号位发球。

（2）球被抛起或持球手撤离后，必须在球落地前，用一只手或手臂将球击出。跳发球起跳时，脚不得踏及或超越跳发球限制线。起跳空中击球后，脚可以落在任何位置。

（3）发球队的队员个人或集体挥臂、跳跃或左右移动，或集体密集站位遮挡球的飞行路线，则构成发球掩护。

5.进攻性击球的限制

进攻线后（后场区），队员可以对任何高度的球完成进攻性击球，但击球起跳时脚不得踏及或越过进攻线；队员可以在进攻线前（前场区）完成进攻性击球，但球的飞行轨迹必须高于击球点，有明显向上的弧度过网进入对方场区。

6.拦网

允许拦网队员的手过网拦网，但不得干扰对方击球。过网拦网的触球必须在对方进攻性击球之后；在对方进攻性击球同时或之前拦网触球均为犯规。拦网的触球不算作球队三次击球中的一次击球。拦网后可以由任何一名队员进行第一次击球，包括拦网时已经触球的队员。

7.正常的比赛间断

每局比赛中，每队最多请求 2 次暂停和 4 人次（四人制）或 5 人次（五人制）换人，所换队员不受位置限制。

每次暂停时间为 30 秒。暂停时，比赛队员必须离开比赛场区到球队席附近的无障碍区。

换人必须在换人区内进行。换人由教练员或场上队长请求，换人时，场外队员要做好上场的准备。

8.局间休息与交换场区

（1）第一局结束后休息 2 分钟，决胜局前休息 3 分钟。

（2）第一局结束后，比赛队交换场区。决胜局中某队获得 8 分时，两队交换场区，不休息，队员在原来的位置继续比赛。

思辨与探究

1. 简要介绍气排球与排球在传球、接球、扣球等方面的异同。

2. 气排球的个人战术有哪些？

3. 在气排球比赛中，队员出现哪些情况可以被判罚为拦网犯规？

模块五
小球类运动

主题导言

乒乓球运动的特点是球体小，球速快，球路变化多，趣味性强，设备比较简单，不受年龄、性别和身体条件的限制，具有广泛的群众基础和较高的锻炼价值，比较容易开展和普及。大学生经常参加乒乓球运动可以提高身体的灵敏性和协调性，提高动作的速度和上下肢的活动能力，改善心血管系统的机能，促进新陈代谢，增强体质，并能培养勇敢顽强、机智果断等品质。

学习目标

1. 熟练掌握乒乓球的基本技术和基本战术，提高乒乓球运动水平。

2. 了解乒乓球竞赛规则，学会组织和欣赏乒乓球比赛。

3. 在乒乓球运动中提高身体素质，正确处理竞争与合作的关系。

一、中国体育故事

（一）著名乒乓球女运动员邓亚萍

邓亚萍，中国著名乒乓球运动员，共获得 18 个世界冠军。她连续 8 年保持世界乒坛排名第一，是乒乓球运动史上排名"世界第一"时间最长的女运动员。

邓亚萍的身高只有 1.55 米，这对她成为一名优秀的乒乓球运动员极其不利。弥补身高缺陷的唯一办法就是使步法更快、进攻更加凶猛、防守更加严密。在通向世界冠军的路上，邓亚萍一直在用心苦练。刻苦的训练换来了丰厚的回报。从 20 世纪 80 年代末到 90 年代末，邓亚萍几乎包揽了世界各大乒乓球赛事的女单冠军。

邓亚萍在乒乓球运动上取得的重大成就与其持之以恒地刻苦训练，以及她在乒乓球运动中形成的勇敢顽强、坚韧不拔的意志品质密不可分。

（二）著名乒乓球男运动员马龙

马龙，中国男子乒乓球队运动员。马龙从 5 岁开始学习乒乓球，2003 年进入中国国家乒乓球队。2012 年，马龙在乒乓球世界杯比赛中第一次获得男单世界冠军。2014 年，马龙夺得了个人第 4 个乒乓球亚洲杯冠军，成为夺得乒乓球亚洲杯冠军最多的选手，被称为"亚洲第一人"。在 2016 年里约热内卢奥运会上，马龙获得乒乓球比赛男单冠军、男团冠军。2017 年，马龙获得 2016 CCTV 体坛风云人物最佳男运动员奖。2018 年，马龙夺得国际乒联巡回赛德国公开赛冠军，成为历史上首位五夺德国公开赛男单冠军的球员。2019 年，马龙实现世界乒乓球锦标赛"三连冠"。同年，他夺得中国乒乓球公开赛男单冠军，这是马龙收获的第 28 个公开赛男单冠军，他也因此成为"世界巡回赛第一人"。2019 年，马龙任中国乒乓球协会运动员委员会主任。在 2020 年东京奥运会上，马龙获得乒乓球比赛男单冠军、男团冠军。

马龙在赛场上奋力拼搏，凭借高超的运动技能·为人们奉上了一场场视觉盛宴，对拼搏精神做出了深刻的诠释，体现了胸怀祖国、放眼世界、为国争光的爱国主义精神，发愤图强、自力更生、艰苦奋斗的实干精神。

二、跟我学乒乓球技术

（一）准备

1. 握拍方法
乒乓球握拍方法有直拍握法和横拍握法两种。（图 5-1-1）

直拍握法　　　　　　　　　　　横拍握法

图 5-1-1

两种握拍方法的优缺点如下。

（1）直拍握法。

优点：正手攻球有力，有利于进攻；能通过速度、力量优势取得主动权。

缺点：反手不能用外力提拉球，攻削结合困难，防守范围小。

（2）横拍握法。

优点：照顾面广，可攻可削；反手攻球、削球时，手腕容易着力，威胁性比直拍反手击球的威胁性大。

缺点：手腕的灵活性不强，在变换球的落点和旋转性质时，隐蔽性不强，战术意图容易被对方识破。

2. 球拍的胶皮

球拍的胶皮有以下几种类型。（图5-1-2）

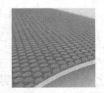
正胶：颗粒的直径等于颗粒的高度

生胶：颗粒的直径大于颗粒的高度

长胶：颗粒长且柔软

反胶：光滑的一面向上

图 5-1-2

（1）正胶：胶皮颗粒向上，直径与高度相等的胶皮，又称短颗粒胶皮。其特点是弹性好，击球速度快，击球稳，"不吃转"，适合近台快攻。

（2）生胶：胶皮颗粒向上且直径大于高度的胶皮。其特点是击球下沉，搓球旋转力较弱。

（3）长胶：胶皮颗粒高度为 1.5～1.7 毫米，颗粒向上、长且柔软的胶皮。它主要依靠来球的旋转或冲力增加回球的旋转速度或旋转变化。

（4）反胶：胶皮颗粒向下、光滑的一面向上的胶皮。其特点是击球旋转力强，击球稳定，适合弧圈型或弧圈结合快攻型打法。

（二）基市步法

1. 单步

【动作要领】以一脚为轴，另一脚向前、向左或向右移动一步，身体重心也随之落到移动脚上。单步较简单，移动范围小，身体重心平稳。

2. 滑步

【动作要领】两脚几乎同时蹬地，向来球方向起跳，几乎同时离地，远离来球的脚先落地，另一脚紧随着落地。滑步移动范围较大，身体重心转换迅速，适用于连续、快速回击来球时。

3. 并步

【动作要领】一脚（并步脚）先向另一脚并半步或一小步，另一脚在并步脚落地后即向同方向移动。

（三）发球

发球是重要的乒乓球技术。发球时，队员可以选择最合适的位置，按照自己的意图发出各种各样的球。发球质量高可直接得分或为下一板抢攻创造机会。

1. 正手平击发球

【动作要领】左脚稍前，上体略右转，左手将球向上抛起时，右臂内旋，使拍面稍前倾，向身体右后方引拍，右臂从身体右后方向左前方挥动，击球的后中上部，使球向左前方运动。球发出后，右臂继续向左前方随势挥动，迅速还原。

2. 正手发左侧上（下）旋球

【动作要领】左手抛球时，右手向身体右后上方引拍，手腕外展。当球下落至与球网同高时，右臂迅速向左前下方挥动。在球拍触球的瞬间，手腕快速向左上方转动，球拍从球的中部向左上方摩擦，使球向左侧上旋（手腕快速向左下方转动，球拍从球的中部向左下方摩擦，使球向左侧下旋）。

正手发左侧上旋球　　正手发左侧下旋球

3. 发加转球与不转球

【动作要领】发加转球时，身体靠近球台，左脚稍前，左手掌心托球置于身体右前方。左手将球抛起的同时，上体略右转，右臂向身体右后上方引拍，拍面后仰。若采用直拍握法，则手腕伸展；若采用横拍握法，则手腕略

发加转球与不转球

向外展。当球从高点下降至稍高于球网或与球网同高时，腰带动前臂加速向左前下方挥动，同时手腕屈曲并内收，以球拍远端（拍头）触球，击球的后中下部并向底部摩擦。发不转球的动作方法与发加转球的动作方法基本相同，区别在于发不转球时，在球拍触球的瞬间要减小拍面后仰角度，击球的后中部或后中下部，减小向下的摩擦力，稍加向前推球的力量，使作用力接近球心。

（四）接发球

接发球时，队员应根据自己的打法特点和来球性质，合理选择推、搓、削、拉、攻等技术回击球。

（五）攻球

攻球具有速度快、力量大等优点，是一项重要的乒乓球基本技术。攻球按正反手可分为正手攻球与反手攻球；按站位的远近可分为近台攻球、中台攻球和远台攻球；按击球点、击球时间不同可分为抽球、拉球、扣球、杀高球等。

1. 正手攻球

（1）正手近台攻球。

【动作要领】以右手持拍为例，以下均同。右手引拍至身体右侧，上臂与

正手攻球

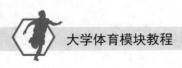

身体约成 35°，上臂与前臂约成 120°。当球从台面上弹起时，右臂由右侧向左前上方迅速挥动，以前臂发力为主。击球时，食指放松，拇指压拍，使拍面前倾，结合手腕内转动作，在球的上升期击球的后中上部。（图 5-1-3）

图 5-1-3

（2）正手中台攻球。

【动作要领】站位稍远，动作幅度较大，右手发力击球。击球时，右臂以上臂发力为主，带动前臂和手腕向左前上方挥动，在球的最高点或下降前期击球的后中部。

（3）正手拉球。

【动作要领】当球从最高点开始下降时，右臂由后向前上方挥动，前臂迅速内收，手腕转动，使球拍摩擦球的后中下部。

（4）正手扣杀球。

【动作要领】右手引拍至身体右后方，然后向前迎球；当球跳到高点期时，右臂上臂带动前臂加速向左前下方发力挥动，腰部、髋部向左转动配合发力，拍面前倾，击球的后中上部。击球后，右臂向左前下方随摆，然后迅速还原。

2.反手攻球

（1）横拍反手攻球。

【动作要领】两脚分开幅度较大，身体稍向左偏斜，右手向身体左后方引拍，略收腹，拍面稍前倾，在球的上升期击球的后中上部，以前臂发力为主，向右前上方挥动。击球后，迅速还原。（图 5-1-4）

横拍反手攻球

图 5-1-4

（2）直拍反手推挡。

直拍反手推挡

【动作要领】站位靠近球台，两脚分开站立。击球前，右手引拍到腹前，上臂与前臂约成 100°。击球时，右臂上臂贴近身体，前臂外旋向前上方挥动，配合转体动作使拍面略前倾，在球的上升期击球的后中上部。击球后，迅速还原。（图 5-1-5）

图 5-1-5

（3）直拍反手横打。

【动作要领】右手手腕自然下垂，但不要吊腕。引拍时，腰部向左下方成弧形转动。击球前，两腿膝关节稍弯曲，收腹，身体重心略下降。击球时，右臂前臂、手腕向前上方挥动摩擦，利用挺腹和两脚蹬地发力，以肘关节为轴，在球的下降前期击球，摩擦球的后中下部，主要靠拇指和中指发力，食指自然放松。（图 5-1-6）

图 5-1-6

直拍反手横打

（六）搓球

1.正手搓球

【动作要领】站位靠近球台，右臂前臂和手腕外旋，使拍面稍后仰，在球的下降前期用球拍的下半部摩擦球的后中下部，前臂须加速向前下方用力。击球后，前臂随势前送，立刻放松并迅速还原。横拍正手搓球如图 5-1-7 所示，直拍正手搓球如图 5-1-8 所示。

图 5-1-7　　　　图 5-1-8

正手搓球

2.反手搓球

【动作要领】站位靠近球台，右臂前臂和手腕内旋，引拍至身体左前下方，使拍面后仰，在球的下降前期用球拍的下半部摩擦球的后中下部，前臂加速向前下

反手搓球

方用力，手腕外展，配合用力。击球后，前臂随势前送，立刻放松并迅速还原。（图 5-1-9）

图 5-1-9

3.摆短

正手摆短　反手摆短

【动作要领】击球时，身体重心上移，右臂放松，触球时稍加摩擦，靠身体重心上移的惯性将力传到球上，通过手臂和手腕的控制使回球路线略变短。摆短的核心在于回球路线短、回球弧线低且落点多变。

4.劈长

正手劈长　反手劈长

【动作要领】在球处于高点期时，右臂通过身体重心上移和前臂前送发力，带动手腕向前下方挥拍摩擦球的后中下部。高质量的劈长可使球旋转得较快，而加力时增加的摩擦力有利于增强球的稳定性，可造成对手起球困难。

（七）弧圈球

正手前冲弧圈球

1.正手前冲弧圈球

【动作要领】右手加大引拍幅度，尽可能增大挥拍的动作半径，加快挥拍速度，在球拍达到最快速度时触球。单纯用上肢发力，前冲力不强，因此腿部、髋部、腰部的配合不可缺少。击球时，球拍的摩擦力应大于撞击力，球拍触球的位置要合适，防止打滑。（图 5-1-10）

图 5-1-10

2.反手前冲弧圈球

【动作要领】两脚分开站立，身体重心落于左脚上，上体略左转，右臂自然弯曲，右手手腕内收。引拍时，右臂前臂外旋拉向身体左后方，使拍面前倾。当球弹起至高点期或上升后期时，球拍触球的后中上部，腰部、髋部由左向右前上方转动，上臂带动前臂，以前臂为主加速向前上方摩擦，鞭打式击球。球拍触球后，右手手腕向前加力，以增大球拍对球的摩擦力，身体重心由左脚移至右脚。（图 5-1-11）

图 5-1-11

横拍反手前冲弧圈球

直拍反手前冲弧圈球

3.正手加转弧圈球

【动作要领】引拍时，球拍必须低于来球，但身体不要下沉太多。拉球时，右臂由下向上发力，前臂快速收缩，触球时尽量延长球拍摩擦球的时间。身体重心随右脚蹬地、转腰、挥臂动作逐渐提高。（图 5-1-12）

正手加转弧圈球

图 5-1-12

4.反手加转弧圈球

【动作要领】向后引拍时，动作幅度不要太大，肘部离身体稍远，以利于挥动前臂。腰部、髋部发力，伸膝、转腹、蹬地与身体重心转换协调配合，使球旋转得较快。（图 5-1-13）

图 5-1-13

反手加转弧圈球

（八）基本组合技术

1.两点攻

两点攻是两点打一点的练习方法，不但可以提高队员的正手攻球技术，而且对队员的步法训练有很大帮助。它主要用于解决身体重心转换问题，使队员在移动中击球更稳定，能更快地进行下一板击球。队员做好准备姿势，在规定的两个点上左右循环移动击球；一般采用滑步，两脚落地后，持拍手迅速完成击球。两点走位的范围是 1/2 台。（图 5-1-14）

两点攻

图 5-1-14

2. 推侧攻

（1）本方在对推中以力量、速度和落点优势压制对方，伺机侧身抢攻。

（2）本方在对推中用反手攻球进行配合，寻找机会，伺机侧身抢攻。

横拍推侧攻

（3）本方在对推中突然加力推或推下旋球，迫使对方回球较高，然后立即侧身抢攻。

（4）如果本方的推挡技术强于对方的推挡技术，则本方可推压对方反手位，伺机侧身抢攻。

直拍推侧攻

推侧攻如图 5-1-15 所示。

图 5-1-15

3. 左推右攻

（1）当本方推挡略占上风时或在侧身抢攻成功后，对方往往会主动变线到正手位，此时本方可采用有力的正手攻球回击对方。

（2）本方主动推直线球，引诱对方回斜线球，用正手攻直线球，反袭对方空当。

左推右攻如图 5-1-16 所示。

左推右攻

图 5-1-16

4. 搓攻

横拍搓攻

搓攻是指进攻型队员利用搓球的旋转和落点的变化为进攻创造机会的技术。（图 5-1-17）

（1）变换搓球落点，伺机进行突击。

（2）搓加转球与不转球相结合，变换球落点，伺机突击。

（3）搓拉与变换球落点相结合，伺机突击。

图 5-1-17

5.推侧扑

推侧扑是一项比较有难度的乒乓球技术。一般练习步骤为反手推、侧身、扑正手。

（1）直拍用推挡或反手横打还击，横拍用拨球还击。

（2）以并步充分侧身，转换为正手击球。

（3）以交叉步迈向合适击球点，正手扑球。

推侧扑

（九）双打基本技术

1.双打的站位

（1）发球员及其同伴的站位。

① 平行站位：主要用于进攻型队员发球时。发球员站位偏右，其同伴居中且近台站立。

② 前后站位：主要用于削攻型队员发球时。发球员站位偏右略前，其同伴站位居中稍后。

（2）接发球员及其同伴的站位。

① 平行站位：主要用于一左一右持拍的进攻型队员接发球时。接发球员站于近台偏右位置，让出 3/4 的位置给同伴控制台面，做好还击的准备。

② 前后站位：主要用于进攻型队员用正手接发球时。接发球员站于近台偏中位置，以利于正手进攻，其同伴略靠后且与接发球员错位站立。削攻型队员用正手或反手接发球时均应采用前后站位。

2.双打的发球与接发球技术

（1）本方发接近中线的近网短球（以发加转下旋球或侧下旋球为主，配合不转球）以压制对方。

（2）本方发右侧上（下）旋球，迫使对方把球回到本方台区偏左（或中间）处，以缩小同伴移动击球的范围。

（3）本方发急长球至对方右大角或近中线处，迫使对方移位，以增大对方接球的难度。

（4）本方采用直接抢攻或抢冲技术，将球回至对方防守薄弱位置，限制对方进攻，以打在对方右角空当处的斜线球或回近网短球为主，或以打追身球和反手斜线球为主，结合回近网短球。

三、跟我学乒乓球战术

（一）单打战术

1.发球抢攻战术

发球抢攻战术是一种先发制人的战术，特别适合以攻为主的队员采用。常用的发球抢攻战术：① 急球与轻球结合球落点变化进行抢攻；② 上旋球与下旋球、侧上旋球与侧下旋球结合球落点变化进行抢攻；③ 转球与不转球结合球落点变化进行抢攻；④ 急球与侧上旋球、侧下旋球结合进行抢攻；等等。

2.对攻战术

对攻战术是双方以进攻型打法对垒时常用的一种重要战术。采用快攻类打法时，本方可以充分发挥技术优势调动对方，以达到攻击的目的；采用弧圈球类打法时，本方可以充分发挥球的旋转威力来牵制对方，以达到攻击的目的。常用的对攻战术有攻两角、侧身攻、攻追身球、轻重结合等。

3.拉攻战术

拉攻战术是以攻为主、应对削球类打法的主要战术。运用拉攻战术时，本方首先要拉得稳，并注意球的落点、旋转和力量的变化；其次要有拉中突击、拉冲结合、连续扣杀的能力。常用的拉攻战术有攻两角、长短结合、轻重结合、攻防结合等。

（二）双打战术

双打队员必须根据本方的风格、技术特点来选择战术，充分发挥本方的优势和特长。常用的双打战术如下。

1.发球抢攻

应对进攻型或弧圈型打法的选手，本方应以发侧上（下）旋球或加转与不转的近网球为主，配合发急球至对方右大角或中线偏右处，伺机抢攻、抢冲。

2.接发球抢攻

接发球抢攻是本方在判断清楚来球的旋转方向、速度、落点后果断抢攻的战术，主要攻击对方的空当。遇长球时，本方可用快攻或快拉回击；遇短球时，本方以快摆为主，配合摆短或"撇一板"。

3.交叉攻两角，伺机扣杀空当

本方先迫使对方在左右移动的过程中暴露空当，再攻击对方的空当。

4.紧逼追身，扣杀两角

本方打对方队员的追身球，使对方让位困难和被动，伺机扣杀对方两角。

5.连续攻击一角，再突袭另一角

本方一般先连续攻击对方较弱的一角，迫使对方两人挤到一起，再伺机攻击对方另一角。

四、乒乓球竞赛规则简介

（一）发球与还击

1. 发球

（1）发球开始时，球自然地置于不持拍手的手掌上，手掌张开，保持静止。

（2）随后发球员须将球几乎垂直地向上抛起，不得使球旋转，并使球在离开不持拍手的手掌之后上升不少于16厘米，球在上升和下降至击球前不应触及任何物体。

（3）当球从抛起的最高点下降时，发球员方可击球，使球首先触及本方台区，然后直接触及接发球员台区。在双打中，球应先后触及发球员和接发球员的右半区。

（4）从发球开始，到球被击出，球要始终在比赛台面的水平面以上和发球员的端线以外；而且从接发球方看，球不能被发球员或其双打同伴的身体或他（她）们所穿戴（带）的任何物品挡住。

（5）运动员发球时，有责任让裁判员或副裁判员确信他（她）的发球符合规则的要求，且裁判员或副裁判员均可判定发球不合法。

（6）运动员因身体残疾而不能遵守合法发球的某些规定时，可由裁判员酌情放宽执行有关规定。

2. 还击

对方发球或还击后，本方运动员应击球，使球直接触及对方台区，或触及球网装置后，再触及对方台区。

（二）胜负判定

1. 1分

除被判重发球外，一个回合下列情况该运动员得1分。

（1）对方运动员未能合法发球。

（2）对方运动员未能合法还击。

（3）运动员在发球或还击后，对方运动员在击球前，球触及了除球网装置以外的任何东西。

（4）对方击球后，球没有触及本方台区而越过本方台区或端线。

（5）对方击球后，球穿过球网，或从球网和网柱之间、球网和比赛台面之间通过。

（6）对方阻挡。

（7）对方故意连续2次击球。

（8）对方用不符合规定的拍面击球。

（9）对方运动员或其穿戴（带）的任何东西使比赛台面移动。

（10）对方运动员或其穿戴（带）的任何东西触及球网装置。

（11）对方运动员不执拍手触及比赛台面。

（12）双打时，对方运动员击球次序错误。

2.一局比赛

在一局比赛中，先得 11 分的一方为胜方。当双方均得 10 分后，先领先对方 2 分的一方为胜方。

3.一场比赛

一场比赛由奇数局组成。

（三）比赛中的击球次序

在单打中，首先由发球员发球，再由接发球员还击，然后发球员和接发球员交替还击。在双打中，除规则规定的情况之外，首先由发球员发球，再由接发球员还击，然后由发球员的同伴还击，再由接发球员的同伴还击，此后，运动员按此次序轮流还击。

（四）发球、接发球次序和方位

（1）选择首先发球、接发球和方位的权力应由抽签来决定。中签者可以选择先发球或先接发球，或选择在某一方位开始比赛。

（2）当一方运动员选择了先发球或先接发球，或选择了在某一方位开始比赛，另一方运动员应做出另一个选择。

（3）在每 2 分之后，接发球方即成为发球方，依此类推，直至该局比赛结束，或者直至双方比分都达到 10 分或实行轮换发球法，这时，发球和接发球次序仍然不变，但每人只轮发 1 分球。

（4）双打的第一局比赛，先由有发球权的一方确定第一发球员，再由接发球方确定第一接发球员；以后的每局比赛，由先发球的一方确定第一发球员，第一接发球员则是前一局发球给他（她）的运动员。

（5）在双打中，每次换发球时，前面的接发球员应成为发球员，前面的发球员的同伴应成为接发球员。

（6）一局中首先发球的一方，在该场下一局应首先接发球。在双打决胜局中，当一方先得 5 分时，接发球方应交换接发球次序。

（7）一局中，在某一方位比赛的一方，在该场下一局应换到另一方位。在决胜局中，一方先得 5 分时，双方应交换方位。

● 思辨与探究

1.你能结合乒乓球球拍胶皮的相关知识，选择适合自己的球拍吗？

2.乒乓球发球的主要技术类型及正手平击发球的动作要领是什么？

主题二　羽毛球运动

主题导言

　　羽毛球运动是一项灵活多变、可快可慢、隔网对击的运动项目，既是奥运会的正式比赛项目，又是老少皆宜、易于被掌握的大众体育项目。羽毛球运动由于趣味性强、锻炼价值高而深受人们的喜爱。经常参加羽毛球运动能有效地提高练习者的各项身体素质，对培养练习者勇敢顽强、坚韧不拔等意志品质具有积极作用。

学习目标

　　1. 掌握羽毛球的基本技术和基本战术，提高羽毛球运动水平。

　　2. 了解羽毛球竞赛规则并学会欣赏羽毛球比赛，积极参与羽毛球运动。

　　3. 通过经常参与羽毛球运动，不断提高身体素质，养成良好的锻炼习惯。

一、中国体育故事

（一）羽毛球运动的"中国时代"

　　20 世纪 80 年代是我国羽毛球运动的辉煌时期，是羽毛球运动的"中国时代"。1981 年，在美国举行的第 1 届世界运动会羽毛球 5 个项目的比赛中，中国运动员一举夺得 4 枚金牌，这是我国羽毛球运动员首次在世界性羽毛球比赛中亮相。1982 年，中国男子羽毛球队首次参加世界男子羽毛球团体锦标赛（汤姆斯杯赛）便获得冠军。1984 年，中国女子羽毛球队把世界女子羽毛球团体锦标赛奖杯（尤伯杯）捧在怀中。1986 年，中国国家羽毛球队获得汤姆斯杯和尤伯杯两座奖杯。1987 年，在第 5 届世界羽毛球锦标赛的 5 个单项比赛中，中国羽毛球运动员囊括了全部冠军。中国羽毛球运动员凭借高超的技术和顽强拼搏、永不言弃的意志品质创造了一个国家同时获得世界羽毛球男女团体赛和 5 个单项个人赛的全部冠军的纪录，这极大地振奋了民族精神。

（二）身患癌症仍拼搏赛场的林芝暖

　　林芝暖是中国香港的一位可爱、美丽的女孩。在小学六年级时，她不幸患上了骨癌。从此，林芝暖走上与病魔抗争之路。林芝暖虽然经受了身体上的莫大痛苦，但始终非常乐观。她在病情有所好转之后，就开始练习羽毛球，并立志成为优秀的羽毛球运动员。功夫不负有心人，林芝暖在 2018 年亚洲残疾人运动会羽毛球女子单打比赛中取得了第 3 名的好成绩。她在戴上铜牌的时候，笑得非常灿烂。这枚铜牌来之不易，背后隐藏着林芝暖无数的艰辛和泪水。林芝暖勇敢顽强、乐观向上的精神激励着人们。

二、跟我学羽毛球技术

（一）握拍方法

1. 正手握拍法

【动作要领】握拍手五指自然分开，以与人握手的姿势握住拍柄。指根紧贴拍柄，食指高于拇指，中指指端在拇指下。拍柄与掌心留有空隙，以便发力。（图 5-2-1）

图 5-2-1

2. 反手握拍法

【动作要领】在正手握拍法的基础上，拇指和食指将拍柄稍向外转，拇指顶在拍柄内侧的宽面或内侧棱上，其余四指并拢握住拍柄，掌心空出，以便发力。（图 5-2-2）

图 5-2-2

（二）击球技术的基本环节

羽毛球击球技术的基本环节包括起动、移动、协助完成击球动作和回动。

（1）起动：队员从中心位置以准备接球姿势向击球位置出发。

（2）移动：队员从中心位置起动后移至击球位置。

（3）协助完成击球动作：根据不同的击球方式，队员站到适合这种击球方式的最有利的位置上，完成击球。

（4）回动：击球后，队员应尽力保持（或尽快恢复）身体平衡，并即刻向中心位置移动，以便在中心位置做好迎击下一个球的准备。

（三）基本步法

羽毛球基本步法有上网移动步法（图 5-2-3）、两侧移动步法（图 5-2-4）和后退移动步法（图 5-2-5）。

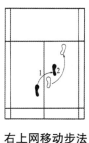
右上网移动步法

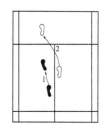
左上网移动步法

图 5-2-3

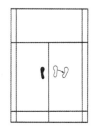
向右侧移动步法

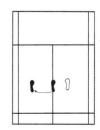
向左侧移动步法

图 5-2-4

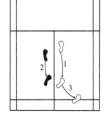
正手后退移动步法

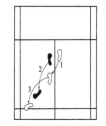
头顶击球后退移动步法

图 5-2-5

上网移动
步法

两侧移动
步法

后退移动
步法

（四）发球

1. 正手发后场高远球

【动作要领】以右手握拍为例（下同）。两脚站在前发球线后约 1 米处，左肩对球网，两脚前后开立（左脚在前，右脚在后），两脚前后距离与肩同宽，身体重心落在右脚上。右手正手握拍于身体右后侧，左手持球、抛球，右手挥拍击球。击球时，身体重心由右脚移至左脚。

正手发后场
高远球

2. 反手发网前小球

【动作要领】两脚站在前发球线后 10 ～ 50 厘米处，两脚左右开立，距离与肩同宽。右臂屈肘，右手反手握拍，左手持球于拍前。击球时，右臂前臂带动右手手腕横切推送球，使球的飞行弧线略高于网顶，并使球下落到对方场区的前发球线附近。（图 5-2-6）

正面

图 5-2-6

（五）接发球

接发球

【动作要领】在接发球时，一般左脚在前，右脚在后，两膝微屈，身体重心落在前脚上，后脚脚跟稍抬起。身体侧对球网，右手将球拍举在右前上方，两眼注视对方。一般情况下，单打接发球站位在距前发球线 1.5 米处，双打接发球站位在靠近前发球线的地方。

（六）击球

1. 后场击球技术

（1）正手击高远球。

【动作要领】两脚前后开立（左脚在前，右脚在后），身体重心落在右脚上。右手正手握拍，举于右肩上方。击球时，右臂后引，提肘，右脚蹬转，收腹，自下而上发力，右臂以肩为轴鞭打式挥动，在手臂伸直的最高点击球，将球击至对方端线附近。（图 5-2-7）

侧面

图 5-2-7

（2）扣杀球。

【动作要领】两脚前后开立（左脚在前，右脚在后），身体重心落在右脚上。右手正手握拍，举于右肩上方。击球时，队员要充分运用腰部、腹部和肩部的力量。发力时，身体稍后仰。击球点在右肩前上方。（图 5-2-8）

扣杀球

侧面

图 5-2-8

（3）吊球。

【动作要领】吊球的动作要领与扣杀球的动作要领相似，主要区别是击球点和用力方法

不同。吊球的击球点比扣杀球的击球点稍高；击球瞬间，右手突然减力，闪动手腕切削球托。（图5-2-9）

侧面

图5-2-9

2. 中场击球技术

（1）挡球。

【动作要领】两脚左右开立，两膝微屈，根据来球位置，右脚向来球方向迈出一步，右臂前伸，右手放松握拍，拍面略后仰对准来球，将球挡回对方网前。（图5-2-10）

正手挡球

反手挡球

图5-2-10

（2）推球。

【动作要领】正手推球时，右臂前臂外旋，食指向前用力快速推击球。反手推球时，右手腕部转动，拇指向前用力快速推击球。推球的关键在于控制好拍面角度，球拍的预摆幅度要小，发力短促、快速。（图5-2-11）

正手推球

图5-2-11

反手推球

图 5-2-11（续）

（3）平抽球。

【动作要领】正手平抽球时，右脚向右前方跨出，身体重心落在右脚上，同时右臂屈肘，右手举拍于身体右侧。击球时，右臂带动腕部发力，闪动挥拍击球。反手平抽球时，右脚向左侧跨出，转身背对球网，身体重心落在右脚上，右臂屈肘，举拍于身体左侧。击球时，以躯干为轴，右臂以上臂带动前臂做向后的半圆形挥拍动作，在手臂将要伸直时，手腕用力向后闪动挥拍击球。（图 5-2-12）

正手平抽球

反手平抽球

正手平抽球

反手平抽球

图 5-2-12

半蹲快挡

（4）半蹲快挡。

【动作要领】两脚左右开立或前后开立，两腿半蹲，右臂屈肘，右手举拍于右肩上方。击球时，右臂以前臂带动手腕快速挥拍，争取在体前较高位置平击球。

3. 前场击球技术

（1）放网前球。

【动作要领】正手放网前球时，右脚前跨，上体前倾，右手持拍前伸。球拍触球时，拍面朝上垫在球托的底部，轻轻托球，使球越过球网。运用正手放网前球技术的关键在于控制托球的力量，使球刚好越过球网落下。反手放网前球时，要先转体，使身体侧对球网，并及时变换成反手握拍，用反手击球。（图 5-2-13）

正手放网前球

反手放网前球

图 5-2-13

正手放
网前球

反手放
网前球

（2）搓球。

【动作要领】正手搓球和反手搓球的上网动作与放网前球的上网动作相似，但身体重心较高，伸臂举拍时稍屈肘、展腕。正手搓球时，用拍面切削球托的底部，使球翻滚过网。反手搓球时，用拍面切削球托的底部。运用搓球技术的关键在于争取较高的击球点，出手要快，控制好击球力量和拍面角度。（图 5-2-14）

正手搓球

反手搓球

图 5-2-14

反手搓球

（3）勾球。

【动作要领】正手勾球时，右臂前臂稍内旋并向左拉收，手腕由稍后伸至内收，用球拍拨击球托的右下部，由手腕和手指控制拍面角度。反手勾球时，随着右臂肘部下沉，前臂回

收外旋，同时食指与拇指协调用力捻动拍柄，用拍面拨击球托的左下部，使球沿对角线越过球网。（图 5-2-15）

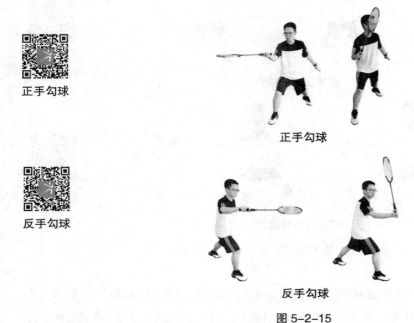

正手勾球

反手勾球

正手勾球

反手勾球

图 5-2-15

（4）网前扑球。

【动作要领】跨步上网，右臂屈肘向前上方举拍，用前臂和手腕（正手屈腕，反手伸腕）的力量，在体前用前倾的拍面向前下方快速挥击。网前扑球的关键在于要在高于球网的位置击球，击球动作幅度小而速度快，拍面要前倾。（图 5-2-16）

正手网前扑球

反手网前扑球

正手网前扑球

反手网前扑球

图 5-2-16

（5）挑球。

正手挑球　　反手挑球

【动作要领】正手挑球时，右手从右下方向右前上方或左前上方挥拍击球。若球拍向右前上方挥动，则挑出的是直线高球；若球拍向左前上方挥动，则挑出的是对角线高球。反手挑球的动作要领同正手挑球，只是用反手握拍。（图 5-2-17）

正手挑球　　　　　　　　　反手挑球

图 5-2-17

三、跟我学羽毛球战术

比赛是参赛双方在技术、战术、身体素质、士气等诸方面的综合较量。在羽毛球比赛中，技术是基础，是为比赛和战术实施服务的，而战术必须符合技术的特点、水平，这样才能保证技术的充分发挥。下面主要介绍羽毛球单打战术和双打战术。

（一）单打战术

常见的单打战术有以下五种。

1. 控制后场，高球压底

本方从发球开始就运用高远球等压对方后场端线，迫使对方后退。当对方回球不够远时，本方以扣杀球制胜；当对方疏于前场防守时，本方以轻吊球、搓球等技术在网前取胜。本方可在高远球大力压住对方后场，而对方又不能及时回到中心位置的情况下打轻吊球。这种战术主要是双方在力量和后场高远球、吊球、杀球等技术方面的较量。这种战术适合初学者采用。

2. 打四角球，高短结合

本方在后场以高远球、平高球和吊球，在前场则以放网前球、推球和挑球准确地攻击对方场区前后左右四个角落，调动对方前后左右奔跑，在对方来不及回到中心位置或回球质量差时，向对方空当发动进攻制胜。这种战术要求队员具有较强的控制球落点的能力和灵活、快速的步法，否则队员在采用这种战术时难占上风。

3. 下压为主，控制网前

本方通过后场的高远球、扣杀球、劈杀球、吊球等技术，先发制人，然后快速上网，以搓球、推球、扑球、勾球等技术高点控制网前，导致对方直接失误或被动击球过网。这种战术是进攻型战术，要求队员能够快速上网、高点控制网前，对队员的速度耐力和力量耐力要求较高。运用这种战术时，体力往往是影响结果的关键因素。

4. 快拉快吊，前后结合

本方以平高球快压对方后场两角，配合快吊网前两角（或运用劈杀）引对方上网。当对方被动回击网前球时，本方立即迅速上网控制网前，在网前以搓球、勾球，配合推对方后场两角，迫使对方疲于应付，为前场扑杀和中后场大力扣杀创造机会。这是一种积极主动、快速进攻的战术。这种战术要求队员身体素质好，特别是速度耐力要好，技术全面、熟练，具备突击进攻的技术优势。

5. 守中反攻，攻守兼备

本方以平高球和快吊球击向对方前后左右四个角落，以调动对方，让对方先进攻，之后针对对方打的高远球、四方球、吊球等加强防守，以快速灵活的步法、刁钻的球路和多变的球落点，诱使对方在进攻中匆忙移动或勉强扣杀，造成对方击球失误；或者当对方回球质量较差时，本方抓住有利战机，突击进攻。这种战术要求队员具有攻中有守、守中有攻的控球能力和反控球能力，良好的速度耐力，灵活的步法，准确、快速的判断和应变能力，以及顽强的拼搏精神和良好的心理素质。

（二）双打战术

常见的双打战术有以下三种。

1. 前后站位打法

前后站位打法多用于发球时。发球员站位稍前。发球员发球后立即举拍封堵前场，发球员的同伴负责防守中场或后场的各种来球。采用前后站位打法时，本方可运用快攻压网前搓、吊、推、扑技术，寻找空当，一举打乱对方站位或通过后攻前扑连续大力扣杀，积极封堵前场。当回球在球网附近时，本方给予对方致命一击。

2. 左右站位打法

左右站位打法多用于本方处于接发球状态和受到下压进攻时。若发球方发球或打出后场平高球，则接发球方可从原来的前后站位立刻转换为左右站位，两人分别负责左、右半区的防守，以平抽、平打压住对方后场两角，在对方扣杀球时也能平抽球或挑高远球至对方后场两角，造成对方回球无力，继而出现进攻机会。

3. 轮转站位打法

在比赛中，攻守双方总是根据临场情况不断地在前后站位和左右站位间变换。

站位的变换通常具有如下特点。

（1）发球或接发球时前后站位。当对方回击高球至本方后场偏一侧时，本方前面的队员要直线后退，后面的队员看情况向侧移动，改换成左右站位。

（2）发球或接发球时左右站位。在本方发球后或在对方击球过程中，一旦有机会进行下压进攻，本方一名队员便快速上网封堵，另一名队员则快速移动到后场，视情况大力扣球，或吊球，或杀球，迫使对方处于被动地位。

四、羽毛球竞赛规则简介

（一）计分方法

（1）除非另有规定，一场比赛应以三局两胜定胜负。

（2）除（4）（5）的情况外，先得 21 分的一方胜一局。

（3）一方"违例"或球触及该方场区内的地面成"死球"，则另一方胜这一回合并得 1 分。

（4）20 平后，领先 2 分的一方胜该局。

（5）29 平后，先得 30 分的一方胜该局。

（6）一局的胜方在下一局首先发球。

（二）发球

（1）合法发球：① 一旦发球员和接发球员做好准备，任何一方不得延误开始发球；② 发球员球拍头的向后摆动一旦停止，任何对发球开始的迟延都是延误；③ 发球员和接发球员，应站在斜对角的发球区界线以内，脚不得触及发球区和接发球区的界线；④ 从发球开始，至发球结束，发球员和接发球员的两脚都必须有一部分与场地的地面接触，不得移动；⑤ 发球员的球拍，应首先击中球托；⑥ 发球员的球拍击中球的瞬间，整个球应低于距场地地面高度 1.15 米；⑦ 自发球开始，发球员挥拍必须连贯向前，直至将球发出；⑧ 发出的球应向上飞行过网，如果未被拦截，球应落在规定的接发球区内；⑨ 发球员发球时，应击中球。

（2）一旦运动员站好位置准备发球，发球员的球拍头开始向前挥动，即为发球开始。

（3）一旦发球开始，发球员的球拍击中或未能击中球，均为发球结束。

（4）发球员应在接发球员准备好后才能发球，如果接发球员已试图接发球，即视为已做好准备。

（三）单打

（1）发球区和接发球区。一局中，发球员的分数为 0 或双数时，双方运动员均应在各自的右发球区发球或接发球；一局中，发球员的分数为单数时，双方运动员均应在各自的左发球区发球或接发球。

（2）击球顺序和位置。一回合中，球应由发球员和接发球员交替从各自场区的任何位置击出，直至成"死球"为止。

（3）得分和发球。发球员胜一回合则得 1 分，随后发球员再从另一发球区发球；接发球员胜一回合则得 1 分，随后接发球员成为新发球员。

（四）双打

（1）发球区和接发球区。一局中，发球方的分数为 0 或双数时，发球方均应从右发球区发球；一局中，发球方的分数为单数时，发球方均应从左发球区发球；接发球方按其上次发球时的位置站位；接发球员应是站在发球员斜对角发球区的运动员；发球方每得 1 分，原发球员则变换发球区再发球。

（2）击球顺序和位置。每一回合发球被回击后，由发球方的任何一人和接球方的任何一人，交替在各自场区的任何位置击球，如此往返直至"死球"。

（3）得分和发球。发球方胜一回合则得 1 分，随后发球员继续发球；接发球方胜一回合则得 1 分，随后接发球方成为新发球方。

（4）发球顺序。每局比赛的发球权必须如下传递：先由首先发球员从右发球区发球；其次由首先接发球员的同伴从左发球区发球；然后是首先发球员的同伴；接着是首先接发球员；再接着是首先发球员，依此传递。

（5）运动员在比赛中不应有发球、接发球顺序错误或在一局比赛中连续两次接发球。

（6）一局胜方的任一运动员可在下一局先发球；一局负方的任一运动员可在下一局先接发球。

（五）违例

以下情况均属"违例"。

（1）不合法发球。

（2）球发出后：停在网顶；过网后挂在网上；被接发球员的同伴击中。

（3）比赛进行中，球：落在场地界线外（即未落在界线上或界线内）；未从网上越过；触及天花板或四周墙壁；触及运动员的身体或衣服；触及场地外其他物体或人；被击时停滞在球拍上，紧接着被拖带抛出；被同一运动员两次挥拍连续两次击中，但一次击球动作中球被拍框和拍弦面击中不属"违例"；被同方两名运动员连续击中；触及运动员球拍，而未飞向对方场区。

（4）比赛进行中，运动员：球拍、身体或衣服，触及球网或球网的支撑物；球拍或身体从网上侵入对方场区（击球时，球拍与球的接触点在击球者网这一方，而后球拍随球过网的情况除外）；球拍或身体从网下侵入对方场区，导致妨碍对方或分散对方的注意力；妨碍对方，即阻挡对方随球过网的合法击球；故意分散对方注意力的任何举动，如喊叫、做手势等。

思辨与探究

1. 羽毛球正手握拍法和反手握拍法的动作要领分别是什么？

2. 在羽毛球比赛中，常用的前场击球技术有哪些？各自有什么特点？

3. 在羽毛球比赛中，20 平后，是否领先 1 分即可获胜？

网球运动

主题导言

　　网球运动孕育于法国，诞生于英国，开始普及和形成高潮在美国，现在盛行于全世界。网球运动传入我国已经有一百多年。随着我国社会的进步和经济的发展，网球运动在我国得以不断地被推广，被越来越多的人认可和喜爱。网球运动属于隔网型运动项目，其参加人员较少，易于组织且游戏性强，不受性别和年龄的限制，可在室内外进行，运动量可大可小，对增强体质、发展智力、发展身体素质等有良好的作用。

学习目标

　　1. 掌握网球的基本技术和基本战术。

　　2. 熟悉网球竞赛规则，学会欣赏网球比赛，积极参与网球运动并感受网球运动的魅力。

　　3. 大学生通过积极参与网球运动，不断提高身体素质和抗压能力。

一、中国体育故事

（一）亚洲第一位大满贯网球冠军——李娜

　　1996 年，李娜进入湖北省网球队。在省队期间，李娜训练非常刻苦，培养出了能吃苦、不叫苦、倔强、不服输的意志品质。1999 年，李娜加入中国国家女子网球队。此后几年，她收获多个全国网球比赛冠军及国际网球比赛冠军。李娜虽因多年高强度的训练和比赛积累了不少伤病，但她已经磨砺出无比强大的意志。2011 年，她在法国网球公开赛前两轮险胜对手；在第 3 轮轻松获胜；第 4 轮面对科维托娃，在先失一盘的情况下连扳两盘获胜；之后又完胜阿扎伦卡和莎拉波娃，闯进了决赛；决赛对阵上届冠军斯齐亚沃尼，李娜最终以 6∶4 / 7∶6 锁定胜利，夺得亚洲第一个网球大满贯女子单打冠军奖杯。赛后，李娜曾这样回答记者："奇迹不会在安逸中诞生，而是用汗水浇灌出来的。"

（二）张帅打破 14 次网球大满贯正赛连败的"魔咒"

2014 年 5 月，中国女子网球运动员张帅第 10 次出征网球大满贯正赛，首轮对阵世界排名第 3 的拉德万斯卡。她的表现很糟糕，连输 9 局后，她在网球大满贯赛事中再次首轮出局。赛后，张帅泣不成声，但是她并未放弃。2016 年澳大利亚网球公开赛（以下简称"澳网"），张帅第 15 次出征网球大满贯正赛，首轮对阵世界排名第 3 的哈勒普，最终张帅横扫对手，爆冷拿下比赛。赛后，张帅再次泣不成声，但这次是喜悦、是欣慰，她终于打破了 14 次网球大满贯正赛连败的"魔咒"。国内外的媒体和球迷纷纷对张帅的网球大满贯首胜表示祝贺。此后，张帅越战越勇，一路过关斩将，挺进澳网八强。

二、跟我学网球技术

（一）握拍方法

握拍方法

1. 握拍手型

以右手握拍为例，以下均同。握拍时，食指稍离开中指，成扣扳机状，其余四指环握拍柄，保持拍柄底部与掌根对齐，掌心和手指与拍柄贴合。（图 5-3-1）

图 5-3-1

2. 握拍方式

（1）大陆式握拍。

大陆式握拍时，正反手无须变换握拍方式。大陆式握拍适用于切削球、发球、高压球、截击球，以及处理低球、防守性挑高球。

（2）东方式握拍。

东方式握拍有正手握拍、反手握拍之分。这种握法比较容易控制拍面，适用于初学者。

（3）混合式握拍。

混合式握拍有正手握拍、反手握拍之分，正手和反手击球时需转换握拍方式，能兼顾球的旋转性和击球力量。队员在正手抽球时，大多采用此种握拍方式。

（4）双手反手握拍。

双手反手握拍是使用较为广泛的一种反手击球握拍方式。击球时，右手在下，采用大陆式握拍或东方式反手握拍；左手在上，紧靠右手，采用东方式握拍或混合式握拍。

（二）基本步法

1. 分腿垫步

分腿垫步时，两脚轻轻跳离地面。落地时，两脚脚尖先着地，身体重心落于两脚前脚掌上，两脚脚跟稍离地。

分腿垫步

2. 移动步法

（1）滑步：面对球网，左脚前脚掌内侧蹬地，身体重心右移，右脚向右滑出，左脚同时跟进。

（2）交叉步：向右移动时，左脚先跨出，然后两脚交替跑动。当两脚间距较大时，身体需右转，同时右脚稍回收，缩小两脚间距，以利于快速起动。

移动步法

（3）调整步：挥拍击球前，两脚短促、快速地移动，以稳定身体重心和调整最佳击球距离。

（三）基本击球技术

击球准备姿势：面对球网，身体放松，目视来球，右手正手握拍，左手握于右手上方的拍柄处，两肘微屈，将球拍置于体前，拍面约垂直于地面，拍头高于拍柄，指向对方，两脚左右自然分开约 1.5 倍肩宽，两膝微屈，上体略前倾，身体重心落于两脚前脚掌上，两脚保持弹性，准备移动击球。（图 5-3-2）

**击球准备
姿势**

图 5-3-2

1. 底线击球技术

（1）正手上旋击球技术。

【动作要领】身体右转，两手向身体右后上方引拍；身体重心前移，右腿蹬转，左腿支撑，依次转髋、转腰、转肩；右手持拍向左前上方加速挥动；击球时，拍面约与地面垂直；球拍随挥至左肩上方；击球后，身体重心落于左脚上。（图 5-3-3）

**正手上旋
击球技术**

图 5-3-3

（2）双反上旋击球技术。

【动作要领】身体左转，两手向身体左后上方引拍；身体重心前移，左腿蹬转，右腿支撑，依次转髋、转腰、转肩；左手主导，两手持拍向右前上方加速挥动；击球时，拍面约与地面垂直；球拍随挥至右肩上方；击球后，身体重心落于右脚上。（图 5-3-4）

双反上旋击球技术

图 5-3-4

（3）单反上旋击球技术。

【动作要领】身体左转，两手向身体左后上方引拍，两手转换握拍方式；身体重心前移，左腿蹬转，右腿支撑，腰肩回转；两肩展开，右手持拍向右前上方挥动；击球瞬间，右臂伸直；球拍随挥至身体右上方；击球后，身体重心落于右脚上。（图 5-3-5）

单反上旋击球技术

图 5-3-5

反手削球技术

（4）反手削球技术。

【动作要领】身体左转，两手向左肩上方引拍，两手转换握拍方式；身体重心前移，左腿蹬转，右腿支撑，腰肩回转；两肩展开，右手持拍向右前下方挥动；击球瞬间，右臂伸直；球拍随挥至身体右前方；击球后，身体重心落于右脚上。（图 5-3-6）

图 5-3-6

2. 截击球技术

（1）正手截击球技术。

截击球技术

【动作要领】击球时，左脚向右前方跨步，向右转胯、转肩，以转肩带动球拍向右后上方摆动，球拍后摆不过肩，肘关节微屈，手腕紧固，利用身体重心前移的力量从上向前下方迎击来球，击球点位于左脚脚尖的延长线上。（图 5-3-7）

图 5-3-7

（2）反手截击球技术。

【动作要领】击球时，右脚向左前方跨步，向左转胯、转肩，以转肩带动球拍向左后上方摆动，手腕紧固，手臂微屈，利用身体重心前移及展肩的力量从上向前下方迎击来球，击球点位于右脚的延长线上。（图 5-3-8）

图 5-3-8

（四）发球技术

【动作要领】发球时，队员可采用大陆式握拍法或东方式反手握拍法。两脚自然开立，身体重心落于左脚，侧身站在发球线外 3 ～ 5 厘米处，左肩朝向发球方向；右臂向身体右后上方引拍，同时左臂伸直上举至最高点将球抛出，身体放松，略成背弓形，准备击球。当球下降至最佳击球点时，左脚主导蹬地，身体及右臂向前上方伸展，鞭打式击球；击球后，左脚随惯性向前小跳一步，右手将球拍收于身体左侧。（图 5-3-9）

发球技术

图 5-3-9

三、跟我学网球战术

（一）单打战术

（1）发球上网战术：本方先利用球的速度、旋转、落点的变化发不同轨迹的球，发球后来到网前，利用截击球得分。发球员利用此战术可以打乱对方的接发球节奏。

（2）随球上网战术：当对方回球出现质量不高的浅球或中场球时，本方击球后随球上网。

（3）底线对攻战术：本方在底线持续强攻对方弱点，迫使对方出现失误；本方持续攻击对方一点，然后突击对方另一点，令对方措手不及；本方调动对方大角度跑动，寻找进攻得分机会。

（4）底线拉攻战术：本方在底线以正反手上旋高球、正手上旋球或反手切削球，调动对方左右跑动或打乱对方的回球节奏，寻找进攻得分机会。

（5）侧身攻战术：本方利用自己强有力的正手击球技术，配合良好的判断能力和灵活的移动步法，在本方场区 2/3 的区域用正拍面攻击对方。

（6）紧逼战术：本方发挥自身良好的底线正反手击球技术，迎击上升球，准确控制球的落点，使每一球都给对方造成一定的压力，以达到进攻得分的目的。

（二）双打战术

1. 发球局战术

发球上网战术：发球员提高第一发球命中率，变换发球的旋转与落点，发球后快速上网击球；第二发球可利用球的旋转与落点的变化为上网创造条件。此战术对队员上网后的中场截击球技术要求较高。

发球上网抢网战术：发球员与同伴沟通发球的落点，并确定是否抢网。此战术可以干扰对方接发球，为本方发球上网得分或抢网得分创造条件。

澳式站位：发球方两名队员均采用居中站位，发球前确定发球的落点和抢网的方向，发球后网前队员向场地左侧或右侧移动抢网。此战术可破坏对方的接发球节奏，为本方截击得分或抢网得分创造有利条件。

2. 接发球局战术

接发球双上网战术：接发球员迎前接发球，然后随接发球上网。

接发球抢网战术：同伴完成高质量接发球后，网前队员截击对方回球。

接发球双底线战术：若对方发球很有威胁性，网前又非常活跃，为了破坏对方快速进攻的节奏，本方可采用接发球双底线战术。

四、网球竞赛规则简介

（一）交换场地

运动员应在每一盘的第一局、第三局和随后的每一个单数局结束后交换场地。运动员还应在每一盘结束后交换场地，但当一盘结束后双方所得局数之和为偶数时，运动员须在下一盘第一局结束后交换场地。

在平局决胜局中，运动员应在每 6 分后交换场地。

（二）运动员失分

如果出现下列情况，运动员将失分。

（1）发球员连续两次发球失误。

（2）在活球状态下，运动员在球连续两次落地前未能击球。

（3）在活球状态下，运动员回击的球落到有效击球区外的地面或在落地前碰到有效击球区外的其他物体。

（4）在活球状态下，运动员回击的球在落地前触到永久固定物。

（5）接发球员在发球没有落地前击球。

（6）运动员故意用球拍托带或接住处于活球状态的球，或故意用球拍触球超过一次。

（7）在活球状态下的任何时候，运动员或他的球拍（无论球拍是否在他手中），或他穿戴的或携带的任何物品触到球网、网柱/单打支柱、网绳或金属绳、中心带或网带，或对手场地。

（8）运动员在球过网前击球。

（9）在活球状态下，除了运动员手中的球拍以外，球触及运动员的身体或他穿戴的或携带的任何物品。

（10）在活球状态下，球触到了运动员的球拍，但球拍不在他的手中。

（11）在活球状态下，运动员故意并实质性地改变了球拍的形状。

（12）双打比赛中，同队的两名运动员在回球时都触到了球。

（三）局分

（1）常规局。在常规局的比赛中，应首先报发球运动员的得分，计分如下：无得分，0；第一分，15；第二分，30；第三分，40；第四分，本局比赛结束。

若两名运动员/队都得到三分，则比分为"平分"。"平分"后如果一名运动员/队得分，则比分为"占先"，如果"占先"的这名运动员/队又得分，他便赢得了这一局；如果"占先"后是另一名运动员/队得分，则比分仍为"平分"。运动员/队需要在"平分"后连续得到两分，才能赢得这一局。

（2）平局决胜局。在平局决胜局中，使用阿拉伯数字 0、1、2、3 等计分。首先赢得 7 分并净胜对手两分的运动员 / 队赢得这一局及这一盘。决胜局有必要进行到一方运动员 / 队净胜对手两分为止。

（四）盘分

（1）"长盘制"。先赢得 6 局并净胜对手两局的运动员 / 队赢得一盘。一盘有必要进行到一方运动员 / 队净胜两局为止。

（2）"平局决胜局制"。先赢得 6 局并净胜对手两局的运动员 / 队赢得一盘。如果局分达到 6∶6，则须进行"平局决胜局"。

（五）赛制

比赛可以采用三盘两胜制，先赢得两盘的运动员 / 队赢得比赛；或采用五盘三胜制，先赢得三盘的运动员 / 队赢得比赛。

（六）发球动作

在即将做出发球动作前，发球员必须静止站在底线后（即远离球网的那一侧），双脚位于中心标志的假定延长线和边线的假定延长线之间。然后，发球员应当用手将球向任何方向抛出并在球落地前用球拍将球击出。在球拍击到球或未能击到球的那一刻，整个发球动作即被认为已经完成。对于只能使用一只手臂的运动员，可以用球拍完成抛球。

（七）发球程序

在常规发球局中，发球员在每一局都应当从场地的右侧半区开始，交替在场地的两个半区发球。在平局决胜局中，第一分发球应当从场地的右半区发出，然后交替从场地的两个半区发球。发出的球应当越过球网，在接发球员回球之前落到对角方向的发球区内。

（八）脚误

在发球过程中，发球员不可以有以下动作：通过走动或跑动来改变位置，但允许脚步轻微移动；任何一只脚触及底线或场地内；任何一只脚触及边线假定延长线外的地面；任何一只脚触及中心标志的假定延长线。如果发球员违反了这些规定就是一次"脚误"。

（九）发球失误

下列情况为发球失误：发球员违反了发球动作、发球程序和脚误的规则；发球员试图击球时未能击中；发出的球在触地前碰到了永久固定物、单打支柱或网柱；发出的球触到了发球员或发球员的搭档，或所穿戴的或携带的任何物品。

（十）发球次序

在常规局结束后，该局的接发球员在下一局中发球，该局的发球员在下一局中接发球。双打比赛中，在每一盘第一局开始前，由先发球的那队决定哪一名运动员先在该局发球。同样，在第二局开始前，他们的对手也应当决定由谁在该局先发球。第一局发球的运动员的搭档在第三局发球，第二局发球的运动员的搭档在第四局发球。这一次序一直延续到该盘结束。

（十一）重新发球

如果出现下列情况，则应当重新发球：发出的球触到了球网、中心带或网带后落在有效发球区内；或在球触到了球网、中心带或网带后，在落地前触到了接发球员或其搭档，或他们穿戴的或携带的任何物品；球发出时，接发球员还没有做好准备。

（十二）双打的接发球次序

在每一盘的第一局，首先接发球的那队要决定哪一名运动员在该局接第一分发球。同样，在第二局开始前，他们的对手也应当决定哪一名运动员在该局接第一分发球。先接第一分发球的运动员的搭档应当接本局的第二分发球，这一次序一直延续到该局和该盘结束。接发球员接完发球后，该队中的任何一名运动员都可以击球。

思辨与探究

1. 网球基本击球技术有哪些?
2. 简述四种网球底线击球技术的动作要领。
3. 发球员违反哪些规定将被判为一次"脚误"?

主题四　台球运动

主题导言

　　台球运动是一项深受大学生欢迎的休闲体育运动。大学生参加台球运动，既能锻炼身体，又能提高心智水平。大学生在业余时间参加台球运动，可以促进身心全面发展。

学习目标

　　1. 了解台球运动的名人轶事，掌握台球的常用握杆方法。

　　2. 熟悉台球竞赛规则。

　　3. 培养在台球运动中讲文明、懂礼貌、尊重对手、遵守规则的品质。

一、中国体育故事

（一）丁俊晖的爱国情怀

　　丁俊晖是我国著名的台球运动员。他高超的球技在国际台球比赛中有目共睹，他的爱国情怀在台球运动中表现得淋漓尽致。按照一般惯例，比赛服上的国旗标志是放在广告标志上方的。在一次国际台球赛事中，丁俊晖比赛服上的广告标志放在了国旗标志的上方，他将比赛服上的广告标志揭下来贴在了另一侧，只留了国旗标志在右胸口。这既体现了丁俊晖的爱国情怀，也体现了他的职业素养。裁判员也对丁俊晖的这一举动微笑认可。丁俊晖在国际台球赛事中对这些细节的留意，体现了其爱国情怀，丁俊晖把爱国情怀、职业品格和体育运动融为一体。

（二）优秀女子台球运动员——潘晓婷

　　潘晓婷是首位在职业九球比赛中荣获世界冠军的中国女运动员。潘晓婷自幼就对台球运动产生了浓厚的兴趣，并展现了她的台球天赋，她于2005年加入国家青少年队，正式开始接受台球专业训练。

　　潘晓婷的训练计划非常紧张，她每天都要进行多个小时的台球训练。通过不断地反复练习基本功，她逐渐掌握了准确击球的技巧和稳定的球路控制能力。此外，她还将大量时间投入身体素质的提升，包括爆发力、灵活性、耐力等。除了日常的训练，潘晓婷还参加了国内外众多台球比赛，以提高自己的竞技能力。她通过与顶级台球选手的较量，不断积累经验，提高自己的比赛水平。然而，训练并不仅仅局限于技术层面，心理素质的培养也是潘晓婷非常重视的一部分。她通过与教练和心理辅导员的交流，学会了调节情绪、保持专注和应对压力的方法，让自己在比赛中表现更加出色。

通过多年的刻苦训练和不懈努力，潘晓婷逐渐成长为女子九球界的佼佼者，赢得了众多的荣誉和冠军头衔。她用自己的经历证明了坚持与努力的重要性，推动了中国女子九球运动在中国的发展。

二、跟我学台球技术

（一）握杆和身体姿势

1. 握杆

（1）握杆的位置。

由球杆重心向杆尾方向移动约 40 厘米，在该处握杆是比较合适的。（图 5-4-1）

图 5-4-1

当然，根据主球与台边的距离、出杆力度等情况，握杆的位置可以偏前或偏后。

（2）握杆的方法。

拇指与食指在虎口处用轻力握住球杆；其余手指要虚握球杆。握球杆时，手腕要自然下垂，既不外翻，也不内收。（图 5-4-2）

正确　　　　错误　　　　错误

图5-4-2

2. 身体姿势

（1）身体位置。

握好球杆后，身体面向球台直立，正对用主球击打目标球的方向，球杆指向主球，握杆手置于体侧，同时确定击打目标球的下球点和判断主球将要走的路线。

（2）脚的位置。

当身体位置确定后，握杆手保持在体侧不动，左脚向左前方迈出一小步，两脚水平距离约与肩同宽。左腿稍微弯曲，右腿自然直立。

（3）上体姿势。

当脚的位置确定后，上体右转并前倾至与台面接近，肩部上提，头微微抬起，下颌正中部位轻贴球杆，两眼沿球杆向前平视。

（二）击球动作

1. 架杆

（1）基本架杆方法。

基本架杆方法有以下两种。

① 架杆手整个手掌放在台面上，拇指以外的四指分开，手背稍微弓起，拇指翘起并与食指的根部相贴，形成一个V形角，球杆放在V形角上。架杆手的掌根、小指、食指及大鱼际部位要充分地贴在台面上。（图5-4-3）

② 左手五指张开，指尖微向内扣，拇指和食指形成一个指环，扣住球杆，掌根和中指、无名指、小指稳定地支撑于台面上。（图5-4-4）

图 5-4-3　　　　　　　　　　　　　　　　图 5-4-4

（2）特殊架杆方法。

① 当主球贴在台边时，架杆手拇指以外的四指压在台边上。（图5-4-5）

② 当主球和台边有一定的距离时，架杆手拇指、食指以外的三指紧扣台边。（图5-4-6）

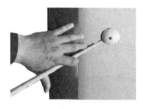 

图 5-4-5　　　　　　　　　　图 5-4-6

③ 当主球后有其他球时，架杆手拇指以外的四指立起来，避免球杆碰到其他球。

2. 运杆

在击打主球之前，台球选手都会有一个运杆的过程。

（1）运杆时，身体要保持稳定，握杆手前后运杆，尽可能使球杆平直运摆，并保持节奏均匀。

（2）后摆动作要稳、慢，以保证出杆路线平直。

（3）出杆前，握杆手有一个极短的停顿，以保证平稳出杆。

运杆

3. 出杆击球

以肘关节为轴，握杆臂前臂向前送出。触及主球的瞬间，要根据击球的要求，控制手腕的力量。出杆时，肩部和躯干不要用力，出杆动作要果断、清晰。

（三）台球技术练习

1. 主球碰岸练习

（1）将主球置于开球区黄球点处，做好击球准备，用球杆水平击主球的中心点，使主球沿开球线直线前进，碰台边后又直线返回，主球的中心点回碰杆头（图5-4-7）。反复进行练习。

（2）将主球置于开球区棕球点处，做好击球准备，用球杆水平击主球的中心点，使主球沿直线穿过蓝球点、粉球点、黑球点，碰台边后又经黑球点、粉球点、蓝球点返回，主球的中心点回碰杆头（图5-4-8）。反复进行练习。

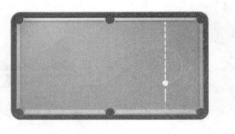 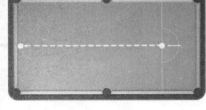

图5-4-7　　　　　　　　　　　图5-4-8

2. 击主球入袋练习

（1）将主球置于开球线上，做好击球准备，击主球入中袋和顶袋（图5-4-9）。反复进行练习。

（2）将主球置于开球线上，做好击球准备，击主球入顶袋（图5-4-10）。反复进行练习。

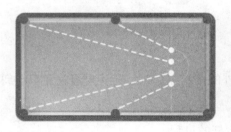 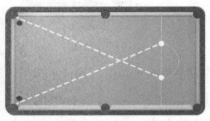

图5-4-9　　　　　　　　　　　图5-4-10

3. 直线球练习

（1）中袋近距离练习。

将目标球置于距袋口约10厘米处，将主球摆放在目标球后约50厘米处，使主球的中心点、目标球的中心点和袋口的中心点在一条直线上。以中等力度为主，击主球的中心点、中上点、中下点，使主球将目标球撞入袋中。反复进行练习。

（2）中袋中、远距离练习。（图5-4-11）

目标球放置位置均同中袋近距离练习。

中袋中距离练习：目标球不动，将主球从原来近距离的点适当向后移动约 50 厘米进行练习。

中袋远距离练习：目标球不动，将主球再从中距离的点向后移动 50 厘米以上进行练习。以中等力度为主，结合稍小或稍大力度，以击主球的中下点为主，结合击主球的中左点、中右点进行练习。

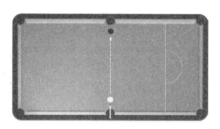

图 5-4-11

中袋 中杆　　　　中袋 低杆　　　　中袋 高杆

（3）底袋近距离练习。（图 5-4-12）

将目标球放置在距袋口较远处，将主球摆放在目标球后约 30 厘米处，使主球的中心点、目标球的中心点和袋口的中心点在一条直线上。以击主球中心点为主，结合击主球的中上点、中下点、中左点、中右点进行练习。

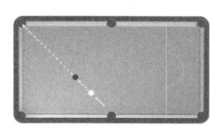 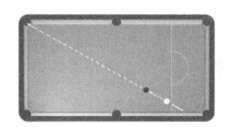

图 5-4-12

（4）底袋中、远距离练习。（图 5-4-13）

在底袋近距离练习的基础上，逐渐增大目标球与主球的距离。反复进行练习。

底袋 中杆　　　　底袋 低杆　　　　底袋 高杆

（5）五分点直线球练习。（图 5-4-14）

将目标球放在五分点上，将主球放在开球线上，根据实际练习水平，可将主球放在稍靠近目标球或稍远离目标球的位置上，并使主球的中心点、目标球的中心点和袋口的中心点在一条直线上。以击主球的中心点为主，结合击主球的中上点、中下点进行练习。

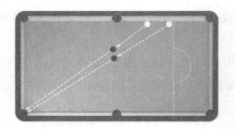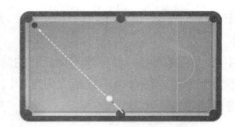

图 5-4-13

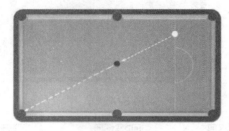

图 5-4-14

（6）台边直线球练习。（图 5-4-15）

将目标球放在距离台边约半个球位的点上，将主球置于目标球后 66 ～ 80 厘米处，中杆击球入袋。

（7）贴台边直线球练习。（图 5-4-16）

将目标球、主球贴台边放置，中杆击球或用左偏杆击球入袋。

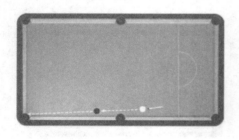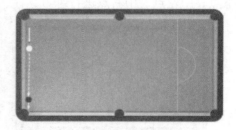

图 5-4-15　　　　　　　　　　　图 5-4-16

底袋　高杆
偏左

4. 偏球练习

（1）1/2 偏球练习。

将目标球置于距底袋约 50 厘米处，将主球摆放在距离目标球约 50 厘米处并使主球与目标球形成一定的角度（角度以主球击目标球 1/2 处即可入袋为宜），击主球的中心点。反复进行练习。

（2）1/4 偏球练习。

将目标球置于距底袋约 50 厘米处，将主球摆放在距离目标球约 50 厘米处并使其与目标球形成一定的角度（角度以主球击目标球 1/4 处即可入袋为宜），击主球的中心点。反复进行练习。

5. 倒顶球练习

将主球放在中袋侧上方处,用中杆击主球,使主球碰台边后反弹撞击目标球入底袋(图5-4-17);或者将主球放在开球区黄球点处,用中杆击主球,使主球碰台边后反弹撞击目标球入中袋(图5-4-18);还可将主球放在台边,纵向击主球,使主球倒顶撞击目标球入底袋。

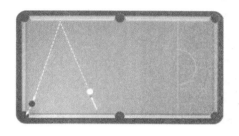
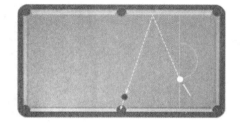

图5-4-17   图5-4-18

6. 直线反弹球练习

将主球放在台中,用中杆击主球,使主球撞击距离台边约15厘米的目标球,使目标球碰台边后反弹入中袋。(图5-4-19)

将目标球贴台边放置,用中杆击主球,使主球撞击目标球,使目标球碰台边后反弹入底袋。(图5-4-20)

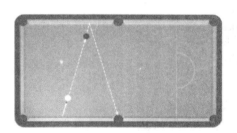
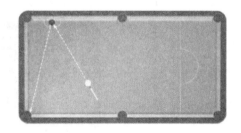

图5-4-19   图5-4-20

将目标球贴台边放置,用中杆击开球区附近的主球,使主球撞击目标球,使目标球碰台边后反弹入底袋。(图5-4-21)

将目标球贴台边放置,使主球距目标球约50厘米并稍离台边一些,用中杆击主球,使主球偏左侧撞击目标球,使目标球碰台边后反弹入底袋。(图5-4-22)

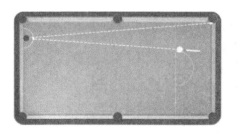
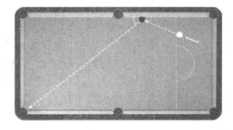

图5-4-21   图5-4-22

7.非直线反弹球练习

（1）短岸小角度外直线反弹练习。

将目标球置于距离台边约15厘米处，将主球摆放在目标球后方偏内侧约50厘米处，击打主球，使主球撞击目标球，使目标球碰台边后反弹入中袋。（图5-4-23）

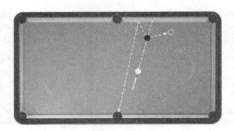

图5-4-23

（2）长岸小角度反弹球练习。

将目标球置于靠近顶边且距离一侧台边约15厘米处，将主球放在开球区附近，用中杆击主球，使主球撞击目标球一侧，使目标球的入射角与目标球入袋的反射角相同。

（3）近岸薄球反弹球练习。

将目标球放在台边附近，主球距离目标球约70厘米，稍比目标球远离台边，用中杆击主球，使其撞击目标球一侧，使目标球碰台边后反弹入中袋。（图5-4-24）

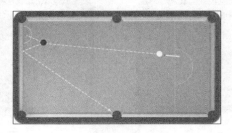

图5-4-24

三、中式台球竞赛规则简介

（一）比赛方式

中式台球比赛使用1～15号目标球及主球。一方选手如选择打1～7号（全色球）目标球，另一方选手则必须打9～15号（花色球）目标球。选手先将自己选择花色的目标球全部击入球袋后，再将8号球击入球袋，即赢得该局。

（二）器材

（1）球台：内沿尺寸为2540毫米×1270毫米（允许误差±9毫米），从地面到库边顶部高度为800～850毫米。

（2）球杆：不短于 101.6 毫米，制作材料及形状须符合中国台球协会的标准。

（3）球：直径为 57.15 毫米（允许误差 ±0.05 毫米），质量为 156 ～ 170 克。

（三）摆放球

目标球摆成三角形，顶角的球置于置球点上，8 号球位于三角形的中心，三角形的底边两端分别放置 1 颗全色球和 1 颗花色球，其他目标球随意摆放，但必须彼此紧贴。双方选手均可检查球摆放是否符合规则，并可要求修正。

（四）开球

（1）开球时，开球方将主球置于开球线后。出杆击球后，必须至少有目标球进袋，或者最少有 1 颗目标球碰触库边。

违反者即为开球犯规，其对手可做下列选择：获得线后自由击球权；重新摆球，由自己开球或要求原开球的选手重新开球；接受台面现有情况，继续击球（主球出台或入袋除外）。

（2）开球时出现任何其他犯规行为，对手不可以选择重新开球。

（3）开球时 8 号球入袋，原开球方可以将 8 号球重置于置球点上，并接受台面现有情况，继续击球。

（4）开球时 8 号球入袋并伴有犯规，对手可以选择：将 8 号球取出重置于置球点上，并获得线后自由击球权；接受台面所有球的位置，继续击球（主球出台或入袋除外）。

（五）击球

（1）选手击球后，主球最先碰触的球必须是其选定的那组目标球，如其球组的目标球已全部进袋，则应首先击中 8 号球。

（2）选手击球后，若没有目标球入袋，须至少有 1 颗球（含主球）碰触库边。

（3）选手击球后，未入袋的目标球和主球必须停留在台面上。如有任何目标球跳离台面均被视为合理消失，不再重置于台面。

（4）击球过程中（包括出杆前后），击球者除杆头以外的身体任何部分（包括服饰）、器材（包括杆身、架杆、巧克等）均不得碰触台面上的任何球。

（5）在一次击打过程中，杆头不能碰触主球两次以上（含两次）。

违反以上规则的处罚：对方获自由击球权。

（六）贴球

（1）主球与台面上要击打的目标球相贴时，选手击打主球后，必须使该目标球移动，且出杆方向没有限制，但击打动作必须明显。

（2）目标球与台边相贴时，主球击打该目标球后，该目标球必须离开台边后再次碰触台边或有其他球（包括主球）碰台边或有目标球入袋。

违反以上规则的处罚：对方获自由击球权。

（七）跳球

（1）选手可击打主球跳跃过其他目标球，且合法击中自己球组的目标球。
（2）跳球时，击球者只能用杆头击打主球球面 1/2 以上的区域。
违反以上规则的处罚：对方获自由击球权。

（八）输局

选手如果违反以下规定则输掉该局：击进 8 号球同时犯规（开球时除外）；选手将本组最后一颗目标球击打入袋的同时击进 8 号球；将 8 号球击离台面；8 号球进入非指定球袋；选手还未将本方目标球全部击进球袋前就将 8 号球击进袋。

（九）僵局

如果裁判员判断发生僵局或可能发生僵局时，他应提议选手重新开球。如果有选手拒绝，裁判员将允许比赛继续一段时间，一般而言，裁判员会让双方再各出三杆或依其判断而另做决定。此后，如僵持局面仍未被打开，裁判员将宣布僵局并摆球重新开始此局比赛，由原开球选手重新开球，原击球顺序不改变。

思 辨 与 探 究

1. 简述架杆、运杆和出杆击球的动作要领。
2. 在中式台球比赛中，如何摆放球？

模块六
操类运动与瑜伽

主题一 啦啦操

主题导言

　　啦啦操是人们在音乐衬托下，通过完成项目专属运动技巧动作并结合各种舞蹈动作，配合服装、队形变化及标示物品等要素，兼具竞技性与表演性的新兴团体型体育运动。它集团队协作、奋发向上、自信热情于一体，表演多元化，迸发出激情洋溢、朝气蓬勃的精神力量。

学习目标

　　1. 掌握啦啦操基本手位，体会不同手位的差异。
　　2. 学会啦啦操成套组合动作，感受啦啦操的无限活力。
　　3. 在参与啦啦操的过程中培养团结协作、互相帮助和勇于挑战的精神。

一、中国体育故事

（一）武汉听障孩子勇夺国际啦啦操冠军

　　2018 年，中国武汉出现了一支惊艳国际的听力障碍者啦啦操队伍。 2018 年 1 月 4 日，在意大利举办的国际啦啦操公开赛中，10 名来自中国武汉的听力障碍高中生一举摘得高中组团体花球比赛冠军和双人花球比赛冠军，这是中国听力障碍者首次在不是专为残疾人设置的世界级啦啦操赛事中夺冠。对于听力障碍者来说，跳操最大的障碍在于掌握节奏，他们只能通过反复击掌和击地来体会节奏。为了在赛场上呈现完美的效果，他们每天围着篮球场跑二三十圈，做仰卧起坐 120 次，跳操近百次……这群孩子用最严苛的训练方式和高度的自律取得如今的成绩，可谓是"宝剑锋从磨砺出，梅花香自苦寒来"。

（二）首个西藏学生啦啦操队走上全国冠军领奖台

武汉市旅游学校教师马丹援藏 3 年，创建了雪域高原首支学生啦啦操队，并在 2018 年全国啦啦操联赛总决赛上，马丹带领 24 名学生分别摘得花球啦啦操项目冠军和街舞啦啦操项目亚军。"藏族孩子爱唱爱跳，她们这样的特点很适合我的专业特长。"教课之余，马丹将现代时尚啦啦操与藏族传统舞蹈相融合，为学生"量身定做"了别具一格的藏式啦啦操，受到学生的欢迎。马丹说："这是西藏的啦啦操队伍第一次参加比赛，成绩来之不易。"更让她高兴的是，学生通过啦啦操比赛，走出了大山，开阔了眼界，登上了更大、更高的舞台。每个学生都是耀眼的，都应该有机会去努力发光。

二、跟我学啦啦操技术

基本手位

啦啦操的手臂动作有特殊规定和要求。队员必须按照规定的基本手位做动作。啦啦操基本手位如下。

（1）下 A：两臂斜下举，分别与脊柱形成约 30° 夹角，两拳拳心相对。（图 6-1-1）

（2）上 A：两臂斜上举，分别与脊柱形成约 30° 夹角，两拳拳心相对。（图 6-1-2）

（3）上 V：两臂侧上举，分别与脊柱形成约 45° 夹角，置于两耳斜前方约 45° 处，两拳拳眼向前。（图 6-1-3）

（4）下 V：两臂侧下举，分别与脊柱形成约 45° 夹角，两拳拳眼向前。（图 6-1-4）

正面　　侧面	正面　　侧面	正面　　侧面	正面　　侧面
图 6-1-1	图 6-1-2	图 6-1-3	图 6-1-4

（5）加油：两臂于胸前屈肘，肘尖向下，两手握拳，拳心相对，两拳略低于下颌。（图 6-1-5）

（6）T：两臂侧平举，拳心向下。（图 6-1-6）

（7）短 T：两臂于胸前平屈，前臂略低于肩，两拳拳面相对，拳心向下。（图 6-1-7）

（8）W：两臂侧平举，两臂前臂向上抬起至与上臂形成约 90° 夹角，两拳拳心相对。（图 6-1-8）

正面　侧面　　　正面　侧面　　　正面　侧面　　　正面　侧面

图 6-1-5　　　　图 6-1-6　　　　图 6-1-7　　　　图 6-1-8

（9）上 L：一臂上举，约与地面垂直，拳轮向前；另一臂侧平举，拳心向下。（图 6-1-9）

（10）下 L：一臂前下举，贴在身体正前方，拳眼向前；另一臂侧平举，拳心向下。（图 6-1-10）

（11）斜线：一臂侧上举，与脊柱形成约 45° 夹角，拳眼向前；另一臂侧下举，与脊柱形成约 45° 夹角，拳眼向前。（图 6-1-11）

（12）K：一臂前上举，另一臂前下举，两臂形成约 90° 夹角，两拳拳心向下。（图 6-1-12）

正面　侧面　　　正面　侧面　　　正面　侧面　　　正面　侧面

图 6-1-9　　　　图 6-1-10　　　　图 6-1-11　　　　图 6-1-12

（13）侧 K：一臂侧上举，与脊柱形成约 45° 夹角，拳心向下；另一臂斜前下举，与脊柱形成约 45° 夹角，拳背向前。（图 6-1-13）

（14）大弓箭：一臂侧平举；另一臂于胸前平屈，肘尖向外；两拳拳心向下。（图 6-1-14）

（15）小弓箭：一臂侧平举，拳心向下；另一臂于胸前屈肘，肘尖向下，拳眼向后。（图 6-1-15）

（16）短箭：一手握拳叉腰，拳心向后；另一臂于胸前屈肘，肘尖向下，拳眼向后。（图 6-1-16）

正面　侧面　　　　　正面　侧面　　　　　正面　侧面　　　　　正面　侧面

图 6-1-13　　　　　　图 6-1-14　　　　　　图 6-1-15　　　　　　图 6-1-16

（17）侧上冲拳：一手握拳叉腰，拳心向后；另一臂侧上举，与脊柱形成约 45° 夹角，拳眼向前。（图 6-1-17）

（18）侧下冲拳：一手握拳叉腰，拳心向后；另一臂侧下举，与脊柱形成约 45° 夹角，拳眼向前。（图 6-1-18）

（19）斜下冲拳：一手握拳叉腰，拳心向后；另一臂斜前下举，与脊柱形成约 45° 夹角，拳背向前。（图 6-1-19）

（20）斜上冲拳：一手握拳叉腰，拳心向后；另一臂斜前上举，与脊柱形成约 45° 夹角，拳眼向后。（图 6-1-20）

正面　侧面　　　　　正面　侧面　　　　　正面　侧面　　　　　正面　侧面

图 6-1-17　　　　　　图 6-1-18　　　　　　图 6-1-19　　　　　　图 6-1-20

（21）高冲拳：一手握拳叉腰，拳心向后；另一臂上举，约与地面垂直，拳眼向后。（图 6-1-21）

（22）R：一臂斜前下举，与脊柱形成约 30° 夹角，拳背向前；另一臂侧上举，屈肘，肘尖向外，拳心紧贴于头后。（图 6-1-22）

（23）上 M：两臂侧平举，于肩上屈肘，肘尖向外，手腕向下屈，指尖触肩。（图 6-1-23）

（24）下 M：两手握拳叉腰，两拳拳心向后。（图 6-1-24）

（25）下 X：两臂交叉前下举，两拳拳背向前。（图 6-1-25）

（26）前 X：两臂交叉前平举，两拳拳心向下。（图 6-1-26）

（27）上 X：两臂交叉前上举，两手握拳于额头前上方，两拳拳眼向后。（图 6-1-27）

（28）屈臂 X：两臂屈肘交叉于胸前，两拳拳眼向后。（图 6-1-28）

正面　侧面　　正面　侧面　　正面　侧面　　正面　侧面
图 6-1-21　　　图 6-1-22　　　图 6-1-23　　　图 6-1-24

正面　侧面　　正面　侧面　　正面　侧面　　正面　侧面
图 6-1-25　　　图 6-1-26　　　图 6-1-27　　　图 6-1-28

（29）X：两臂侧上举，于头后屈肘，肘尖向外，两拳相对，拳心紧贴于头后。（图 6-1-29）

（30）上 H：两臂前上举，与肩同宽，两拳拳心相对。（图 6-1-30）

（31）小 h：一臂上举，约与地面垂直，拳眼向后：另一臂于胸前屈肘，肘尖向下，拳眼向后。（图 6-1-31）

（32）屈臂 H：两臂屈肘平行收于胸前，肘尖向下，两拳拳心相对。（图 6-1-32）

正面　侧面　　正面　侧面　　正面　侧面　　正面　侧面
图 6-1-29　　　图 6-1-30　　　图 6-1-31　　　图 6-1-32

（33）前 H。① 提桶式：两臂前平举，与肩同宽，两手握拳，拳心向下（图 6-1-33）；
② 持烛式：两臂前平举，与肩同宽，两手握拳，拳心相对。

（34）后 M：两臂屈肘平行向身后收，两手握拳收于腰侧，拳心向上。（图 6-1-34）

（35）O：两臂向上举，屈肘，两拳相对并拢，拳心向下，两臂在头上成 O 形，两拳拳眼向后。（图 6-1-35）

（36）下 H：两臂前下举，与肩同宽，两拳拳心相对，拳眼向前。（图 6-1-36）

正面　侧面　　　　　正面　侧面　　　　　正面　侧面　　　　　正面　侧面

图 6-1-33　　　　　图 6-1-34　　　　　图 6-1-35　　　　　图 6-1-36

三、花球啦啦操成套组合动作

（一）预备姿势

预备姿势如图 6-1-37 所示。

成套动作
完整示范

图 6-1-37

（二）第一段

（1）第 1 个 8 拍：1～2 拍左脚开始踏步，两臂侧上举；3～4 拍的步法同 1～2 拍，两臂成加油手位；5～6 拍的步法同 1～2 拍，两臂侧下举；7～8 拍两脚跳成开立，两臂成加油手位。（图 6-1-38）

成套动作
分解第一段

1～2　　　3～4　　　5～6　　　7～8

图 6-1-38

（2）第 2 个 8 拍：1～2 拍两腿屈膝至大腿约与地面平行，上体前倾，两手分别撑于两腿大腿上；3～4 拍两腿伸直，上体直立，两臂上举，成上 A 手位；5～6 拍两腿屈膝，成马步，颈部向左屈，右臂于胸前平屈，左臂侧平举，成大弓箭手位；7～8 拍两脚跳成并立，两臂垂于体侧。（图 6-1-39）

1～2　　　3～4　　　5～6　　　7～8

图 6-1-39

（3）第 3 个 8 拍、第 4 个 8 拍的动作分别与第 1 个 8 拍、第 2 个 8 拍的动作相同，只是左右相反。

（三）第二段

（1）第 5 个 8 拍：1～2 拍左脚开始踏步，两臂成 W 手位；3～4 拍的步法同 1～2 拍，两臂成屈臂 X 手位；5～6 拍的动作同 1～2 拍；7～8 拍两脚并立，两臂垂于体侧。（图 6-1-40）

成套动作
分解第二段

1～2　　　3～4　　　5～6　　　7～8

图 6-1-40

（2）第 6 个 8 拍：1～2 拍左脚向左侧迈步，上体左转，左臂斜前上举，右臂斜前下举，成 K 手位；3～4 拍上体转正，左臂侧下举，右臂侧上举，成斜线手位；5～6 拍两臂成加油手位；7～8 拍左脚并于右脚，两臂垂于体侧。（图 6-1-41）

1～2　　　3～4　　　5～6　　　7～8

图 6-1-41

（3）第 7 个 8 拍、第 8 个 8 拍的动作分别与第 5 个 8 拍、第 6 个 8 拍的动作相同，只是左右相反。

成套动作
分解第三段

（四）第三段

（1）第9个8拍：1～4拍左脚开始踏步，边踏步边向左转体360°，两手于胸前击掌4次；5～6拍左脚上前，成弓步，两臂成T手位；7～8拍左脚并于右脚，两臂垂于体侧。（图6-1-42）

1～4　　　　　　　　　5～6　　　7～8

图6-1-42

（2）第10个8拍：1～2拍两脚跳成开立，两臂成屈臂X手位；3～4拍两臂成上V手位；5～6拍右手叉腰，左臂向右、向下、向左在体前绕至左侧下举；7～8拍两脚跳成并立，两臂垂于体侧。（图6-1-43）

1～2　　3～4　　　5～6　　　7～8

图6-1-43

（3）第11个8拍、第12个8拍的动作分别与第9个8拍、第10个8拍的动作相同，只是左右相反。

（五）第四段

（1）第13个8拍：1～2拍左腿吸腿跳，两手叉腰；3～4拍右腿吸腿跳，两手叉腰；5～6拍左腿吸腿跳，两臂成上V手位；7～8拍右腿吸腿跳，两臂成上V手位。（图6-1-44）

成套动作
分解第四段

1～2　　3～4　　5～6　　7～8

图6-1-44

（2）第14个8拍：1～2拍左脚向左侧迈一步，成马步，左臂侧平举，右臂胸前屈，成小弓箭手位；3～4拍左脚并于右脚，两臂成上H手位；5～6拍的动作同1～2拍，只是左右相反；7～8拍的动作同3～4拍。（图6-1-45）

1～2　　3～4　　5～6　　7～8

图6-1-45

（3）第15个8拍、第16个8拍的动作分别与第13个8拍、第14个8拍的动作相同，只是左右相反。

（4）第17个8拍：1～8拍两脚跳成开立，两臂向内绕环一周至两臂侧上举。（图6-1-46）

1　　　2　　　3～4　　　5～8

图6-1-46

（5）第18个8拍：1～4拍左脚开始踏步，上体前俯，低头含胸，两手成加油手位；5～8拍保持。（图6-1-47）

1　　2　　3　　4

图6-1-47

（六）第五段

（1）第19个8拍：1～4拍从左脚开始，踏步4次，同时向左转体180°，左臂上举，右臂侧平举，成上L手位；5～6拍左脚向左侧迈一步，左臂侧上举，右臂于头后屈肘，肘尖向外，拳心紧贴头后部；7～8拍的动作同5～6拍，只是左右相反。（图6-1-48）

成套动作
分解第五段

1～4   5～6   7～8

图 6-1-48

（2）第20个8拍：1～2拍左脚向左侧迈一步，成左弓步，右臂左斜下举，左臂于头后屈肘，成R手位；3～4拍两腿并立，原地跳1次，两臂侧上举，两手抖动花球2次；5～6拍的动作同1～4拍，只是左右相反；7～8拍的动作同3～4拍。（图6-1-49）

1～2   3～4   5～6   7～8

图 6-1-49

（3）第21个8拍、第22个8拍的动作分别与第19个8拍、第20个8拍的动作相同，只是左右相反。

（七）第六段

（1）第23个8拍：1～2拍右脚开始向左前交叉，两臂成T手位；3～4拍左脚向左侧迈一步成开立，左臂上举，右手叉腰，成高冲拳手位；5～6拍身体右转，两腿屈膝，左脚脚跟离地，左腿膝关节内扣，右手叉腰，左臂右斜下举，成斜下冲拳手位；7～8拍两脚并立，两臂成加油手位。（图6-1-50）

成套动作
分解第六段

1   2   3～4   5～6   7～8

图 6-1-50

（2）第24个8拍：1～2拍身体右转，两脚开立，成右弓步，左臂左侧后下举，右手叉腰；3～4拍左臂侧上举，右手叉腰；5～6拍的动作同1～2拍，只是左右相反；7～8

拍的动作同 3～4 拍，只是左右相反。（图 6-1-51）

图 6-1-51

（3）第 25 个 8 拍、第 26 个 8 拍的动作分别与第 23 个 8 拍、第 24 个 8 拍的动作相同，只是左右相反。

（八）第七段

（1）第 27 个 8 拍：1 拍两脚开立，左臂侧上举，右臂侧下举，成斜线手位；2 拍的动作同 1 拍，只是左右相反；3～4 拍两臂成加油手位；5～8 拍从左脚开始，踏步 4 次，两臂前平举，成前 H（持烛式）手位。（图 6-1-52）

成套动作
分解第七段

图 6-1-52

（2）第 28 个 8 拍：1～2 拍从左脚开始，原地踏步，两臂上举成 O 手位；3～4 拍的步法同 1～2 拍，两臂下举，两拳拳心紧贴相对；5～6 拍左脚向左侧迈一步，头部左转，左臂胸前平屈，右臂侧平举，成大弓箭手位；7～8 拍右脚并于左脚，两臂垂于体侧。（图 6-1-53）

图 6-1-53

（3）第29个8拍、第30个8拍的动作分别与第27个8拍、第28个8拍的动作相同，只是左右相反。

（九）第八段

（1）第31个8拍：1～2拍左脚向前迈一步，成左弓步，两臂前平举，两拳拳心紧贴相对；3～4拍右脚并于左脚，两臂成上V手位；5～6拍两腿屈膝半蹲，上体前俯，低头含胸，两臂成加油手位；7～8拍两脚跳成开立，两臂成下V手位。（图6-1-54）

成套动作
分解第八段

1～2　　3～4　　5～6　　7～8

图6-1-54

（2）第32个8拍：1～4拍上体左转，右脚脚跟抬起，两臂左上举并且稍屈肘，两腕相互绕环4次；5～6拍上体右转，两腿屈膝下蹲，左腿膝关节内扣，左臂右斜下举，右手叉腰，成斜下冲拳手位；7～8拍两脚并立，两臂垂于体侧。（图6-1-55）

1～4　　5～6　　7～8

图6-1-55

（3）第33个8拍、第34个8拍的动作分别与第31个8拍、第32个8拍的动作相同，只是左右相反。

（十）第九段

成套动作
分解第九段

（1）第35个8拍：1～2拍左脚向前迈一步，两臂成T手位；3～4拍两腿屈膝半蹲，两臂成短T手位；5～6拍左腿伸直，右腿屈膝上抬，两臂成上H手位；7～8拍上体左转，右脚脚尖侧点地，两臂屈肘，两拳紧贴腰部左侧。（图6-1-56）

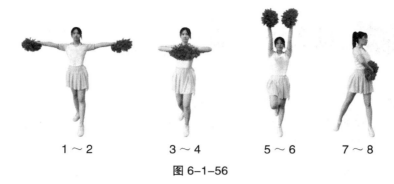

1～2　　　3～4　　　5～6　　　7～8

图 6-1-56

（2）第36个8拍：1～2拍上体转正，两腿屈膝半蹲，膝关节外展，两臂屈肘侧举；3～4拍两脚并立，两臂胸前平屈，左臂在上，右臂在下；5～6拍左小马跳2次，颈部左屈，两手叉腰；7～8拍的动作同5～6拍，只是左右相反。（图6-1-57）

1～2　　3～4　　5～6　　7～8

图 6-1-57

（3）第37个8拍、第38个8拍的动作分别与第35个8拍、第36个8拍的动作相同，只是左右相反。

（十一）结束造型

直立，两臂垂于体侧。（图6-1-58）

图 6-1-58

思辨与探究

1. 啦啦操的基本手位有哪些？各自的技术特点是什么？

2. 请查阅相关资料简述啦啦操的分类。

主题二　　**健美操**

主题导言

　　健美操是一项融体操、舞蹈、音乐为一体的有氧运动。健美操以有氧运动为基础，以健、力、美为主要特征，通过徒手、持轻器械和专门器械的练习，达到健身、健美和健心的目的，具有竞技性、娱乐性、观赏性和人文性。大学生通过学习健美操，可以培养集体主义精神和审美意识。

学习目标

　　1. 了解健美操的基本步法及常用手型。
　　2. 掌握健美操成套动作组合，在练习中提高动作协调性和节奏感。
　　3. 通过参与健美操运动，培养乐观、热情、积极、自信的生活态度。

一、中国体育故事

（一）中国优秀健美操运动员敖金平

　　在中国健美操领域，敖金平是当之无愧的"第一人"。从 2000 年至今，他几乎拿到了全国所有健美操比赛的男单冠军，并获得了多项世界冠军。然而，在中国国家健美操队的运动员中，敖金平是为数不多没有体操基础的运动员，他从跳大众健美操开始一步步努力，逐渐成为一名优秀的竞技健美操运动员。敖金平的启蒙教练说："当年上中学的敖金平，在下课后总要去几十里以外的地方训练，不管风吹雨打从没间断过。有一年冬天下了很大的雪，训练房没有什么人，敖金平却高兴地说，'今天我们可以好好练了'。就是凭借十几年如一日的刻苦训练，他才有了今天的成绩。"敖金平夺冠，说明认真刻苦地训练是成功的重要因素。

（二）77 岁健美操教练的"青春秘诀"

　　健美操教练田福秀致力于青少年健美操培训，现在她 77 岁了，依然活跃在教学一线。20 多年的时间，田福秀及其团队通过摸索、尝试、完善，逐渐建立起一套涵盖从 4 岁到 17 岁、从基础训练到专业培养的青少年健美操培训体系。2004 年以来，她执教的临汾三中健美操队共获得国内外大奖 300 多个，为中国国家健美操队输送了多名优秀队员，培养出 200 余名国家运动健将和国家一级运动员。不少孩子借助健美操圆了大学梦。这样的成绩并非一日之功，而是他们几十年努力坚持的成果。如今，田福秀仍然坚持每天亲自上训练课。她说:"只要我还教得动,就会一直教下去……看着青春洋溢的孩子们热情地跳操,我就觉得自己还年轻。"

二、跟我学健美操技术

(一)健美操的基本步法

1.交替类

(1)踏步。

【动作描述】两脚原地依次抬起、依次落地,同时两手握拳,两臂屈肘,前后自然摆动。(图6-2-1)

交替类

图 6-2-1

【技术要点】脚落地时,同侧踝关节、膝关节、髋关节有弹性地缓冲。

(2)走步。

【动作描述】向前走时,脚跟先着地,然后过渡到全脚掌着地(图6-2-2);向后走时,脚尖先着地,然后过渡到全脚掌着地。

图 6-2-2

【技术要点】脚落地时,同侧踝关节、膝关节有弹性地缓冲。

(3)一字步。

【动作描述】一脚向前迈一步,另一脚并于前脚,然后两脚依次退回原位。(图6-2-3)

图 6-2-3

【技术要点】向前迈步时,脚跟先着地,然后过渡到全脚掌着地;向前迈步和向后退步均要有并腿的过程;做每一拍动作时,膝关节始终有弹性地缓冲。

(4)V字步。

【动作描述】一脚向侧前方迈一步,另一脚随之向另一侧的侧前方迈一步,两脚成开立,两腿屈膝,然后两脚依次退回原位。(图6-2-4)

图6-2-4

【技术要点】两腿膝关节、踝关节始终保持弹动状态,两脚向前迈步后成分腿半蹲,身体重心在两脚之间。

(5)漫步。

【动作描述】一脚向前迈一步,另一腿屈膝后抬并落回原位(图6-2-5),前脚抬起向后撤一步,同时另一腿稍抬起,然后原地落下。

图6-2-5

【技术要点】两脚始终保持交替落地,身体重心随动作前后移动,但始终在两脚之间。

2.点地类

(1)脚尖点地。

【动作描述】一腿稍屈膝站立,另一腿向前伸出,脚尖点地。(图6-2-6)

点地类

图6-2-6

【技术要点】支撑腿始终保持屈膝站立,并且随动作有弹性地屈伸。

（2）脚跟点地。

【动作描述】一腿稍屈膝站立，另一腿向前伸出，脚跟点地。（图6-2-7）

图6-2-7

【技术要点】支撑腿始终保持屈膝站立，并且随动作有弹性地屈伸。动作始终保持高度的弹性和节奏感。

3.迈步类

（1）并步。

【动作描述】一脚向侧迈一步，另一脚向其并拢，脚尖点地。（图6-2-8）

迈步类

图6-2-8

【技术要点】并步时，两腿屈膝。两膝始终保持弹动，动作幅度和力度可随风格而定。

（2）迈步点地。

【动作描述】一脚向侧迈一步，两腿经屈膝移动身体重心，随后迈出腿伸直，另一脚脚尖点地。（图6-2-9）

图6-2-9

【技术要点】两膝随动作有弹性地屈伸，身体重心移动轨迹成弧形；上体不要扭转。

（3）迈步后屈腿。

【动作描述】一脚向侧迈一步，另一腿屈膝后抬。（图6-2-10）

图 6-2-10

【技术要点】迈步时，两腿经屈膝移动身体重心。后抬脚的脚跟尽量靠近臀部。

（4）侧交叉步。

【动作描述】一脚向侧迈一步，另一脚在其后交叉；随之第一次迈出的脚再向侧迈一步，另一脚向其并拢，脚尖点地。（图 6-2-11）

图 6-2-11

【技术要点】迈第一步时，脚跟先着地，身体重心随着脚部的移动而移动，膝关节、踝关节始终保持弹动。

（5）小马跳。

【动作描述】一脚向侧小跳一次，另一脚随之向其并拢，脚尖点地跳一次。（图 6-2-12）

图 6-2-12

【技术要点】两脚轻快地落地，身体重心随之平稳移动。

4.吸腿类

（1）吸腿。

【动作描述】一腿支撑，另一腿屈膝前抬。（图 6-2-13）

吸腿类

图 6-2-13

【技术要点】抬起腿的大腿上抬至水平，小腿自然下垂，脚背绷直，上体保持正直。

（2）踢腿。

【动作描述】一腿支撑，另一腿向前伸直抬起。（图6-2-14）

图6-2-14

【技术要点】抬起腿要有控制，上体保持正直。支撑脚的脚跟不能离地。踢腿的幅度因人而异，避免受伤。

（3）弹踢腿。

【动作描述】一腿站立（跳起），另一腿先向后屈，再向前下方弹踢。（图6-2-15）

图6-2-15

【技术要点】腿弹出时要有控制，两腿膝关节紧靠，弹踢脚脚背绷直，上体保持正直。

5.双腿类

（1）开合跳。

【动作描述】先并腿跳起、分腿落地，再分腿跳起、并腿落地。（图6-2-16）

双腿类

图6-2-16

【技术要点】分腿屈膝下蹲时，两脚自然外开，膝关节同脚尖方向一致；落地时，两腿屈膝缓冲。

（2）弓步。

【动作描述】两脚前后分开，前腿屈膝，后腿伸直。（图 6-2-17）

图 6-2-17

【技术要点】成弓步时，身体重心在两脚之间，前腿膝关节在地面上的投影点不能超过脚尖。

（二）健美操的常用手型

（1）并掌：五指伸直并拢，拇指内扣。（图 6-2-18）

图 6-2-18

（2）开掌：五指用力伸直张开。（图 6-2-19）

图 6-2-19

（3）花掌：五指用力，尽力分开，小指和无名指向拇指方向内转。（图 6-2-20）

图 6-2-20

（4）立掌：拇指稍内扣，其余四指伸直，手腕用力后伸。（图 6-2-21）

图 6-2-21

（5）拳：握拳，拇指在外且压在食指和中指第二指节处。（图 6-2-22）

图 6-2-22

三、跟我学健美操套路

以下介绍健美操教学规定套路。

音乐：一级健美操音乐。

顺序：组合一—组合二—组合三—组合四。

健美操成套
完整示范

（一）组合一

1. 第 1 个 8 拍

【下肢动作】1 拍右脚向右侧迈步，成马步；2 拍两腿伸直，左脚脚尖点地；3 拍动作同 1 拍；4 拍两腿伸直，右脚脚尖点地；5 ～ 8 拍动作同 1 ～ 4 拍。

健美操分解
示范组合一

【上肢动作】1 拍两臂屈肘，两手握拳收于腰侧；2 拍左臂向右前方平冲拳；3 拍动作同 1 拍；4 拍右臂向左前方平冲拳；5 拍两臂于胸前平屈；6 拍两臂侧上举；7 拍动作同 5 拍；8 拍两臂侧下举。

第 1 个 8 拍的动作如图 6-2-23 所示。

图 6-2-23

2. 第 2 个 8 拍

【下肢动作】1 ～ 4 拍右脚、左脚依次原地踏步；5 ～ 8 拍右腿向右侧迈步，做并步 2 次。

【上肢动作】1 ～ 4 拍两手由下经前向上、向侧绕环一周；5 ～ 8 拍两臂屈肘同时前后自然摆动。

第 2 个 8 拍的动作如图 6-2-24 所示。

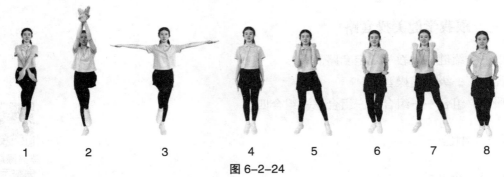

图 6-2-24

3. 第 3 个 8 拍

【下肢动作】1 拍左脚向前迈步；2 拍右脚向左脚右侧上步，右脚脚尖点地；3 拍右脚向前迈步；4 拍左脚向右脚左侧上步，左脚脚尖点地；5～8 拍由左脚开始，向前做一字步。

【上肢动作】1 拍两臂于胸前平屈；2 拍右臂前平举，左臂侧平举；3 拍动作同 1 拍；4 拍动作同 2 拍，只是左右相反；5～6 拍两臂于胸前屈肘交叉 2 次，五指分开，掌心向后；7 拍两臂于肩上屈肘，两臂上臂约与地面平行，两手指尖触同侧肩；8 拍两臂自然垂于体侧。

第 3 个 8 拍的动作如图 6-2-25 所示。

图 -2-25

4. 第 4 个 8 拍

【下肢动作】1 拍左脚向后迈步；2 拍右脚向左脚右侧撤步，右脚脚尖点地；3 拍右脚向后迈步；4 拍左脚向右脚左侧撤步，左脚脚尖点地；5～8 拍左脚、右脚依次原地踏步。

【上肢动作】1 拍两臂于胸前平屈；2 拍右臂于体前斜下伸直，左臂侧下举；3 拍动作同 1 拍；4 拍动作同 2 拍，只是左右相反；5～6 拍两臂于胸前屈肘交叉 2 次，五指分开，掌心向后；7 拍两臂于肩上屈肘，两臂上臂约与地面平行，两手指尖触同侧肩；8 拍两臂自然垂于体侧。

第 4 个 8 拍的动作如图 6-2-26 所示。

图 6-2-26

第 5 至第 8 个 8 拍的动作与第 1 至第 4 个 8 拍的动作相同，只是左右相反。

（二）组合二

1. 第 1 个 8 拍

【下肢动作】1～2 拍右腿向右侧迈步弹动；3～4 拍左脚脚尖向右前方点地；5～8 拍动作同 1～4 拍，只是左右相反。

健美操分解
示范组合二

【上肢动作】1～2 拍两臂侧平举，五指分开，掌心向前；3～4 拍两手向外绕腕，两臂于体前斜下举，五指分开，掌心向上；5～6 拍动作同 1～2 拍；7～8 拍两臂斜上举，五指分开，掌心向前。

第 1 个 8 拍的动作如图 6-2-27 所示。

| 1～2 | 3～4 | 5～6 | 7～8 |

图 6-2-27

2. 第 2 个 8 拍

【下肢动作】1～2 拍右腿向右侧做滑步；3～4 拍左脚、右脚依次踏步；5～8 拍动作同 1～4 拍，只是左右相反。

【上肢动作】1～2 拍左臂从前向左侧立掌推出；3～4 拍两臂自然摆动；5～8 拍动作同 1～4 拍，只是左右相反。

第 2 个 8 拍的动作如图 6-2-28 所示。

| 1～2 | 3～4 | 5～6 | 7 | 8 |

图 6-2-28

3. 第 3 个 8 拍

【下肢动作】1 拍右脚向右前方迈步，成弓步；2 拍左腿原地吸腿；3 拍还原成弓步；4 拍动作同 2 拍；5～6 拍左脚向后落地；7～8 拍左脚、右脚依次原地踏步。

【上肢动作】1～4 拍两臂自然摆动；5～6 拍左臂绕环至左上方，右手叉腰；7～8 拍两臂自然摆动。

第 3 个 8 拍的动作如图 6-2-29 所示。

图 6-2-29

4. 第 4 个 8 拍

【下肢动作】1 ~ 8 拍从左腿开始，依次向后做 Z 字形并步跳。

【上肢动作】1 拍两手扶膝；2 拍两手于面前击掌；3 ~ 4 拍动作同 1 ~ 2 拍，只是左右相反；5 ~ 6 拍动作同 1 ~ 2 拍；7 ~ 8 拍动作同 3 ~ 4 拍。

第 4 个 8 拍的动作如图 6-2-30 所示。

图 6-2-30

第 5 至第 8 个 8 拍的动作与第 1 至第 4 个 8 拍的动作相同，只是左右相反。

（三）组合三

健美操分解
示范组合三

1. 第 1 个 8 拍

【下肢动作】1 拍右脚向右侧迈步；2 拍左腿向后交叉；3 拍动作同 1 拍；4 拍左脚并于右脚；5 ~ 6 拍右脚向右侧迈步，成左弓步；7 ~ 8 拍右脚并于左脚，还原成直立。

【上肢动作】1 拍两手握拳，两臂侧平举；2 拍右臂在体前屈肘，左臂在体后屈肘；3 拍动作同 1 拍；4 拍两臂自然垂于体侧；5 ~ 6 拍左手五指分开，掌心向外，放于左额前，右手背于体后；7 ~ 8 拍两臂自然垂于体侧。

第 1 个 8 拍的动作如图 6-2-31 所示。

图 6-2-31

2. 第 2 个 8 拍

【下肢动作】1 拍左腿吸腿；2 拍还原；3 拍右腿吸腿；4 拍还原；5～8 拍动作同 1～4 拍。

【上肢动作】1～4 拍两臂于体前向左、向右屈肘各摆动 1 次；5～8 拍两臂于头上方向左、向右屈肘各摆动 1 次。

第 2 个 8 拍的动作如图 6-2-32 所示。

图 6-2-32

3. 第 3 个 8 拍

【下肢动作】1～4 拍从左腿开始，向前做 V 字步；5～8 拍从左腿开始，向后做 A 字步。

【上肢动作】1～4 拍两手在头上方自然摆动 4 次；5～8 拍两手背于体后。

第 3 个 8 拍的动作如图 6-2-33 所示。

图 6-2-33

4. 第 4 个 8 拍

【下肢动作】1～2 拍两脚向右做并步；3～4 拍两脚向左做并步；5～8 拍动作同 1～4 拍。

【上肢动作】1～2 拍两臂前平举，五指开掌，掌心向上；3～4 拍两臂屈肘于体前相叠（左臂在上，右臂在下）；5～6 拍两臂屈肘相叠并向前绕环；7～8 拍两手于面前击掌 2 次。

第 4 个 8 拍的动作如图 6-2-34 所示。

图 6-2-34

第 5 至第 8 个 8 拍的动作与第 1 至第 4 个 8 拍的动作相同，只是左右相反。

（四）组合四

健美操分解
示范组合四

1. 第 1 个 8 拍

【下肢动作】1～4 拍左腿屈膝弹踢 2 次；5～6 拍两脚向左小马跳；7～8 拍两脚向右小马跳。

【上肢动作】1 拍两臂于胸前屈肘，指尖相对；2 拍左臂斜上举，右臂斜下举；3～4 拍动作同 1～2 拍；5～6 拍右臂伸直上举，左臂垂于体侧；7～8 拍动作同 5～6 拍，只是左右相反。

第 1 个 8 拍的动作如图 6-2-35 所示。

图 6-2-35

2. 第 2 个 8 拍

【下肢动作】1～8 拍两脚依次迈步并向左转体 270°。

【上肢动作】1～8 拍两臂自然摆动。

第 2 个 8 拍的动作如图 6-2-36 所示。

1～8

图 6-2-36

3. 第 3 个 8 拍

【下肢动作】1～2 拍左腿向右前方做漫步；3～4 拍左腿向左做滑步，左转 45°；5～8 拍动作同 1～4 拍，只是左右相反。

【上肢动作】1～2 拍两手握拳，两臂向前下方伸直；3～4 拍左臂斜上举，右臂斜下举，两手五指并拢，掌心斜向下；5～8 拍动作同 1～4 拍，只是左右相反。

第 3 个 8 拍的动作如图 6-2-37 所示。

　　1　　　　2　　　3～4　　　5　　　6　　　7～8

图 6-2-37

4. 第 4 个 8 拍

【下肢动作】1～2 拍两腿并拢，屈膝半蹲；3～4 拍还原成直立；5～8 拍两腿并拢，原地小跳 4 次。

【上肢动作】1～2 拍两手扶膝，3～4 拍两手背于体后，5～8 拍两手成掌，两臂斜上举，两手掌心相对自然摆动 4 次。

第 4 个 8 拍的动作如图 6-2-38 所示。

　　1～2　　　3～4　　　5～8

图 6-2-38

第 5 至第 8 个 8 拍的动作与第 1 至第 4 个 8 拍的动作相同，只是左右相反。

思辨与探究

1. 健美操的基本步法主要有几类？各自的技术特点是什么？

2. 健美操的常用手型有哪些？

主题三　有氧踏板操

主题导言

　　有氧踏板操于 20 世纪 90 年代传入我国。有氧踏板操的运动原理是人们将体能测试中的台阶练习与健美操的步法组合起来，借助高度可以调整的踏板，通过做上下板及各种跳跃动作，达到强身健体、减脂塑形的目的。有氧踏板操具有时尚、富有动感等特点。大学生练习有氧踏板操，不仅可以强身健体，提高身体素质，还可以提高欣赏美、展示美、创造美的能力。

学习目标

　　1. 了解有氧踏板操的基础知识，学会运用踏板灵活地进行练习。

　　2. 掌握有氧踏板操的基本步法与成套组合，不断提高表现力。

　　3. 在有氧踏板操中感受乐趣，增强体质，培养积极的生活态度。

一、中国体育故事

　　周建社，湖南师范大学体育学院教授，健美操、啦啦操国际裁判，健美操国家级社会体育指导员。她既是湖南省体育界第一位女性博士生导师，也是湖南省第一位健美操国际裁判。

　　在 2011 年深圳举行的第 26 届世界大学生夏季运动会健美操测试赛中，周建社率领湖南师范大学健美操队与国家健美操集训队同场竞技。在赛前一个月的备战中，有学生无意间将用于参赛的成套动作上传至网络。提前公开用于参赛的成套动作会让比赛内容缺乏新意，影响评分效果，因此，周建社只好带领学生在有限时间内对成套动作进行重新设计与大胆创新。

　　最终，湖南师范大学健美操队凭借独具创意的艺术编排和出色的现场发挥，斩获有氧踏板操项目第一名。湖南师范大学健美操队的出色表现令在现场观战的中国健美操协会工作人员和国际体操联合会健美操技术委员会的三位主席赞叹不已："这样的编排实在是太妙了！"

二、跟我学有氧踏板操技术

（一）有氧踏板操基础知识

1. 踏板的构造

有氧踏板操练习过程中的跳跃、移动、转体等肢体语言的表达都是围绕踏板（图 6-3-1）展开的，因此，了解和认识踏板的构造是学习有氧踏板操基础知识的重要环节。踏板主要由踏板主体、踏板平台、踏板加强结构、踏板功能配件等构成。

图 6-3-1

（1）踏板主体是指踏板的框架主体，是踏板的主要构成部分。

（2）踏板平台又称踏板垫脚或踏板底座，是专门用来支撑踏板主体的底座。个人可根据需求灵活调整踏板平台的高度。

（3）踏板加强结构是指踏板在受到外力冲击的情况下，能帮助踏板保持稳定的结构。

（4）踏板功能配件是指人们为了实现某些功能需求，在踏板上设置的一些辅助配件，如踏板受力的电子显示屏等。这些辅助配件都是为了实现某种功能而存在的。

2. 踏板的落脚区域

踏板的落脚区域是指人们在完成踏板操过程中，两脚在踏板上及踏板周围经常使用的区域。用统一的专业术语将踏板的落脚区域清晰地规定出来，不仅方便师生在教学过程中及运动员在训练过程中交流，还方便专业人员对编排者的创编水平进行评估。踏板的落脚区域分为 5 个区域、15 个落脚位置。人们通过使用区域术语与位置代号来准确定位踏板落脚区域的具体位置。

（1）区域术语。

踏板共有 5 个落脚区域，用专业术语可具体表述为踏板左侧、踏板右侧、踏板前侧（板前）、踏板后侧（板后）、踏板上方（板上）。（图 6-3-2）

（2）位置代号。

踏板上方与踏板周围共有 15 个落脚位置。人们用阿拉伯数字 1、2、3 来表示位置代号，即 1 号位置、2 号位置、3 号位置。（图 6-3-3）

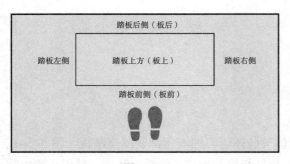

图 6-3-2   图 6-3-3

通过区域术语与位置代号的结合，我们可以快速、准确地表述踏板落脚区域的具体位置，如图 6-3-4 所示。

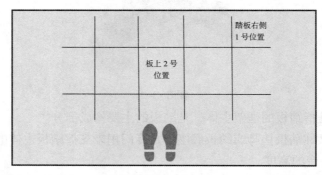

图 6-3-4

（二）有氧踏板操的基本步法

**有氧踏板操
基本步法组合**

有氧踏板操的基本步法是练习有氧踏板操和创编有氧踏板操套路的基础。根据动作类别的不同，有氧踏板操的基本步法分为踏步类的基本步法、点板类的基本步法、抬腿类的基本步法和综合类的基本步法。

1. 踏步类的基本步法

**踏步类的
基本步法**

（1）上下板基本步。

【动作描述】完成该动作需要 4 拍。右脚作为起动脚由板前上至踏板上方（图 6-3-5）；左脚跟随右脚由板前上至踏板上方；右脚再作为起动脚由踏板上方下至板前起始位置；左脚跟随右脚由踏板上方下至板前起始位置，两脚并拢。

（2）V 字步。

【动作描述】完成该动作需要 4 拍。右脚作为起动脚由板前上至踏板上方，落脚点尽可能在踏板的一端；左脚跟随右脚由板前上至踏板上方，落脚点尽可能在踏板的另一端；两脚距离尽可能大（图 6-3-6）；右脚再作为起动脚由踏板上方下至板前起始位置，左脚紧随右脚由踏板上方下至板前起始位置，两脚并拢。

图 6-3-5   图 6-3-6

2. 点板类的基本步法

（1）依次点板。

点板类的
基本步法

【动作描述】完成该动作需要4拍。右脚作为起动脚由板前上至踏板上方，脚尖点板（图6-3-7）；右脚还原至板前起始位置；左脚重复右脚的动作。

（2）正上点板，正下点地。

【动作描述】完成该动作需要4拍。右脚作为起动脚由板前上至踏板上方；左脚跟随右脚由板前上至踏板上方，脚尖点板（图6-3-8）；右脚再作为起动脚由踏板上方下至板前起始位置；左脚跟随右脚由踏板上方下至板前起始位置，脚尖点地。

（3）正上点板，侧下点地。

【动作描述】完成该动作需要4拍。右脚作为起动脚由板前上至踏板上方；左脚跟随右脚由板前上至踏板上方，脚尖点板；左脚作为起动脚由踏板上方下至踏板左侧；右脚跟随左脚由踏板上方下至踏板左侧，脚尖点地。（图6-3-9）

图 6-3-7   图 6-3-8   图 6-3-9

（4）侧上点板，正下点地。

【动作描述】完成该动作需要4拍。右脚作为起动脚由踏板左侧上至踏板上方；左脚跟随右脚由踏板左侧上至踏板上方，脚尖点板；左脚作为起动脚由踏板上方下至板前；右脚跟随左脚由踏板上方下至板前，脚尖点地。（图6-3-10）

图 6-3-10

抬腿类的
基本步法

3. 抬腿类的基本步法

（1）上板吸腿。

【动作描述】完成该动作需要4拍。右脚作为起动脚上至板上2号位置；左腿向上吸腿1次（图6-3-11），脚背绷直；左脚下落，还原至板前；右脚跟随左脚下板，还原至板前。

（2）上板后屈腿。

【动作描述】完成该动作需要4拍。右脚作为起动脚上至板上2号位置；左腿向后屈膝抬起1次（图6-3-12）；左脚下落，还原至板前；右脚跟随左脚下板，还原至板前。

（3）上板前踢腿。

【动作描述】完成该动作需要4拍。右脚作为起动脚上至板上2号位置；左腿伸直向前踢1次（图6-3-13）；左脚下落，还原至板前；右脚跟随左脚下板，还原至板前。

（4）上板侧踢腿。

【动作描述】完成该动作需要4拍。右脚作为起动脚上至板上2号位置；左腿伸直向左上方踢1次（图6-3-14）；左脚下落，还原至板前；右脚跟随左脚下板，还原至板前。

（5）上板后踢腿。

【动作描述】完成该动作需要4拍。右脚作为起动脚上至板上2号位置；左腿伸直向左后方踢1次（图6-3-15），身体重心稍前移；左脚下落，还原至板前；右脚跟随左脚下板，还原至板前。

图6-3-11　　　　图6-3-12　　　　图6-3-13　　　　图6-3-14　　　　图6-3-15

4. 综合类的基本步法

（1）基本步过板。

【动作描述】完成该动作需要4拍。右脚作为起动脚由踏板左侧上至踏板上方，右腿微屈；左脚跟随右脚由踏板左侧上至踏板上方，同时右脚离板，向右踢出，脚背绷直；右脚下至踏板右侧，左脚跟随右脚下至踏板右侧；两脚并拢站立。（图6-3-16）

（2）转身步。

【动作描述】完成该动作需要4拍。身体侧对踏板，站在踏板前侧一端；右脚作为起动脚上至板上3号位置；左脚跟随右脚上至板上1号位置；右脚下至踏板前侧另一端，左脚跟随右脚下板并与右脚并拢。（图6-3-17）

　　　　图 6-3-16　　　　　　　　　　　　　　图 6-3-17

（3）板上后点地。

【动作描述】完成该动作需要 2 拍。站在板上，右脚作为起动脚下至板前，脚尖后点地（图 6-3-18）；右脚还原至板上起始位置。

（4）板上侧点地。

【动作描述】完成该动作需要 2 拍。站在板上，右脚作为起动脚下至踏板右侧，脚尖侧点地（图 6-3-19）；右脚还原至板上起始位置。

（5）分腿跨板。

【动作描述】完成该动作需要 4 拍。身体侧对踏板，站在踏板前侧；右脚作为起动脚先上板，左脚随之上板（此时两脚都在板上）；然后右脚、左脚依次向踏板右侧、左侧下板，两腿分立在踏板两边（踏板在两腿之间）（图 6-3-20）。

　　图 6-3-18　　　　　图 6-3-19　　　　　图 6-3-20

三、跟我学有氧踏板操实践套路

（一）第 1 个 8 拍

有氧踏板操
套路完整演示

【下肢动作】1～4 拍由右脚开始做上板基本步；5～8 拍动作同 1～4 拍。

【上肢动作】1～2 拍两臂前平举；3～4 拍两臂垂于体侧；5～6 拍两臂经胸前打开至侧平举，两手开掌；7～8 拍两臂垂于体侧。

第 1 个 8 拍的动作如图 6-3-21 所示。

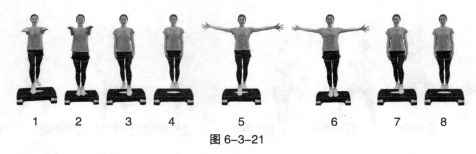

图 6-3-21

（二）第2个8拍

【下肢动作】1～2拍由右脚开始做上板吸腿，2拍时身体右转约90°；3～4拍分腿跨板；5～6拍两脚跳于板上，并拢；7～8拍两脚下板，并拢站立。

【上肢动作】1～2拍两臂屈肘前后摆动；3拍右臂前平举，右手立掌，左臂垂于体侧；4拍左臂与右臂交叉前平举（左臂在上，右臂在下），两手立掌；5～6拍两臂于胸前平屈；7～8拍两臂垂于体侧。

第2个8拍的动作如图6-3-22所示。

1 2 3 4 5～6 7～8

图 6-3-22

（三）第3个8拍

【下肢动作】1～3拍左脚上板、过板；4拍右脚下板，与左脚并拢，身体左转约180°；5拍左脚上至板上1号位置；6拍右脚上至板上3号位置；7～8拍两脚下板，身体右转约90°。

【上肢动作】1～2拍两臂经胸前上举；3拍两臂经体侧放下；4拍两臂保持不动；5拍右臂前平举，右手开掌，掌心向下；6拍左臂斜上约45°打开，右臂屈肘，收于腰间，两手成花掌；7拍动作同5拍；8拍两臂自然垂于体侧。

第3个8拍的动作如图6-3-23所示。

1 2 3 4 5 6 7 8

图 6-3-23

（四）第4个8拍

【下肢动作】1拍左脚上至板上1号位置；2～3拍两脚依次下至踏板左侧；4拍右脚上板；5～6拍由右脚开始做上板吸腿，同时身体右转约180°；7拍左脚下板，身体右转约180°；8拍右脚下板，两脚并拢站立。

【上肢动作】1～3拍两臂屈肘前后摆动；4拍两臂斜下约45°打开；5～6拍两臂经胸前上举；7～8拍两臂经体侧放下。

第4个8拍的动作如图6-3-24所示。

1　　　2　　　3　　　4　　　5　　6　　7　　8

图6-3-24

（五）第5个8拍

【下肢动作】1～2拍两腿屈膝下蹲；3～4拍两脚并拢站立；5～6拍动作同1～2拍，同时身体右转约90°；7～8拍两脚并拢站立。

【上肢动作】1～2拍两手拿板；3～4拍两手将踏板置于胸前；5～6拍两手放板；7～8拍两臂垂于体侧。

第5个8拍的动作如图6-3-25所示。

1～2　　3～4　　5～6　　7～8

图6-3-25

（六）第6个8拍

【下肢动作】1拍两脚原地小跳；2拍两腿原地跳开；3拍左脚上板；4拍右脚经上板下至踏板右侧，身体左转约90°；5～6拍两脚保持不动；7～8拍右脚上板，两脚并拢站于板上。

【上肢动作】1拍两臂屈肘前摆，前臂约与上体平行，两手握拳；2拍两臂斜下约45°打开，两拳变掌；3拍动作同1拍；4拍左臂于胸前平屈，右臂侧平举；5拍左手翻腕向外打开，掌心向上；6拍左臂屈肘，左手置于左耳后；7拍两臂屈肘下垂，上臂与前臂的夹角约90°；8拍两臂屈肘向上，掌心相对，上臂与前臂的夹角约90°。

第6个8拍的动作如图6-3-26所示。

图 6-3-26

（七）第 7 个 8 拍

【下肢动作】1 拍右脚下板；2 拍分腿跨板；3～4 拍身体左转约 90°，左脚上板；4 拍吸右腿；5 拍右脚下板；6 拍左脚下板，两脚前后开立（左脚在前）；7 拍身体右转约 90°，两脚左右开立；8 拍向左顶胯，右腿微屈。

【上肢动作】1 拍左臂于胸前平屈，右臂侧平举；2 拍右臂于胸前上屈，上臂与前臂的夹角约 90°，右手花掌，指尖向上，掌心向后，左臂保持不变；3 拍两臂于胸前平屈；4 拍两臂自然放于体侧，两手握拳；5 拍两臂前平举；6 拍动作同 3 拍；7 拍两手紧握摆至右肩前上方；8 拍两手紧握摆动至身体左前下方。

第 7 个 8 拍的动作如图 6-3-27 所示。

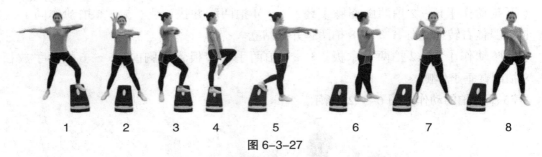

图 6-3-27

（八）第 8 个 8 拍

【下肢动作】1～2 拍两腿屈膝下蹲，同时身体右转约 90°；3～4 拍两脚并拢站立，同时身体左转约 90°；5～6 拍两腿屈膝下蹲；7～8 拍两脚并拢站立。

【上肢动作】1～2 拍两手拿板；3～4 拍两手将踏板置于胸前；5～6 拍两手放板；7～8 拍两臂斜下约 30° 打开。

第 8 个 8 拍的动作如图 6-3-28 所示。

图 6-3-28

（九）第9个8拍

【下肢动作】1～2拍由左脚开始上板，做2次后踢腿；3拍左脚下板；4拍右脚下板，两脚并拢站立；5拍两脚分开跳上板；6拍两脚并立；7拍左脚下至踏板左侧1号位置，身体左转约45°；8拍右脚下至踏板左侧，身体左转约135°。

【上肢动作】1～2拍两手于胸前击掌2次；3拍两臂屈肘（上臂与前臂的夹角约90°）向上打开，上臂约与地面平行，手腕下压，两手并掌向外伸展；4拍两臂自然放下；5拍动作同3拍；6拍两臂伸直上举，两掌于头顶上方相合；7～8拍左臂斜下45°伸直，右臂斜上约45°伸直。

第9个8拍的动作如图6-3-29所示。

图6-3-29

（十）第10个8拍

【下肢动作】1拍身体左转约90°，左脚上板；2拍身体左转约90°，右脚上板，两脚开立；3拍两脚跳至并立，两腿微屈并拢；4拍两腿伸直；5拍右脚小跳，左脚侧摆；6拍动作同5拍，只是左右相反；7拍右脚下板；8拍左脚下板，两脚并拢站立。

【上肢动作】1拍两臂于胸前平屈；2拍左臂斜下约45°伸直，右臂斜上约45°伸直；3拍上体前屈，两手分别置于同侧膝关节上；4拍两臂分开经体前伸直上举，两手开掌，掌心向前；5拍右臂屈肘，右手摸头部后侧，左臂斜上约45°伸直，左手并掌，掌心向前；6拍动作同5拍，只是左右相反；7拍两臂侧平举，两手并掌，掌心向下；8拍两臂自然垂于体侧。

第10个8拍的动作如图6-3-30所示。

图6-3-30

（十一）第 11 个 8 拍

【下肢动作】1～3 拍从左脚开始，两脚原地踏步；4～5 拍左脚上板，右腿侧踢；6 拍右脚落于板上，两脚并拢；7 拍右脚下板，身体右转约 90°；8 拍左脚下板，身体右转约 90°，两脚并拢站立。

【上肢动作】1 拍两臂侧平举；2 拍左臂不动，右臂向左前上方约 45° 伸直；3 拍右臂向下、向右摆动，于体侧屈肘，右手摸头部后侧；4 拍两臂前平举，两手掌心相对握紧；5 拍左臂上举并贴近左耳，右臂垂于体侧；6～8 拍两臂自然垂于体侧。

第 11 个 8 拍的动作如图 6-3-31 所示。

图 6-3-31

（十二）第 12 个 8 拍

【下肢动作】1～2 拍坐于板上，两腿向前伸直；3～4 拍两腿打开，身体重心微微后移；5～6 拍两腿屈膝，右腿小腿在左腿大腿下方；7～8 拍两脚并拢站立。

【上肢动作】1～2 拍两手轻扶踏板两端；3～4 拍两臂斜后约 45° 打开，两手触地；5～6 拍左手扶左膝，右手扶踏板右端；7～8 拍两臂斜下约 45° 打开。

第 12 个 8 拍的动作如图 6-3-32 所示。

1～2　　3～4　　5～6　　7～8

图 6-3-32

有氧踏板操
套路分解演示

🔘 **思辨与探究**

1. 利用踏板进行身体练习时，你能想出几种练习方式？

2. 踏板的落脚区域有哪些？如何区分？

3. 有氧踏板操是健美操吗？它们之间有什么区别和联系？

主题四　健身瑜伽

主题导言

　　瑜伽是一种古老的健身术，起源于古印度，距今已有 5000 多年的历史。瑜伽简便易学，具有调节身心的功效。瑜伽不仅可以强身健体，还可以缓解各种压力所引发的紧张、焦虑等不良情绪和内分泌失调等症状，使练习者以积极、乐观的心态去学习、工作和生活，享受美好的人生。

学习目标

　　1. 掌握健身瑜伽基础体位及串联体位，并能在生活中自行开展瑜伽锻炼。
　　2. 通过练习健身瑜伽，学会舒缓紧张情绪，使心态保持平和。

一、中国体育故事

（一）瑜伽传播者张蕙兰

　　20 世纪 80 年代初，中央电视台播放的张蕙兰瑜伽系列节目促进了瑜伽在中国的发展。她的"蕙兰瑜伽"系列节目从 1985 年到 2000 年持续不间断地被播放了 15 年，深受观众的喜爱。这个节目以每周 7 天、每天 2 次或 3 次的频率播出，每一集都包含瑜伽姿势练习、生活方式介绍。该系列节目从 1998 年开始通过美国公共电视网向全美国播放，推动现代瑜伽的发展。为表彰张蕙兰女士在全球传播瑜伽的贡献，2016 年，张蕙兰被授予印度著名的帕德玛勋章。

（二）瑜伽老人——沈维德

　　沈维德是一位退休机械工程师。早年生活的艰辛使他患上了多种疾病，他曾因胃出血五次住院。一天，在乘车上班途中，沈维德的大腿突然不听使唤了，他不得不退休。同年，沈维德开始练习瑜伽。由于年龄偏大，全身关节已不再灵活，沈维德在刚练习瑜伽时感到难度很大。然而，他凭着一股韧劲，每天坚持练习瑜伽 2 小时以上，并将瑜伽融入日常生活。经过多年的瑜伽练习，如今的沈维德步履矫健、神采奕奕。他说："只要你真正想锻炼，你就会发现有很多机会可以利用。"

二、跟我学健身瑜伽技术

（一）健身瑜伽体位分类

1.坐姿

坐姿包括简易坐、莲花坐、金刚坐、英雄坐等。（图6-4-1）

简易坐　　　　　　　　　　莲花坐

金刚坐　　　　　　　　　　英雄坐

图 6-4-1

坐时，无论两腿如何摆放，脊柱都要以自然曲度保持挺直，避免腹部器官受到挤压，同时精神也要保持一定的兴奋性，使人不至于陷入昏沉的状态。

2.前屈体位

前屈体位（图6-4-2）是指脊柱向前弯曲且靠向腿部的体位。这个体位可伸展和强壮背部肌群，促进背部血液循环，增强脊柱的柔韧性和灵活性，伸展腿部后侧肌肉和韧带，轻柔地按摩腹部器官，从而促进新陈代谢。

图 6-4-2

3.后弯体位

后弯体位（图6-4-3）是指脊柱向后弯曲的体位。后弯应与前屈配合进行，即练习者做完一个后弯体位可顺势衔接一个前屈体位。做后弯体位时，练习者要量力而行，以免使身体受伤。

图 6-4-3

4.侧弯体位

侧弯体位（图6-4-4）是指脊柱向左右侧弯曲的体位。侧弯体位不仅可以使脊柱更加灵活、有弹性，减少腰部多余的脂肪，还可以拉伸腰部，按摩腹部器官。做侧弯体位时，练习者要注意左右侧保持相同的时间和动作幅度，避免人为地造成脊柱C形侧弯；同时注意不要翘臀、塌腰，以及过度挺胸，要保持脊柱处于中立位。

图 6-4-4

5.扭转体位

扭转体位（图6-4-5）是指脊柱水平向左右侧扭转的体位。当上体向左右侧扭转时，腰椎、胸椎和颈椎都可以得到锻炼。扭转体位对神经系统有益，还具有按摩内脏、缓解轻微背痛的功效。

图 6-4-5

6.平衡体位

平衡体位（图6-4-6）是指需要部分肢体支撑身体并使身体保持稳定的体位。平衡体位可以提高身体的平衡力和协调性，提高大脑的注意力，帮助练习者恢复内心的平静。

图 6-4-6

7.倒置体位

倒置体位（图6-4-7）是指头部低于心脏的体位，包括下犬式、桥式、肩倒立、犁式、头倒立式等。倒置体位有助于促进血液循环，减轻心脏的负担，减小两腿静脉血管的压力，从而对静脉曲张有预防和辅助治疗的作用；使怠滞的内脏器官活跃起来，促进体内代谢废物的排出，促进大脑的血液循环，增加大脑的供氧量，从而使大脑恢复活力。此外，倒置体位还能有效地缓解疲劳、失眠和紧张情绪。

图6-4-7

（二）健身瑜伽一级体位

1.前屈体位

前屈体位包括站立直角、增延脊柱伸展、站立前屈伸展、单腿背部伸展和锁腿式。（图6-4-8）

站立直角　　　　　　增延脊柱伸展　　　　　　站立前屈伸展

单腿背部伸展　　　　　　锁腿式

图6-4-8

2.后展体位

后展体位包括简易蝗虫式、桥式、眼镜蛇式和展臂式。（图6-4-9）

简易蝗虫式　　　　桥式　　　　眼镜蛇式　　　　展臂式

图6-4-9

3. 扭转体位

扭转体位包括简易扭脊式、腰躯转动式、仰卧扭脊式、半三角扭转式和转躯触脚式。（图 6-4-10）

简易扭脊式　　　　腰躯转动式　　　　仰卧扭脊式

半三角扭转式　　　　转躯触脚式
图 6-4-10

4. 侧弯体位

侧弯体位包括风吹树式、门闩式和三角伸展式。（图 6-4-11）

风吹树式　　　　门闩式　　　　三角伸展式
图 6-4-11

5. 中立伸展体位

中立伸展体位包括幻椅式、战士第一式和战士第二式。（图 6-4-12）

幻椅式　　　　战士第一式　　　　战士第二式
图 6-4-12

6.平衡体位

平衡体位包括树式、摩天式、虎式平衡、简易侧板式和手抓趾平衡。（图6-4-13）

树式　　　　　　　　摩天式　　　　　　　　虎式平衡

简易侧板式　　　　　　　　手抓趾平衡

图 6-4-13

7.倒置体位

倒置体位包括下犬式、二分之一下犬式、叩首式和单腿桥式肩倒立。（图6-4-14）

下犬式　　　　二分之一下犬式　　　　叩首式　　　　单腿桥式肩倒立

图 6-4-14

8.其他体位

其他体位包括猫伸展式、虎式、半舰式、八体投地式、大拜式、骑马式、斜板式、上伸腿式和动物放松功。（图6-4-15）

猫伸展式　　　　　　　　虎式　　　　　　　　半舰式

图 6-4-15

| 八体投地式 | 大拜式 | 骑马式 | 斜板式 |

上伸腿式　　　　动物放松功

图 6-4-15（续）

（三）拜日式 A 和拜日式 B

1.拜日式 A

拜日式 A

准备：山式站立，呼气，眼睛看鼻尖。

（1）站山举臂：吸气，两手上举，眼睛看拇指。

（2）站立前屈伸展：呼气，上体前屈至靠近腿部，两手扶地，眼睛看鼻尖。

（3）增延脊柱伸展：吸气，抬头，上体抬起至约与地面平行，两手扶地，眼睛向上看。

（4）四柱式：呼气，两脚向后撤步，两脚脚尖撑地，两臂屈肘置于体侧，两手撑地，眼睛看鼻尖。

（5）上犬式：吸气，两脚脚背触垫，上体向前、向上抬起，眼睛向上看。

（6）下犬式：呼气，臀部抬起至最高限度，两臂伸直，眼睛看向两脚之间。

（7）增延脊柱伸展：吸气，抬头，两脚向前上步，上体抬起至约与地面平行，两手扶地，眼睛向上看。

（8）站立前屈伸展：呼气，上体前屈至靠近腿部，两手扶地，眼睛看鼻尖。

（9）站山举臂：吸气，上体抬起，两手上举，眼睛看拇指。

结束：呼气，回到山式，眼睛看鼻尖。

拜日式 A 如图 6-4-16 所示。

山式　　　　　　站山举臂　　　　　站立前屈伸展

图 6-4-16

增延脊柱伸展   四柱式   上犬式

下犬式   增延背柱伸展

站立前屈伸展   站山举臂   山式

图6-4-16（续）

2.拜日式B

拜日式B

准备：山式站立，呼气，眼睛看鼻尖。

（1）幻椅式：吸气，两腿屈膝下蹲，两臂伸直前上举，眼睛看拇指。

（2）站立前屈伸展：呼气，上体前屈至靠近腿部，两手扶地，眼睛看鼻尖。

（3）增延脊柱伸展：吸气，抬头，上体抬起至约与地面平行，两手扶地，眼睛向上看。

（4）四柱式：呼气，两脚向后撤步，两脚脚尖撑地，两臂屈肘置于体侧，两手撑地，眼睛看鼻尖。

（5）上犬式：吸气，两脚脚背触垫，上体向前、向上抬起，眼睛向上看。

（6）下犬式：呼气，臀部抬起至最高限度，两臂伸直，眼睛看向两脚之间。

（7）战士第一式：吸气，右腿向前迈步，屈膝约90°，左腿蹬直，髋部摆正，两臂伸直上举，眼睛看拇指。

（8）四柱式：呼气，两手下落放在右脚两侧，右腿后撤，成四柱式。

（9）上犬式：吸气，回到上犬式，眼睛向上看。

（10）下犬式：呼气，臀部抬起至最高限度，两臂伸直，眼睛看向两脚之间。

（11）战士第一式（另一侧）：吸气，左腿向前迈步，屈膝约90°，右腿蹬直，髋部摆正，两臂伸直上举，眼睛看拇指。

（12）四柱式：呼气，两手下落放在左脚两侧，左腿后撤，成四柱式。

（13）上犬式：吸气，回到上犬式，眼睛向上看。

（14）下犬式：呼气，臀部抬起至最高限度，两臂伸直，眼睛看向两脚之间。

（15）增延脊柱伸展：吸气，抬头，两脚向前上步，上体抬起至约与地面平行，两手扶地，眼睛向上看。

（16）站立前屈伸展：吸气，上体前屈至靠近腿部，两手扶地，眼睛看鼻尖。

（17）幻椅式：呼气，两腿屈膝下蹲，两臂伸直前上举，眼睛看拇指。

结束：呼气，回到山式，眼睛看鼻尖。

拜日式 B 如图 6-4-17 所示。

山式	幻椅式	站立前屈伸展	增延脊柱伸展
四柱式	上犬式	下犬式	战士一式
四柱式	上犬式	下犬式	战士一式（另一侧）
四柱式	上犬式	下犬式	增延脊柱伸展
站立前屈伸展	幻椅式	山式	

图 6-4-17

思辨与探究

1. 健身瑜伽体位分为哪几类？

2. 健身瑜伽一级体位有哪些？

模块七
健身舞蹈类运动

主题一 时尚排舞

主题导言

　　排舞起源于美国西部的乡村舞蹈，后来演变成了宫廷舞。20 世纪初，宫廷舞逐渐成为社交舞。后来，美国人尝试打破男女结伴的站位，让舞者排成一排跳舞，于是形成了目前具有社交舞风格的排舞。排舞具有强身健体、娱悦身心的作用。大学生练习排舞可以培养热爱美、鉴赏美、创造美的能力。

学习目标

　　1. 了解排舞文化，感受不同排舞风格的运动美感。

　　2. 掌握排舞的基本步法和套路，能够独立完成排舞成套动作。

　　3. 在练习排舞的过程中享受跳舞的乐趣，通过练习排舞增强体质、增强自信心。

一、中国体育故事

（一）民族排舞《悟空》

　　2017 年，在美国举行的 UCWDC（United Country Western Dance Council，美国西部舞蹈协会）世界排舞锦标赛中，四川外国语大学代表队以一支原创民族排舞《悟空》获得了国际组项目的冠军。当学生们身穿红色战袍、头戴悟空紫金冠登场时，全场欢呼。赛后，观众纷纷要求与这支代表队合影。孙悟空的形象出自中国四大名著之一的《西游记》。孙悟空在中国民间文化中是机智与勇敢的化身，深受大众喜爱。排舞《悟空》以孙悟空为创作灵感，在编排中融入武术、戏曲变脸等中华优秀传统文化的元素，把中国人民所传承和发扬的文化和优秀品质带到了世界舞台上，让世界人民感受到了中华优秀传统文化的魅力。

（二）朱冬喜为"蜗牛"宝宝们托起明天

曾经是全国健美操比赛冠军的朱冬喜是全国排舞早期推广的推动者和见证人。在 2014 年"阳光排舞进校园"系列活动中，他关注到特殊教育学校学生的需求，于是朱冬喜便把目光和推广重点转向了特殊教育学校的孩子们，将排舞项目引入了特殊教育学校。朱冬喜带领团队创新性地搭起了将康复健身与排舞相结合的舞台。朱冬喜秉承"希望能把阳光排舞照耀到每一个角落"的思想，于 2017 年领衔创编了全国第一套智障学生组和听障学生组排舞规定动作。随后，为丰富残疾人的生活，朱冬喜又创编了供下肢残疾的排舞爱好者练习的轮椅排舞。多年来，朱冬喜一直活跃在基层推广排舞，致力于将中国元素融入排舞，向世界传播中国文化。

二、跟我学时尚排舞基本步法

（一）恰恰步——1&2

【动作描述】1 拍右脚向右前方迈一步，&左脚向右脚并步，2 拍右脚向右前方迈一步。（图 7-1-1）

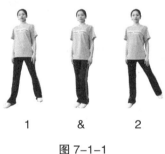

恰恰步

1　　&　　2

图 7-1-1

（二）海岸步——1&2

【动作描述】1 拍右脚向后退一步，&左脚向右脚并步，2 拍右脚向前迈一步。（图 7-1-2）

海岸步

1　　&　　2

图 7-1-2

（三）曼波步——1&2

【动作描述】1拍右脚向前迈一步，身体重心随之移至右脚上，左腿屈膝后抬至左脚脚尖稍离地；&左脚落地，身体重心移回左脚；2拍右脚向左脚并步。（图7-1-3）

曼波步

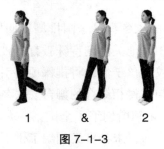

1　　　　&　　　　2

图7-1-3

（四）水手步——1&2

【动作描述】1拍右脚向左后方退一步，&左脚向右脚左侧撤步，2拍右脚向右前方迈一步。（图7-1-4）

水手步

1　　　　&　　　　2

图7-1-4

（五）桑巴步——1&2

【动作描述】1拍右脚向左前方迈一步，&左脚向右脚并步，2拍右脚向左前方迈一步。（图7-1-5）

桑巴步

1　　　　&　　　　2

图7-1-5

（六）剪刀步——1&2

【动作描述】1拍右脚向右迈一步，&左脚向右脚并步，2拍右脚向左前方迈一步。（图7-1-6）

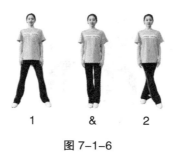

剪刀步

1　　　&　　　2

图 7-1-6

（七）桃乐茜步——1&2

【动作描述】1 拍右脚向右前方迈一步，& 左脚锁在右脚后，2 拍右脚向右前方迈一步。（图 7-1-7）

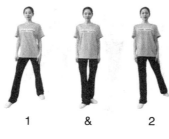

1　　　&　　　2

图 7-1-7

（八）苹果杰克步——1&2&

【动作描述】1 拍左脚脚尖左转，同时右脚脚跟右转；& 两脚还原；2 拍右脚脚尖右转，同时左脚脚跟左转；& 两脚还原。（图 7-1-8）

苹果
杰克步

1　　　&　　　2　　　&

图 7-1-8

（九）跟趾步——1&2&

【动作描述】1 拍右脚脚跟向右前方点地，& 右脚前脚掌踏下，2 拍左脚脚跟向左前方点地，& 左脚前脚掌踏下。（图 7-1-9）

跟趾步

图 7-1-9

（十）开关步——1&2&

【动作描述】1拍右脚向右伸出，脚尖点地；&右脚还原，2拍左脚向左伸出，脚尖点地；&左脚还原。（图7-1-10）

开关步

图 7-1-10

（十一）杂耍步——1&2&

【动作描述】1拍左脚向右前方迈一步，&右脚向右迈一步，2拍左脚脚跟向左点地，&左脚向右脚并步。（图7-1-11）

杂耍步

图 7-1-11

（十二）纺织步——123

【动作描述】1拍右脚向左前方迈一步，2拍左脚向左前方迈步，3拍右脚向左后方退一步。（图7-1-12）

纺织步

图 7-1-12

（十三）查尔斯顿步——1234

【动作描述】1拍右脚向前迈一步，2拍左脚脚跟向前点地，3拍左脚向后退一步，4拍右脚脚尖向后点地。（图7-1-13）

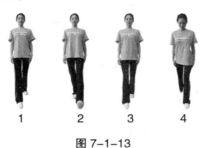

1　　2　　3　　4

查尔斯顿步

图7-1-13

（十四）爵士盒步——1234

【动作描述】1拍右脚向左前方迈一步，2拍左脚向后退一步，3拍右脚向左脚右侧撤步，4拍左脚向前迈一步。（图7-1-14）

1　　2　　3　　4

爵士盒步

图7-1-14

（十五）藤步——1234

【动作描述】1拍右脚向右迈一步，2拍左脚向右后方迈一步，3拍右脚向右迈一步，4拍左脚脚尖于右脚足弓处点地。（图7-1-15）

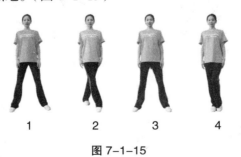

1　　2　　3　　4

藤步

图7-1-15

（十六）踢毽步——12

【动作描述】1拍右腿屈膝，膝关节外展，小腿内踢；2拍右脚还原。（图7-1-16）

踢毽步

图 7-1-16

三、跟我学时尚排舞套路

时尚排舞套路说明：《一起向未来》，前奏 32 拍，A组合 32 拍，B组合 32 拍，舞序 AAT_1 / BBT_2 / AAT_1 / BBBB。

时尚排舞
《一起向未来》

（一）前奏——4个8拍

（1）第 1 个 8 拍。（图 7-1-17）

右脚向右迈一步，两臂伸直于体侧斜下举，之后上举至斜上举，头上抬。

（2）第 2 个 8 拍。（图 7-1-18）

两臂于头上方屈肘，两前臂上下重叠，然后两臂伸直上举，之后后摆至斜下举。

（3）第 3 个 8 拍。（图 7-1-19）

右臂自后向前上抬至上举，头上抬。

（4）第 4 个 8 拍。（图 7-1-20）

右臂下落至体前。

图 7-1-17   图 7-1-18

图 7-1-19   图 7-1-20

（二）A 组合

（1）第 1 个 8 拍：前踢，脚尖拧转，水手步。

1&2 拍：1 拍右脚前踢，两臂交叉前平举；& 右脚向右踏；2 拍左脚向左踏，两臂斜下举。（图 7-1-21）

1　　　　& 2

图 7-1-21

3 ～ 4 拍：3 拍右脚脚跟抬起，同时向右拧转（右膝内扣），右臂屈肘内旋，然后伸直侧上举，左臂收于体侧；4 拍保持 3 拍动作。（图 7-1-22）

3 ～ 4

图 7-1-22

5 ～ 6 拍：5 拍右脚还原，同时左脚脚跟抬起，向左拧转（左膝内扣），左臂屈肘内旋，然后伸直侧上举，右臂收于体侧；6 拍保持 5 拍动作。（图 7-1-23）

5 ～ 6

图 7-1-23

7&8 拍：7 拍左脚向右后方交叉，两臂收于体侧，右脚抬起；& 右脚踏下；8 拍左脚向左踏，两腿伸直。（图 7-1-24）

7&　　　8

图 7-1-24

（2）第 2 个 8 拍：脚跟开关步，右摇摆。

1～4 拍：1 拍右脚脚跟向前点地，两臂由内向外，右臂斜下举，左臂前下举，两手握拳；2 拍右脚并于左脚，两臂收回；3～4 拍动作同 1～2 拍，只是左右相反。（图 7-1-25）

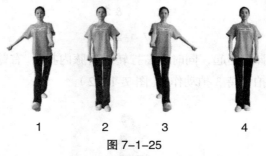

1　　　2　　　3　　　4

图 7-1-25

5～8 拍：5 拍右脚向右迈一大步，两臂由内向外摆至侧平举，两手变掌；6 拍保持 5 拍动作；7 拍身体重心回到左脚，两臂由下向上屈肘交叉于胸前；8 拍保持 7 拍动作。（图 7-1-26）

5～6　　　7～8

图 7-1-26

（3）第 3 个 8 拍：藤步，身体左转 1/4 周，右脚前踏，身体左转 3/4 周，右腿后抬，并步。

1～4 拍：1 拍右脚向右踏，右臂屈肘于肩侧上举，左臂屈肘于肩侧下举，两手握拳；2 拍左脚向右后方交叉，右臂屈肘于肩侧下举，左臂屈肘于肩侧上举；3 拍右脚向右踏，手臂动作同 1 拍；4 拍左脚并于右脚，脚尖点地，左臂放下。（图 7-1-27）

1　　　2　　　3　　　4

图 7-1-27

5 拍：身体左转 1/4 周，同时左脚向前踏，两臂交叉前平举；两手变掌。（图 7-1-28）

5

图 7-1-28

6 ～ 8 拍：6 拍身体左转 3/4 周，同时右腿屈膝向后抬起，两臂斜上举；7 拍右脚并于左脚，两臂垂于体侧；8 拍保持 7 拍动作。（图 7-1-29）

6　　　　7 ～ 8

图 7-1-29

（4）第 4 个 8 拍：对角线踏步，并跳，4 次。

1 ～ 4 拍：1 拍右脚向右前方踏步，两手置于体后；2 拍左脚并向右脚，两脚并跳；3 拍左脚向左前方踏步；4 拍右脚并向左脚，两脚并跳。（图 7-1-30）

1　　　　2　　　　3　　　　4

图 7-1-30

5 ～ 8 拍：5 拍右脚向右前方踏步，左臂于体前屈肘，右臂后上举，两手握拳；6 拍左脚并向右脚，两脚并跳；7 拍动作同 5 拍，只是左右相反；8 拍右脚并向左脚，两脚并跳，两臂垂于体侧。（图 7-1-31）

5　　　　6　　　　7　　　　8

图 7-1-31

（三）B组合

（1）第1个8拍：跑跳步，曼波步，旁踏，保持。

&1&2拍：&左脚跳，同时右腿吸腿，两臂于肩侧上屈，两手握拳，拇指指向头部；1拍右脚落地；&2拍下肢动作同&1拍，只是左右相反，手臂动作同&1拍。（图7-1-32）

&1　　　　&2

图7-1-32

3&4拍：3拍右脚向右踏，右臂由屈至伸向左推至侧平举，左臂垂于体侧，右手变掌；&身体重心移回左脚；4拍右脚并于左脚，两臂垂于体侧。（图7-1-33）

3&　　　　4

图7-1-33

5～8拍：5拍左脚向左踏，脚跟抬起，向左拧转（左膝内扣），身体重心在左脚上，两臂前平举；6～8拍两臂于胸前平屈，两手成心形手势，掌心向前，保持动作。（图7-1-34）

5　　　　6～8

图7-1-34

（2）第2个8拍：旁踏，弹动，旁踏，弹动，旁踏，旁踏，跟旋步。

1～2拍：右脚略向右前方踏步，两膝弹动，同时两臂屈肘弹动2次，两手变掌。（图7-1-35）

3～4拍：动作同1～2拍，只是左右相反。（图7-1-36）

1～2　　　　　　　　3～4
图7-1-35　　　　　图7-1-36

5～6拍：5拍右脚向右踏，右臂侧平举，左臂屈肘置于体后；6拍左脚向左踏，两臂侧平举。（图7-1-37）

5　　　　　　　　　6
图7-1-37

7～8拍：7拍两脚脚跟同时微向右转，两手互握，两臂屈肘摆至右肩前上方；8拍动作同7拍，只是左右相反。（图7-1-38）

7　　　　　　　　　8
图7-1-38

（3）第3个8拍：旁踏，后交叉，4次。

1～2拍：1拍右脚向右踏，两臂直臂从左向下、向右摆动；2拍左脚向右后方交叉，脚尖点地，右臂后上举，左臂屈肘于胸前，肘尖向前。（图7-1-39）

1　　　　　　　　　2
图7-1-39

3～4拍：动作同1～2拍，只是左右相反。（图7-1-40）

3   4

图 7-1-40

5～6 拍：动作同 1～2 拍。

7～8 拍：动作同 1～2 拍，只是左右相反。

（4）第 4 个 8 拍：后退，扫腿，交叉转，旁踏，保持。

1～4 拍：1 拍右脚向后踏，左腿伸直由前向左扫，两臂于胸前交叉；2 拍左腿继续向向后扫；3 拍左脚向右后方交叉，两臂侧平举，两手立掌；4 拍身体左转 1/2 周，两臂垂于体侧。（图 7-1-41）

1～2   3   4

图 7-1-41

5～8 拍：5 拍右脚原地抬起再落下，右臂伸直向前抬起，左臂伸直置于体后；6 拍右臂继续上举至上臂位于脸侧；7～8 拍保持动作。（图 7-1-42）

5   6～8

图 7-1-42

思辨与探究

1. 排舞的基本步法有哪些？请简述学习排舞基本步法的重要性。

2. 请查阅资料了解排舞的风格，并简要说明你最喜欢哪种风格。

3. 排舞是国外"广场舞"吗？请简述排舞与广场舞的主要区别。

主题二　体育舞蹈

主题导言

　　体育舞蹈，又称国际标准舞（以下简称"国标舞"），是一种以双人配合的规范化的舞蹈为载体的体育运动项目，包括拉丁舞（伦巴、恰恰、牛仔舞、桑巴、斗牛舞）和标准舞（华尔兹、探戈、狐步舞、快步舞、维也纳华尔兹）两大类，共10个舞种。大学生学习体育舞蹈基本技术，一方面可以提高自己参加体育锻炼的兴趣和热情，增强体质，健全人格，为终身体育打下坚实的基础；另一方面可以提高自己的审美情趣和艺术素养，促进自己全面发展。

学习目标

　　1. 掌握体育舞蹈基本技术及成套动作，培养对体育舞蹈的浓厚兴趣。
　　2. 学会欣赏体育舞蹈比赛，能积极参与和组织校内外体育舞蹈竞赛。
　　3. 在学习体育舞蹈的过程中，塑造形体美，增强心灵美，培养良好的气质及风度。

一、中国体育故事

（一）用汗水和实力面对所有的质疑

　　国标舞舞者侯垚和庄婷在某卫视综艺节目大展才华后，受到很多人的喜爱。人们都认为庄婷这个姑娘有魅力、有才华、有自信。然而，大家不知道的是，她一开始并不被老师看好。庄婷在专业院校学习时经常被老师批评，老师认为庄婷可能会拖侯垚的后腿，侯垚应该找一个更为合适的舞伴。面对质疑，庄婷并没有轻言放弃，反倒是用努力和汗水作为最强有力的回应。庄婷说："我从来没受到过表扬，但是我是舞蹈房里最努力的那一个，也感谢我的舞伴一直支持我。"经过不懈努力，侯垚和庄婷这对选手一直稳居中国体育舞蹈职业组拉丁舞冠军之位，并且获得了世界拉丁舞公开赛业余新星拉丁舞冠军，取得了当时中国选手在世界拉丁舞项目上的最好成绩。

（二）中国体育舞蹈登上世界舞台

　　1986年之前，出现在中国的是广为流传的交谊舞。当时，人们仅仅将体育舞蹈作为一种业余体育项目。为了实现在体育舞蹈国际赛场上金牌零的突破，中国体育舞蹈舞者不断学习国外体育舞蹈知识与技能，取其精华，去其糟粕，将中外舞蹈不断融合，兼容并蓄。经过不断努力，中国体育舞蹈国家队在 2010 年广州亚运会上勇夺 10 枚金牌。在 2014 年奥地利维也纳世界拉丁舞公开赛上，侯垚和庄婷登上最高领奖台，五星红旗在赛场上伴随着国歌冉冉升起！

二、跟我学体育舞蹈技术

（一）标准舞

1. 基本站姿与握持位置

身体保持直立，男士左臂侧平举，屈肘，前臂向左前上方抬起，右手放于女士肩胛骨下角处。女士左手放于男士三角肌位置，右臂侧平举，屈肘，前臂向右前上方抬起。在图 7-2-1 中，左图为男士动作演示图。

图 7-2-1

2. 常用脚部动作

（1）下降。

下降是指支撑脚脚跟落地，延续屈膝动作，便于下一步行进的动作过程。

（2）上升。

上升是指支撑脚脚跟抬离地面，膝关节由屈到直，以及身体重心靠舞者自身力量向上移动的过程。

（3）前进步。

前进步包括起始位（站立）、运动开始（身体重心移至支撑脚脚尖）、前半部运动继续（运动腿向前移动，支撑脚脚跟抬离地面）、运动中（两腿膝关节伸展但不僵直）、后半部运动继续（身体重心移至运动脚，运动脚前脚掌开始着地）和运动结束（身体重心完全移至运动脚）六个单元。

（4）后退步。

后退步包括起始位（站立）、运动开始（身体重心移至支撑脚脚跟）、前半部运动继续（运动腿向后移动，支撑脚前脚掌开始离开地面）、运动中（运动脚前脚掌着地，两腿膝关节伸展）、后半部运动继续（身体重心移至运动脚，支撑脚脚跟向后拖动）和运动结束（身体重心完全移至运动脚）六个单元。

（二）拉丁舞

1. 基本站姿（适用于伦巴、恰恰）

身体保持直立，两脚全脚掌踏实地面，膝关节伸直，髋关节保持稳定，抬头，颈部挺直，挺胸，立腰，两眼平视前方。（图 7-2-2）

图 7-2-2

2. 基本步法

（1）抑制前进步。

运动腿向前迈步，身体重心移向前脚但不完全落在前脚上，前脚脚尖向外转约 1/16 周。（图 7-2-3）

图 7-2-3

（2）延迟走步。

在跳拉丁舞时，尤其是在跳伦巴和恰恰时，舞者常使用延迟走步改变上体和脚部的速度，以表现旋律的美感。延迟走步在不同舞种中的动作要领也不一样，通常是左脚在前、右脚在后准备。（图 7-2-4）

图 7-2-4

三、跟我学中国艺术职业教育学会（CEFA）拉丁舞一级（Grade-1）成套组合

恰恰一级
成套组合

基本
移动步

（一）恰恰一级成套组合

1.基本移动步（方形步）——234&1，234&1

（1）2～3拍——后退步。

①2拍：身体重心落在左脚；右腿屈膝，右脚经左脚内侧向后退一小步，踩实，右腿伸直；左腿伸直，左脚脚尖点地。

②3拍：身体重心前移，两腿伸直。

（2）4～1拍——向右移动。

①4拍：右脚向右迈步，两腿伸直，身体重心落在右脚。

②&拍：左脚收回并靠在右脚踝关节处，左腿屈膝，身体重心置中。

③1拍：左脚蹬地，左腿膝关节前顶将右腿推出，两腿伸直，身体重心落在右脚。

（3）2～3拍——check。

①2拍：身体重心落在右脚，左腿屈膝，左脚经右脚内侧向前迈一小步，踩实，左腿伸直；右腿屈膝，右膝与左膝相夹，右脚前脚掌内侧着地。

②3拍：右腿伸直，左脚脚尖点地，身体重心回到右脚。

（4）4～1拍——向左移动。

①4拍：左脚向左迈步，两腿伸直，身体重心落在左脚。

②&拍：右脚收回并靠在左脚踝关节处，右腿屈膝，身体重心置中。

③1拍：右脚蹬地，右腿膝关节前顶将左腿推出，两腿伸直，身体重心落在左脚。

动作分解如图 7-2-5 所示。

图 7-2-5

2. 紧凑追步——234&1，234&1

（1）2～3拍——原地转换身体重心。

①2拍：左腿伸直，右腿屈膝并靠在左腿旁。

②3拍：右腿伸直，左腿屈膝并靠在右腿旁。

（2）4～1拍——向右移动。

①4拍：右脚向右迈步，两腿伸直，身体重心落在右脚。

②&拍：左脚收回并靠在右脚踝关节处，左腿屈膝，身体重心置中。

③1拍：左脚蹬地，左腿将右腿推出，两腿伸直，身体重心落在右脚。

（3）2～3拍——原地换身体重心。

①2拍：右腿伸直，左腿屈膝并靠在左腿旁。

②3拍：左腿伸直，右腿屈膝并靠在右腿旁。

（4）4～1拍——向左移动。

①4拍：左脚向左迈步，两腿伸直，身体重心落在左脚。

②&拍：右脚收回并靠在左脚踝关节处，右腿屈膝，身体重心置中。

③1拍：右脚蹬地，右腿将左腿推出，两腿伸直，身体重心落在左脚。

动作分解如图7-2-6所示。

图 7-2-6

3. 旁步——234&1，234&1

（1）2～3拍——向右旁步。

①2拍：右脚向右迈步，两腿伸直，身体重心落在右脚。

②3拍：左脚收回并靠在右脚踝关节处，左腿屈膝，身体重心置中。

（2）4～1拍——向右移动。

①4拍：右脚向右迈步，两腿伸直，身体重心落在右脚。

②&拍：左脚收回并靠在右脚踝关节处，左腿屈膝，身体重心置中。

③1拍：左脚蹬地，左腿将右腿推出，两腿伸直，身体重心落在右脚。

旁步

（3）2～3拍——向左旁步。

①2拍：左脚向左迈步，两腿伸直，身体重心落在左脚。

②3拍：右脚收回并靠在左脚踝关节处，右腿屈膝，身体重心置中。

（4）4～1拍——向左移动。

①4拍：左脚向左迈步，两腿伸直，身体重心落在左脚。

②&拍：右脚收回并靠在左脚踝关节处，右腿屈膝，身体重心置中。

③1拍：右脚蹬地，右腿将左腿推出，两腿伸直，身体重心落在左脚。

动作分解如图7-2-7所示。

图7-2-7

手对手

4.手对手——234&1，234&1

（1）2～3拍——向右转体后退。

①2拍：右脚向右后方退一步，同时向右转体90°，身体重心后移，两腿伸直。

②3拍：身体重心前移，两腿伸直。

（2）4～1拍——向右移动。

①4拍：向左转体90°，右脚向左前方迈一步，两腿伸直，身体重心落在右脚。

②&拍：左脚收回并靠在右脚踝关节处，左腿屈膝，身体重心置中。

③1拍：左脚蹬地，左腿将右腿推出，两腿伸直，身体重心落在右脚。

（3）2～3拍——向左转体后退。

①2拍：左脚向左后方退一步，同时向左转体90°，身体重心后移，两腿伸直。

②3拍：身体重心前移，两腿伸直。

（4）4～1拍——向左移动。

①4拍：向右转体90°，左脚向右前方迈一步，两腿伸直，身体重心落在左脚。

②&拍：右脚收回并靠在左脚踝关节处，右腿屈膝，身体重心置中。

③1拍：右脚蹬地，右腿将左腿推出，两腿伸直，身体重心落在左脚。

动作分解如图7-2-8所示。

图 7-2-8

（二）伦巴一级成套组合

伦巴一级
成套组合
基本
移动步

1.基本移动步——2341，2341

（1）2～3拍——后退步。

① 2拍：身体重心落在左脚，右腿屈膝，右脚经左脚内侧向后退一小步，踩实，右腿伸直；左腿伸直，左脚脚尖点地。

② 3拍：身体重心前移，两腿伸直。

（2）4～1拍——向右移动。

① 4拍：右脚向右迈步，两腿伸直，身体重心落在右脚。

② 1拍：持续将身体重心落在右脚。

（3）2～3拍——前进步。

① 2拍：身体重心落在右脚，左腿屈膝，左脚经右脚内侧向前迈一小步，踩实，两腿伸直。

② 3拍：右腿先屈膝后伸直，左脚脚尖点地，身体重心回到右脚。

（4）4～1拍——向左移动。

① 4拍：左脚向左迈步，两腿伸直，身体重心落在左脚。

② 1拍：持续将身体重心落在左脚。

动作分解如图 7-2-9 所示。

图 7-2-9

图 7-2-9（续）

2.库克洛恰——2341，2341

库克洛恰

（1）2～3拍——向右摇摆。

①2拍：右脚向右迈步，身体重心落在右脚，两脚踩实。

②3拍：身体重心左移，右脚脚尖点地，两腿保持伸直。

（2）4～1拍——原地转换身体重心。

①4拍：右腿先屈膝，在靠向左腿的同时伸直，右脚踩实，左脚脚尖点地。

②1拍：左腿屈膝。

（3）2～3拍——向左摇摆。

①2拍：左脚向左迈步，身体重心落在左脚，两脚踩实。

②3拍：身体重心右移，左脚脚尖点地，两腿保持伸直。

（4）4～1拍——原地转换身体重心。

①4拍：左腿先屈膝，在靠向右腿的同时伸直，左脚踩实，右脚脚尖点地。

②1拍：右腿屈膝。

动作分解如图7-2-10所示。

图 7-2-10

3. 旁步——2341，2341

（1）2～3拍——向右旁步。

① 2拍：右脚向右迈步，两腿伸直，身体重心落在右脚。

② 3拍：左腿先屈膝，在靠向右腿的同时伸直，左脚踩实，右脚脚尖点地。

（2）4～1拍——向右移动。

① 4拍：右脚向右迈步，两腿伸直，身体重心落在右脚。

② 1拍：持续将身体重心落在右脚。

（3）2～3拍——向左旁步。

① 2拍：左脚向左迈步，两腿伸直，身体重心落在左脚。

② 3拍：右腿先屈膝，在靠向左腿的同时伸直，右脚踩实，左脚脚尖点地。

（4）4～1拍——向左移动。

① 4拍：左脚向左迈步，两腿伸直，身体重心落在左脚。

② 1拍：持续将身体重心落在左脚。

动作分解如图7-2-11所示。

图 7-2-11

4. 手对手——2341，2341

（1）2～3拍——向右转体后退。

① 2拍：右脚向右后方退一步，同时向右转体90°，身体重心后移，两腿伸直。

② 3拍：身体重心前移，两腿伸直。

（2）4～1拍——向右移动。

① 4拍：向左转体90°，右腿向左前方迈一步，两腿伸直，身体重心落在右脚。

② 1拍：持续将身体重心落在右脚。

（3）2～3拍——向左转体后退。

① 2拍：左脚向左后方后退一步，同时向左转体90°，身体重心后移，两腿伸直。

② 3拍：身体重心前移，两腿伸直。

（4）4～1拍——向左移动。

①4拍：向右转体90°，左脚向右前方迈一步，两腿伸直，身体重心落在左脚。

②1拍：持续将身体重心落在左脚。

动作分解如图7-2-12所示。

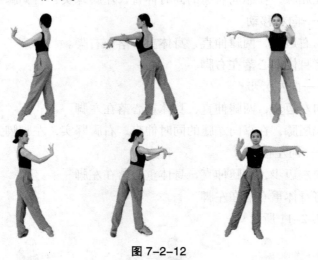

图7-2-12

思辨与探究

1. 简述体育舞蹈的分类，说出你喜欢的某一个舞种的风格特点。

2. 体育舞蹈在我国发展迅速，你能分析出其中的原因吗？

主题三　形体舞蹈

主题导言

形体舞蹈是一项优美、高雅的健身项目，舞者主要通过舒展、优美的基础舞蹈，结合古典舞、民族民间舞等进行综合训练。形体舞蹈以自然性和韵律性为创编理念，以人体的自然动作为基础，可塑造优美体形，陶冶人的情操，磨炼人的意志品质，培养人高贵、典雅的气质，使人心胸开阔，具有较高的美育价值。

学习目标

1. 掌握形体舞蹈基础知识。
2. 掌握形体舞蹈技术和形体舞蹈套路。
3. 通过练习形体舞蹈，培养良好的气质，塑造良好的仪态。

一、中国体育故事

（一）舞蹈诗剧《只此青绿》惊艳央视春晚

在现代社会，热爱美、追求美是人们共同的愿望；认知美、诠释美更是现代人对审美的要求，也是现代人崇尚美好生活的重要体现。形体舞蹈不仅是"外塑形"的形体训练，还是"内塑雅"的舞蹈教育。2022年的央视春晚，舞蹈诗剧《只此青绿》脱颖而出。这支舞蹈没有加任何特效，舞蹈演员们的衣着配色和动作，既古典又现代，韵味十足，刚柔相济，大气磅礴。这支舞蹈展示了中国的文化底蕴，可使观众认同中华优秀传统文化，认同舞蹈所展示的民族情怀，增强民族自豪感和文化自信，促使人们更加自觉地传承中华文明。

（二）用生命舞蹈的聋哑人

1992年10月，在意大利斯卡拉歌剧院举办的"无国界文明艺术节"上，邰丽华作为唯一的残疾人舞蹈家，表演了极具东方韵味的舞蹈《敦煌彩塑》，引起轰动。2000年9月18日，在富丽堂皇的纽约卡耐基音乐厅，邰丽华以充满激情的舞蹈《雀之灵》赢得了观众的赞叹。邰丽华凭着自己对艺术的执着追求，成为我国唯一一位登上世界两大"艺术圣殿"的舞蹈家。

二、带你了解形体舞蹈基础知识

（一）形体舞蹈概述

形体舞蹈是一项在音乐的伴奏下，舞者徒手或手持轻器械进行的以自然性和韵律性为基础的、以艺术美感为特征的艺术性体育项目。形体舞蹈的基本素质主要包括力量素质、柔韧素质、灵敏素质、耐力素质等。人们一般从姿态美、体形美、动作美三个方面来衡量人体形态。在形体舞蹈中，姿态美的基本表现形式有站、行、跑、坐、卧。体形美是指身体匀称、生气勃勃、青春洋溢。动作美是指躯体线条结合人的情感和品质，通过人体外在形象、姿态展现的一种美。

（二）形体舞蹈的基本内容

形体舞蹈的基本内容是基本姿态练习、基本素质练习和基本形态控制练习。

基本姿态练习包括站姿练习、立姿练习、把杆练习。

基本素质练习是形体舞蹈的主要内容，有单人练习和双人练习两种形式。

基本形态控制练习是对练习者身体形态进行系统训练的专门练习，是提高人体形态控制能力的重要内容。练习者可通过徒手动作、把杆动作、双人配合动作等大量动作的练习，进一步改善身体形态，逐步形成正确的站姿、走姿、坐姿，提高形体动作的灵活性。

（三）形体舞蹈的特点

1.艺术性

形体舞蹈不同于竞技体操、艺术体操、健美操等，它引入了被艺术化了的步态造型训练、坐姿训练等基本元素。因此，形体舞蹈具有高度的艺术性，这也是形体舞蹈不同于其他运动项目的特点。

2.娱乐性

形体舞蹈是一项轻松、优美的娱乐性运动项目。形体舞蹈可以使练习者在悠扬的音乐伴奏下舞动，给练习者带来愉悦的身心体验。

3.适用性

形体舞蹈的形式多样，运动量可控性强。形体舞蹈对场地、器材的要求不高，不同身体素质、不同运动技术水平、不同性别、不同年龄层次的人都可以练习形体舞蹈。因此，形体舞蹈具有广泛的适用性。

4.韵律性

韵律性是形体舞蹈必不可少的元素。在音乐的伴奏下，舞者能够充分展示形体动作的韵律性与节奏感。动作与优美动听的音乐协调配合，能调动练习者的情绪，激发练习者的兴趣，使形体舞蹈动作更富有感染力和表现力。

三、跟我学形体舞蹈技术

（一）基本手位

一位：两臂于腹前成弧形，掌心斜向上，指尖相对。
二位：两臂前举，保持弧形，掌心向内，指尖相对。
三位：两臂上举至头前上方，保持弧形，掌心斜向下，指尖相对。
四位：两臂成弧形，左臂保持在三位位置；右臂落至二位位置，掌心向内。
五位：左臂保持在三位位置；右臂弧形侧平举，掌心斜向下。
六位：右臂保持五位位置；左臂落至二位位置，掌心向内。
七位：右臂不变；左臂弧形侧平举，掌心斜向下。
形体舞蹈基本手位如图 7-3-1 所示。

图 7-3-1

（二）基本脚位

一位：两脚脚跟并拢，两脚脚尖向外打开，成一字形。
二位：在一位脚的基础上，一脚向外侧移出约一脚长，两脚保持一字形。
三位：在二位脚的基础上，一脚收回，脚跟紧贴另一脚足弓部位。
四位：在三位脚的基础上，前脚前移，两脚前后间隔一脚的距离，两脚外开，前脚脚跟与后脚脚尖的连线约与身体冠状面垂直。

五位：在四位脚的基础上，前脚收回，两脚相叠，前脚脚跟紧贴后脚脚尖。

形体舞蹈基本脚位如图7-3-2所示。

一位　　　　二位　　　　三位　　　　四位　　　　五位

图7-3-2

基本步法

（三）基本步法

（1）柔软步：一脚绷脚背向前伸出，前脚掌着地并迅速过渡到全脚掌着地，同时身体重心及时移至前脚；另一脚重复以上动作，两脚交替进行。

（2）足尖步：基本动作同柔软步，但是要求前脚掌着地，立踵高，步幅较小，身体重心平稳。切忌身体重心起伏和耸肩。

（3）变换步：1拍上半拍，左脚向前做柔软步；1拍下半拍，右脚与左脚并拢成自然位；2拍，左脚向前做柔软步，身体重心前移，右腿伸直，右脚脚尖后点地。

（4）弹簧步：1拍，左脚向前迈一步，左脚落地的同时，左腿稍屈膝半蹲，身体重心移至左脚；2拍，左腿伸直，左脚立踵，同时右脚向前下伸，直膝，绷脚；两脚交替进行。

四、跟我学形体舞蹈套路

手位基本
组合

（一）基本手位套路

（1）第1个8拍。（图7-3-3）

1拍，右脚向前迈一步，右脚脚尖前点地，左腿微屈，两臂前举，成二位，目视前方；2拍，右脚全脚掌落地，脚尖外转，右腿微屈，两臂抬至前平举；3拍，身体重心移至右脚，两腿伸直，左脚脚尖后点地，左臂不动，右臂上举，成五位；4拍，左脚全脚掌着地，身体重心移至左脚，右脚脚尖前点地，左臂不动，右臂下落，成七位；5拍，下肢动作不变，左臂上举，右臂下举；6拍动作同5拍；7拍，身体重心缓慢前移至右脚，左脚脚尖后点地，左臂经体前落下，成一位；8拍，下肢动作不变，两臂抬至前平举。

1　　　　2　　　　3　　　　4

图7-3-3

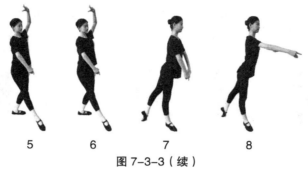

5 6 7 8

图7-3-3（续）

（2）第2个8拍。（图7-3-4）

1拍，左脚向前迈一步，身体重心前移，右脚脚尖后点地，两臂保持前平举，目视前方；2拍，身体重心移至右脚，左脚脚尖前点地，同时两臂打开，成七位；3拍，两腿弯曲，身体稍左转，同时两臂上举，成三位；4拍动作同3拍；5拍，身体重心移至左脚，两腿先屈后伸，两臂动作不变；6拍，下肢动作不变，两臂下落，成七位；7拍，右脚收于左脚旁，同时两臂下落，成一位；8拍，两臂动作不变，身体右转90°。

1 2 3 4

5 6 7 8

图7-3-4

第3个8拍、第4个8拍的动作分别与第1个8拍、第2个8拍的动作相同，只是左右相反。

（二）形体舞蹈套路示例

（1）第1个8拍。（图7-3-5）

1～2拍，抬头挺胸，两手自然垂于体侧，左脚向前迈一步，身体重心移至左脚；3～4拍，右脚向前迈一步，身体重心移至右脚；5～6拍，左脚向前迈一步，身体重心移至左脚，同时左臂向左前方伸出至平举；7～8拍，身体

成套组合套路

右转 180°，两脚位置保持不变，身体重心移至右脚，左臂放下，右臂向右前方伸出至平举。

1～2　　　3～4　　　5～6　　　7～8

图 7-3-5

（2）第 2 个 8 拍动作同第 1 个 8 拍。

（3）第 3 个 8 拍。（图 7-3-6）

1～2 拍，身体左转 90°，同时左脚向前迈一步，身体重心前移至左脚；3～4 拍，右脚向前迈一步，身体重心移至右脚；5～6 拍，左脚并向右脚，两腿微屈，同时左臂向左伸出至平举，头稍向左倾，目视左方；7～8 拍，左臂保持姿势不变，右臂向右伸出至平举，头稍向右倾，目视右方。

1～2　　　3～4　　　5～6　　　　7～8

图 7-3-6

（4）第 4 个 8 拍。（图 7-3-7）

1～4 拍，两臂由下至上抬起在胸前交叉，同时含胸、立踵；5～8 拍，以碎步向左转体 360°。

（5）第 5 个 8 拍。（图 7-3-8）

1～2 拍，左脚向左迈出，身体重心移至左脚，右脚脚尖点地，同时两臂经前向两侧打开至侧平举；3～4 拍，两臂经下向左前方伸出，成二位，同时右脚脚尖移至左前方点地；5～8 拍，左脚保持不动，右脚由前经侧向后擦地，脚尖后点地，右臂由前经侧上举，左臂向侧打开，成五位。

图 7-3-7　　　　　　　　1～2　　　　3～4　　　5～8

图 7-3-8

（6）第6个8拍。（图7-3-9）

1～2拍，右脚向左脚右侧迈出，身体重心移至右脚，左脚脚尖点地，同时两臂经前向两侧打开至侧平举；3～4拍，两臂经下向右前方伸出，成二位，同时左脚脚尖移至右前方点地；5～8拍，右脚保持不动，左脚由前经侧向后擦地，脚尖后点地，左臂由前经侧上举，右臂向侧打开，成五位。

1～2　　　　3～4　　　　5～8
图7-3-9

（7）第7个8拍。（图7-3-10）

1～2拍，左脚向右脚左侧迈出，身体重心移至左脚，右脚脚尖点地，同时两臂经前向两侧打开至侧平举；3～4拍，两臂经下向左前方伸出，成二位，同时右脚脚尖移至左前方点地；5～6拍，右脚向左脚右侧迈出，左脚脚尖点地，同时两臂经前向两侧打开至侧平举；7～8拍，两臂经下向右前方伸出，成二位，同时身体重心移至右脚，左脚脚尖于右前方点地。

1～2　　　3～4　　　5～6　　　7～8
图7-3-10

（8）第8个8拍。（图7-3-11）

1～4拍，两臂上举，保持在三位，以碎步向左转体360°；5～8拍，右脚向右迈步，身体重心移至右脚，左脚脚尖点地，同时两臂由上经下交叉至右臂上举、左臂侧平举，成五位。

1～4　　　5～8
图7-3-11

（9）第 9 个 8 拍。（图 7-3-12）

1～2 拍，左脚绷脚背向前擦地而出，同时两臂由下向前缓缓伸出，指尖相对，成二位；3～4 拍，身体重心前移，右脚并向左脚，同时两脚立踵，两臂上举，成三位；5～6 拍，两脚脚跟落地，右脚向后退一步，身体重心后移，左脚脚尖前点地，同时右臂向前缓缓落至水平位，左臂向左落至水平位，成六位；7～8 拍，左脚向后退一步，身体重心后移，右脚脚尖前点地，两臂姿势保持不变。

1～2   3～4   5～6   7～8

图 7-3-12

（10）第 10 个 8 拍。（图 7-3-13）

1～2 拍，右脚向左脚右侧迈出，身体重心右移，左脚脚尖点地，同时右臂由下经侧向上做波浪，左臂由上经侧向下做波浪；3～4 拍，身体重心左移，右脚脚尖点地，同时左臂由下经侧向上做波浪，右臂由上经侧向下做波浪；5～6 拍，身体重心右移，左脚并向右脚，立踵，向右转体 360°；7～8 拍，左臂放下后，两臂上举，成三位，之后两臂由上经侧缓缓落于体前，成一位。

1～2   3～4   5～6   7～8

图 7-3-13

（11）第 11 个 8 拍动作同第 9 个 8 拍。（图 7-3-14）

1～2   3～4   5～6   7～8

图 7-3-14

（12）第 12 个 8 拍动作同第 10 个 8 拍，只是左右相反。（图 7-3-15）

1～2　　　3～4　　　5～6　　　7～8

图 7-3-15

思辨与探究

1. 形体舞蹈的基本内容有哪些？

2. 请思考你所理解的形体舞蹈的"形体美"是怎样的美，并给出理由。

主题四 / 中国风健身舞

主题导言

中国风健身舞是在大众健身舞基础上，融入中国民族民间舞和中国古典舞特色的表演形式。中国风健身舞的出现和发展使得中国民族民间舞与中国古典舞的文化得以传承及发扬。中国风健身舞具有健身健心性和娱乐观赏性，可使参与者在运动中陶冶情操，感受具有浓郁中国韵味的传统文化，增强文化自信。

学习目标

1. 掌握中国风健身舞的技术及套路，在练习中提高动作的表现力。
2. 在练习中感受中国风健身舞的魅力，增强文化自信。

一、中国体育故事

（一）普通男孩逆袭成为国际舞台的闪亮舞者

李晓勇是一位民族舞专业出身的舞者，他曾多次代表中国赴荷兰、日本等国参加国际舞蹈赛事，并且频频获奖。然而，一次腿部的伤病让他难以再坚持习舞。正当他迷茫的时候，一次偶然的机会，他接触了健身，并加入了FOC中国风健身课程体系研发团队。李晓勇为传承中华优秀传统文化，将民族舞专业知识与现在从事的健身行业结合在一起，将京剧中的云手、苗族舞蹈中的步法，甚至是东北秧歌等中国元素融入健身动作。2017 年，李晓勇与研发团队一起远赴美国，将中国风健身舞带到了世界健身大会。

（二）练汉唐气韵健身舞，品优雅中国风

2020 年底至 2022 年，北京体育大学艺术学院许言老师创编了一套秉承汉唐古典舞的审美内涵与表现风格，融合武术、健身气功等中国传统健身方法的汉唐气韵健身舞。汉唐气韵健身舞是以中国古代文明史中辉煌的汉唐文化和艺术气质为审美主干，以汉唐乐舞文化为代表，以魏晋乐舞文化传统和明清戏曲舞蹈形式为支点而创编的中国风健身舞。大学生学习汉唐气韵健身舞，品味优雅中国风，既能丰富课余文化生活，又能陶冶情操，收获健康。

二、跟我学中国风健身舞·藏族舞蹈技术

（一）基本手型

藏族舞蹈的基本手型是人们根据藏族人民的生活习俗、生产劳动中的手型特征及藏族民间舞蹈中的手部动作等归纳出来的。以下是常用的两种基本手型。

手的基本状态：食指、中指、无名指、小指四指自然伸直并拢，虎口自然张开。（图7-4-1）

图7-4-1

拳的基本状态：五指握空心拳。（图7-4-2）

图7-4-2

（二）基本手位

藏族舞蹈的基本手位是指以身体中心为基准点，两手在空间围绕身体的不同高度（上、中、下）在不同点面（前、侧、旁、后）上舞动起落的位置。藏族舞蹈的基本手位可归纳为以下几种。

（1）扶胯：两手自然扶于同侧髋部，沉腕，两手指尖斜相对，两肘略向前。［图7-4-3(a)］

（2）单臂袖：左臂于体侧水平向上屈肘约90°，右臂于体侧斜下约45°伸直。［图7-4-3(b)］

（3）斜上手：两臂分别向斜上方伸直，掌心斜向上。［图7-4-3(c)］

（4）斜下手：两臂分别于体侧斜下约45°伸直，掌心斜向下。［图7-4-3(d)］

（5）摊盖手：左（右）臂侧平举，掌心向上，右（左）臂于胸前平屈，掌心向下。［图7-4-3(e)］

(a)　　　　(b)　　　　(c)　　　　(d)　　　　(e)

图7-4-3

（三）基市步法

（1）磋步（前磋步、后磋步）。

以前蹉步为例，两脚交替向前顶脚跟，两膝颤动，踏脚有节奏。（图7-4-4）

后蹉步的动作与前蹉步的动作相同，只是两脚交替向后迈步。

磋步

图7-4-4

（2）退踏步（右退踏步、左退踏步）。

以右退踏步为例，右脚后撤半步，前脚掌着地，同时左脚脚跟微离地面；左脚踏地，然后右脚并于左脚，两膝颤动。（图7-4-5）

左退踏步的动作与右退踏步的动作相同，只是左右相反。

退踏步

图7-4-5

（3）拖步（右拖步、左拖步）。

以右拖步为例，右脚向右迈一大步，身体重心随之移至右脚，左脚脚尖点地。（图7-4-6）

左拖步的动作与右拖步的动作相同，只是左右相反。

拖步

图7-4-6

（4）三步一点。（图7-4-7）

1拍：左脚全脚掌落地，同时右脚自然抬起。

2拍：右脚全脚掌落地，同时左脚自然抬起。

3拍：左脚全脚掌落地，同时右脚自然抬起。

4拍：右脚脚跟自然点地。

三步一点

图 7-4-7

三、跟我学中国风健身舞·藏族舞蹈套路

神秘雪山

完整示范

创编：姚远	类型：藏族
难度：中级	间奏：T_1：16；T_2：32
舞序：$ABT_1CDT_2ABT_1CD$	音乐：走出大山
作词：便巴单孜	作曲：阿金
编曲：那日森	演唱：索朗旺姆

（一）准备

左腿全蹲，右腿跪地，两臂侧上举，低头，目视前下方，上体微前倾。（图 7-4-8）

（二）前奏

前奏 8 拍动作如图 7-4-9 所示。

1～4 拍：上体保持准备姿态（面向右前方），慢慢起身，头慢慢抬起，目视前上方。

5～6 拍：两手沉于胸前，两手指尖带动两臂上撩至向上伸直，以左腿在前的踏步位站立，同时身体左转回正。

7～8 拍：两臂缓缓落至体侧，下肢姿势不变。

前奏 8 拍

图 7-4-8　　　　　　　　　图 7-4-9

（三）A组32拍

（1）第1个8拍。（图7-4-10）

1～2拍：1拍右手在前，左手在后，围腰，左脚向左前方迈一步，身体随之左转。2拍右脚脚跟向左前方点地，身体随之右转，同时两手先后在髋前从左向外至右画圆。

3～4拍：动作同1～2拍，只是左右相反。

5～6拍：5拍左脚向左前方迈一步，身体随之左转，同时左手带动左臂上摆至侧平举。6拍右脚脚跟向左前方点地，右臂从下上举至头部侧后上方。目视左前上方。

7～8拍：右脚后撤一步，左手不动，右手从上方经体前摆至右后下方，左腿向右腿后交叉。目视右后方。

图7-4-10

（2）第2个8拍。（图7-4-11）

1～2拍：1拍两臂于胸前上屈，前臂交叉，左腿吸腿跳；2拍两臂落下打开放于身体两侧，右脚脚跟向左前方点地。

3～4拍：动作同1～2拍，只是左右相反。

5～8拍：动作同第1个8拍的1～4拍。

图7-4-11

（3）第3个8拍。（图7-4-12）

1～4拍：动作同第1个8拍的5～8拍。

5～8拍：动作同第2个8拍的1～4拍。

图7-4-12

（4）第4个8拍。（图7-4-13）

1～4拍：从左脚开始，两脚交替前磋步4次，两手托掌至头部上方。

5～8拍：继续从左脚开始，两脚交替前磋步4次，两手缓慢落至腰部前方。

图7-4-13

（四）B组32拍

（1）第1个8拍。（图7-4-14）

1～4拍：1拍左脚向左迈一步，右腿屈膝提起，身体左转90°；两手打开，左手摆至左前上方，右臂摆至右后下方，两臂约在一条直线上。2拍右腿、

B组32拍

右臂一起向前移动，右脚踏地。3拍左脚向前迈一步，右腿屈膝抬起，身体右转90°；右臂经体前摆至上举，左臂由上向后、向下、向前摆至侧平举。4拍右脚脚跟向右前方点地。

5～8拍：动作同1～4拍，只是左右相反。

图7-4-14

（2）第2个8拍。（图7-4-15）

1～4拍：1～2拍动作同第1个8拍的1～2拍。3拍开始向右转体。4拍完成转体，两脚并拢，脚跟抬起；两臂左下右上成180°。

5～8拍：从右脚开始，做退踏步4次；右臂由上向后、向下落，左臂由下向前、向上举。

图7-4-15

（3）第3个8拍。（图7-4-16）

1～8拍：动作同第2个8拍的1～8拍，只是方向相反。

图 7-4-16

（4）第4个8拍。（图7-4-17）

1～4拍：1～2拍动作同第1个8拍的1～2拍。3拍左脚向前迈一步，右腿屈膝抬起，身体右转90°；两手下落后开始上撩。4拍两手上撩至头部上方，上体略左倾，右脚并于左脚，两脚脚跟抬起。

5～8拍：动作同1～4拍，只是左右相反。

图 7-4-17

间奏
T₁16 拍

（五）间奏 T₁16 拍

（1）第 1 个 8 拍。（图 7-4-18）

1～8 拍：从左脚开始，两脚交替后磋步 4 次；从左臂开始，两臂交替在胸前屈肘向外画圆落下。下肢动作和上肢动作均为 1～6 拍两拍一交替，7～8 拍一拍一交替。

图 7-4-18

（2）第 2 个 8 拍。（图 7-4-19）

1～4 拍：1～3 拍右腿前伸，向右画弧；两臂经体前交叉打开。4 拍右腿继续向右后方画弧至左后方，两腿屈膝；右臂向内屈肘，右手掌心斜向上。

5～8 拍：保持 4 拍的动作，拧腰向右转体 360°。

图 7-4-19

（六）C 组 32 拍

C组 32 拍

（1）第 1 个 8 拍。（图 7-4-20）

1～4 拍：从右脚开始，在做平步的基础上向前小跑 4 次，坐懈胯，同时两手从斜下方抬至斜上方。

5～6 拍：右腿为主力腿，左腿吸至右膝前，两臂同时由胸前分别向左上方和右上方双撩 2 次。

7～8 拍：动作同 5～6 拍，只是左右相反。

图 7-4-20

（2）第 2 个 8 拍。（图 7-4-21）

1～4 拍：1～3 拍动作同第 1 个 8 拍的 5～7 拍，4 拍左腿下蹲，右腿跪地，两手在体侧触地。

5～6 拍：下肢保持不动，5 拍两手上撩，6 拍两手旁撩。

7～8 拍：动作同 5～6 拍。

图 7-4-21

（3）第 3 个 8 拍。（图 7-4-22）

1～4 拍：下肢依然保持不动，两手向右双撩 4 次。

5～8 拍：5～6 拍向左滚地。7～8 拍右腿在前、左腿在后跪立，然后站起成直立。

图 7-4-22

（4）第 4 个 8 拍。（图 7-4-23）

1～2 拍：两手由下向右、向上、向左摆至身体左侧，右臂屈肘于胸前，左腿打开，左脚脚跟点地，开始向右转体。

3～8 拍：以右腿为主力腿，保持左脚脚跟点地，两腿屈膝，随着节拍向右转体 360°。

图 7-4-23

（七）D 组 32 拍

D 组 32 拍

（1）第 1 个 8 拍。（图 7-4-24）

1～2 拍：1 拍右臂摆至体前，左臂摆至体后，左脚向前上步，右脚跟进，两臂打开。2 拍右腿屈膝，右脚脚跟稍抬起，两臂屈肘；目视左前上方。

3～4 拍：左右脚依次向后退步，后退时两臂按原路线返回。

5～8 拍：动作同 1～4 拍。

图 7-4-24

（2）第 2 个 8 拍。（图 7-4-25）

1～2 拍：1 拍左腿屈膝前抬，左脚脚尖略外展。2 拍左脚落地，右脚向右前方迈步，脚跟着地。两手同时从身体左侧向上、向右摆至身体右侧。

3～4 拍：动作同 1～2 拍，只是左右相反。

5～8 拍：动作同 1～4 拍。

图 7-4-25

（3）第 3 个 8 拍。

第 3 个 8 拍动作同第 1 个 8 拍。

（4）第 4 个 8 拍。

第 4 个 8 拍动作同第 2 个 8 拍。

间奏T₂32拍

（八）间奏 T_2 32 拍

（1）第 1 个 8 拍。

第 1 个 8 拍动作同间奏 T_1 16 拍第 1 个 8 拍的 1～4 拍，节奏放慢 1 拍。

（2）第 2 个 8 拍。

第 2 个 8 拍动作同间奏 T_1 16 拍第 1 个 8 拍的 5～6 拍，节奏放慢 1 拍。

（3）第 3 个 8 拍。

第 3 个 8 拍动作同间奏 T_1 16 拍第 2 个 8 拍的 1～4 拍，节奏放慢 1 拍。

（4）第 4 个 8 拍。

第 4 个 8 拍动作同间奏 T_1 16 拍第 2 个 8 拍的 5～6 拍，节奏放慢 1 拍。

结尾：自由编创。

思辨与探究

1. 从表现方式上看，中国风健身舞的民族健身系列和舞蹈系列如何区分？

2. 观看中国风健身舞比赛，你能否分辨出各民族风格的服饰和动作特征？

模块八
拓展类运动

主题一　定向越野

主题导言

定向越野是起源于斯堪的纳维亚半岛的一项集智能与体能于一体的运动。定向越野的参与者借助指北针和定向地图，在规定区域内寻找检查点，以在最短时间依次到达所有检查点者为胜。这是一项极富趣味性、知识性、竞争性的体育运动，可以培养参与者独立思考与解决问题的能力，以及沉着冷静、坚韧不拔的意志品质。

学习目标

1. 掌握定向越野技术。
2. 熟悉定向越野竞赛规则，学会欣赏定向越野比赛。
3. 在定向越野中增强体质，提升野外生存能力，培养勇敢顽强、坚韧不拔的意志品质。

一、中国体育故事

（一）在定向越野中接受党史教育

在建党百年之际，2021 年 6 月，北京大学城市与环境学院举办了"燕园寻红党史教育专题定向越野活动"。活动将中国共产党百年奋斗历程以"开天辟地""改天换地""翻天覆地""惊天动地"四个阶段依次展现，以习近平总书记对各阶段党史大事的评述指示为主要学习素材，以各阶段极具代表性的燕园场所（如"三·一八"遇难烈士纪念碑、李大钊塑像、蔡元培塑像、西南联合大学纪念碑、百周年纪念讲堂广场等地）为活动节点，设置相应的党史学习专题活动。活动融汇了体育、美育、德育和红色教育，以党史学习为契机，以定向越野为载体，以北京大学的红色资源为依托，使大学生能够充分学习中国共产党的故事，接受党史教育，以青春炫丽之花，向建党百年献礼。

（二）开创定向奇迹——王长在

王长在是广东省中山市中山纪念中学教师，曾被聘为中国国家定向队教练员和中国国家定向青年队主教练。

王长在刻苦钻研定向越野技术，不断创新定向越野的方式、方法，以科学、合理的训练方法帮助运动员有效地提升了运动成绩。

2004—2014 年，中山纪念中学定向越野队在王长在的带领下多次获得国际定向越野比赛、国家级定向越野比赛、省级定向越野比赛的金牌，多次荣获全国各级定向越野比赛团体冠军。在王长在执教中国国家定向越野队的期间，中国国家定向越野队共获得 85 枚国际定向越野比赛金牌，连续 12 次获得亚洲定向越野锦标赛团体项目总冠军。特别是在 2019 年，中国国家定向越野队获得定向越野世界杯冠军，创造了亚洲人在定向越野世界杯赛场上的历史最好成绩，打破了欧洲队员在定向越野世界杯赛场上长期垄断的局面。

在 2018 年亚洲定向越野锦标赛的闭幕式晚宴上，王长在说："我们凭实力获得了尊重，身穿国家队队服，让五星红旗在世界赛场上升起，这就是最好的爱国主义教育。"王长在还说："长征精神一直激励着我奔跑。人生也如同定向越野，把握方向、定位人生、制定目标，在奔跑中感受风景。"

二、带你了解定向越野的器材

定向越野的器材包括点标旗、指卡、电子打卡器、定向地图、指北针等。（图 8-1-1）

（1）点标旗。点标旗由三面正方形标志旗连接组成，每面点标旗的尺寸为 30 厘米 × 30 厘米。每面点标旗由正方形的对角线分为两个部分，左上部为白色，右下部为橙色。

（2）指卡。运动员将指卡套在手指上，依次寻找检查点打卡。指卡用于储存比赛的开始时间、结束时间和运动员到达各个检查点的时间等信息。

（3）电子打卡器。电子打卡器通常与点标旗放在一起。指卡在靠近电子打卡器时会立即鸣响并伴有灯光闪烁，这代表打卡已经完成，证明运动员到达了正确的检查点。

（4）定向地图。定向地图是将实际地形按一定比例缩小的图形展示，可以概括指示地形、地貌。

（5）指北针。在定向越野中，指北针是帮助运动员找到正确方向的重要工具，其 N 端指针永远指向北方。运动员需要将指北针与定向地图结合起来使用，以确保行进方向正确。

点标旗

指卡

电子打卡器

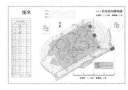
定向地图

指北针

图 8-1-1

三、跟我学定向越野技术

（一）认识和使用定向地图

定向地图的要素包括赛事名称、比例尺、磁北线、地图符号、比赛路线、检查点说明表、赛事组织信息、地图制作信息等（图 8-1-2）。以下对定向地图的部分要素进行具体介绍。

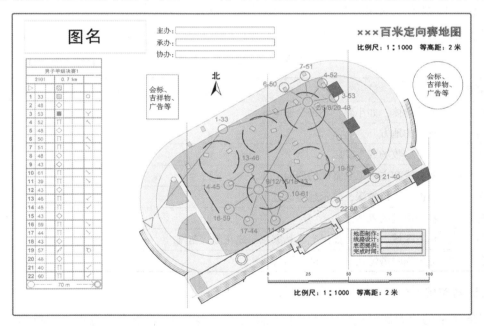

图 8-1-2

1.比例尺

比例尺表示地图与实地之间的比例关系。

比例尺的大小通常以比值的大小来衡量，比值越大，比例尺就越大，如 1∶10000 大于 1∶15000。在同样的地图图幅中，比例尺越小，地图标示的实地面积越大，地物表述越概略；比例尺越大，地图标示的实地面积越小，地物表述越详细。比例尺换算见表 8-1-1。

表 8-1-1　比例尺换算

地图比例尺	说明
1∶15000	图上 1 厘米，实地 150 米

续表

地图比例尺	说明
1:10000	图上 1 厘米，实地 100 米
1:5000	图上 1 厘米，实地 50 米
1:4000	图上 1 厘米，实地 40 米
1:1000	图上 1 厘米，实地 10 米

2.磁北线

定向地图上绘有北端带有箭头（称指北矢标）的磁北方向线，即为磁北线。运动员利用磁北线不仅可以确定地图方位，还可以标定地图、测量磁方位角和估算距离。

3.地图符号

在定向地图中，地图符号有点状符号、线状符号、面状符号、矩形符号、文字符号等。地图符号按标示地物的类型可大致分为八大类，以八种颜色进行区分，颜色说明见表 8-1-2。

表 8-1-2　地图符号分类

符号颜色	说明
黑色	人造物体，如小路、小径、输电线
蓝色	有水的地方
黄色	田野、牧场或空旷区
棕色	等高线和主干道及坚硬的路面
绿色	植被（绿色越深，表示越难通过）
白色	容易通过的森林区
黄绿色	私宅区域、禁区，如民宅、私家花园或花圃、苗圃
紫色	赛事临时搭建区域、禁区、路线

4.比赛路线

一条完整的比赛路线包括起点（用三角形符号表示）、若干个检查点（用单圆圈符号表示）和终点（用双圆圈符号表示）。检查点与检查点之间的自由选择路线用实线表示，必须经过的路线用虚线表示。（图 8-1-3）

图 8-1-3

5.检查点说明表

检查点说明表是一套世界统一的符号系统，包含赛事名称、组别、路线长度、爬高量、起点、检查点顺序、检查点地形特征、终点等信息。（图 8-1-4）

××× 运动会定向比赛					
女子组	3.8 千米		305 米		
——— 160 米 ———→△					

▷					⌐
1	31	↖	⊓	2	∟
2	47	↑		1	↗
3	79	→	⊔	2	∟
4	36	↘	▮	2/8	○
5	60	)(			
6	38	↘	▮	2/10	○
7	39	][			⊞
8	33	∧			⊞ ⌂
9	54	↗		3	⊔
10	55	↑		1/3	○
11	69	|||		4	⊓
12	70	▲		1/2	○
13	34	↙		8	人
14	53	↑		6	○
15	48	→	][		⊔
16	97	▲		2	⊔
17	100	/	⏐	y	
◯——— 150 米 ———◯					

检查点说明表主要包括表头、起点说明、各检查点说明和终点说明。
1. 表头：说明赛事名称、组别、路线号、路线长度和爬高量。
2. 起点说明：说明比赛起点的位置。
3. 各检查点说明：按检查点序号描述检查点特征、点标旗与检查点特征间的位置关系。
4. 终点说明：指出最后一个检查点到终点的距离，以及两点间是否有标记物。

1	31	↖	⊓	2	∟
A	B	C	D	E	F	G	H

各列的定义如下。
A列：检查点序号。除积分赛外，参赛者要按顺序到访检查点。
B列：检查点代码，即标示检查点的号码，号码是大于 30 的数字。
C列：标示相似特征中的哪一个，在检查点圆圈内有 2 个及以上的相同特征时使用。
D列：检查点地形特征，即位于检查点圆圈正中心的地形特征。
E列：外观细节，在需要对检查点地形特征做进一步说明时使用。
F列：给出特征的尺寸，或两个特征结合的信息。
G列：点标旗位置，即点标旗和机械打卡器的相对精确位置。
H列：其他说明，即对参赛者有重要意义的其他说明（如水站、医疗点等）。

图 8-1-4

知识窗

等高线

　　如果把某一地貌从下到上按相等的高度一层一层地水平切割，地貌表面就会出现一条一条的切割痕迹线（截面边缘线）。同一条截面边缘线的高度相等，它们垂直投影到水平面上形成的曲线称为等高线。各相邻等高线间的垂直距离相等，称为等高距。（图 8-1-5）

（1）同一条等高线上的各点高程相等。

（2）等高线是封闭且连续的曲线。

（3）等高线形状轮廓与实地保持几何相似。

（4）在等高距相同的情况下，等高线越密，坡度越大；等高线越稀，坡度越小。

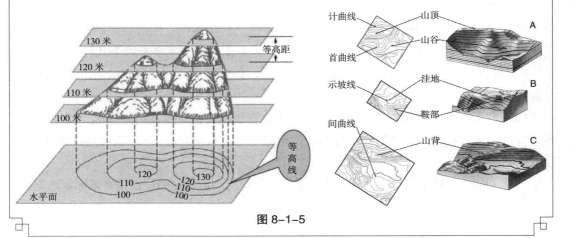

图 8-1-5

（二）使用指北针

当指北针的磁针静止后，其N端（通常都有标志）所指的方向即北方。运动员使用指北针时须注意以下几点。

（1）尽量使指北针保持水平。

（2）不要距离磁性物质太近。

（3）不要错将磁针的S端所指方向当作北方，造成180°的方向误判。

（4）将指北针戴在左手拇指上并水平放置。

（5）使指北针侧面的磁北线与地图上检查点之间的连线平行。

（6）转动身体，使地图上的磁北线与指北针N端所指方向一致。

（7）正确标定地图后，地图上检查点之间的连线方向就是要实地寻找的下一个检查点的方向；在实际行进过程中，要根据指北针的指向不断调整行进方向。（图8-1-6）

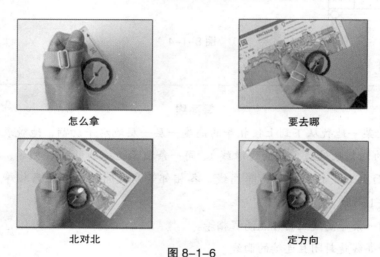

图 8-1-6

（三）标定地图

标定地图就是使地图的方向与实地的方向相一致（图8-1-7），这是使用地图、确定行进方向的前提。当改变行进方向时，运动员也要随之转动地图，随时将地图正置，即保持地图北向与实地北向一致，确保行进方向无误。标定地图的方法主要有以下几种。

（1）概略标定：当在实地正确地辨别方向后，只要将地图的北方对向实地的北方，地图即被标定。

（2）利用直长地物标定：首先在地图上找到直长地物，对照其两侧地形，使地图与实地各地物的位置关系相符，然后转动地图，使地图上的直长地物方向与实地的直长地物方向一致，地图即被标定。

（3）利用明显地形点标定：利用明显地形点及其与周边地物的位置关系来标定地图。

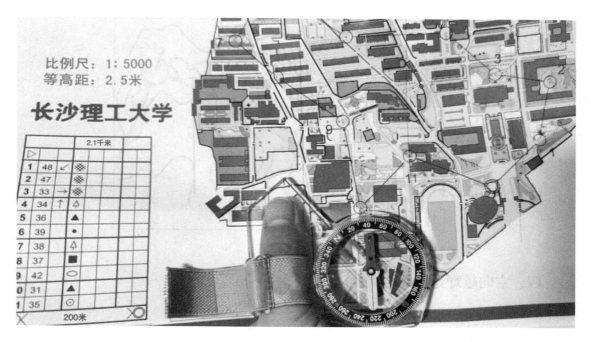

图 8-1-7

（四）确定站立点

确定站立点的方法主要有以下几种。

（1）直接确定：当自己处于明显地形点时，只要从地图上找出该地形点，即可确定自己的站立点。

（2）利用位置关系确定：依据站立点与明显特征物的方向和距离关系来确定自己的站立点；在地形起伏明显的地方，还可以结合地形高差情况确定自己的站立点。

（五）选择行进路线

在定向越野中，运动员可以根据实际情况选择适合的行进路线。运动员选择行进路线的基本原则为"有路不越野，有近不走远，走高不走低"。

运动员选择行进路线，可以采用"扶手"法，即在检查点与检查点之间的行进路线上选择 1～3 个参照物作为"扶手"（图 8-1-8），尽量选择特征明显、位置醒目、便于记忆的地物或地貌，如小径、栅栏、小溪、山嘴等，充分利用这些"扶手"来导航，但切勿将相似的地物特征误认。采用这种方法既可以分解行进路线、减轻记忆压力，又能减少运动员的读图次数，使运动员时刻明确自己的站立点，从而提高比赛成绩。

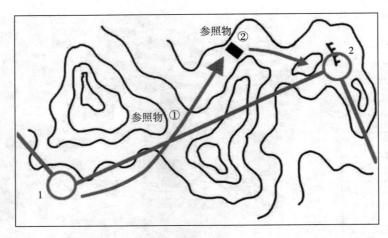

图 8-1-8

四、定向越野竞赛规则简介

（一）公平竞赛

（1）所有参赛者都应采取公正诚实的态度，应具备体育道德和友谊精神及环保意识。运动员必须互相尊重，尊重赛事官员、竞赛委员会、新闻记者、观众和竞赛区域的居民，在比赛场地中应尽量保持安静。

（2）运动员不得寻求获取任何不公平的优势。

（3）除团队赛外，运动员必须依靠个人的定向能力独立完成比赛。

（4）在比赛过程中，运动员不得从其他运动员处获取帮助或给其他运动员提供帮助。所有的运动员都有责任和义务救助严重受伤的运动员。

（5）除裁判员外，其他人员不得携带通信设备进入隔离区，也不得携带涉及比赛场地的地图进入隔离区。

（二）违规及处罚

（1）下列情况应给予通报批评或警告：擅自出入隔离区、出发区；携带通信设备进入隔离区；携带涉及赛区的旧版地图进入隔离区；在起点区或终点区不听从现场工作人员指挥；在出发区影响他人准备比赛；整个代表队完成比赛，离开赛场前未到竞赛中心签到处签到；第一次出发犯规；有违反环保指南的行为；没有按规定着装。

（2）下列情况中如果运动员获利，取消本场比赛资格，并给予警告：没有按原样将号码布清晰佩戴在胸前和后背的显著位置；比赛过程中使用影像设备拍摄比赛地图行为；在比赛中接受他人帮助；在比赛中为他人提供帮助；在比赛中使用通信工具；在离开出发线之前从地图箱取得地图；在比赛中使用非竞赛委员会提供的地图；在比赛中跟跑或同跑；在比赛中进行语言交流。

（3）下列情况下，取消本场比赛资格：没有佩戴号码布；号码布与秩序册不一致；在比赛中或返回终点时号码布、地图和检查卡不全；拿错地图；拒绝按竞赛委员会的要求携带其他必要的装备；第二次出发犯规；被警告后仍接受他人帮助；被警告后仍为他人提供帮助；被警告后仍使用通信工具；被警告后仍跟跑；被警告后仍进行语言交流；同跑；使用其他交通工具；进入或穿过禁区；短距离赛中通过地图上表示为不能通行的地形特征；没有沿着标记路线行进；使用禁用的辅助设备；乱发报警信号；在没有得到批准的情况下变更接力赛或团队赛运动员；整场比赛尚未结束，完成比赛后再次进入赛场；通过终点后没有上交地图或没有在成绩处录入成绩；有意妨碍他人比赛；其他违反体育道德的行为；严重违反环保指南的行为。

（三）成绩无效

有下列情况之一者，比赛成绩无效。

（1）传统定向：检查点代码在外观上可视，运动员错打检查点顺序，该场比赛成绩无效。

（2）运动员在打卡时要确认是否接收到了反馈信号。如打卡太快而没有接收到反馈信号，检查卡内不会留下打卡记录，即使打卡器中记录了检查卡编号，运动员成绩无效。如打卡器没有响应，应使用备用打卡器。

（3）如打卡记录无法辨认，则成绩无效。运动员丢失检查卡、漏打或错打检查点，成绩无效。

（四）抗议

（1）代表队教练、领队或运动员可对违反规则或竞赛委员会指令的行为提出抗议。

（2）抗议应以口头形式尽快向裁判长提出。由裁判长对抗议进行裁决。裁决结果应尽快通知抗议方。

（3）如果运动员的抗议在比赛开始前尚没有得到解决，裁判长可以让该运动员"在抗议下"比赛，以便保留其所有有关权利。

（4）如抗议涉及某项目比赛成绩，应在正式宣告该项目成绩后的1小时内提出。竞赛委员会应确保所有成绩的宣告时间被记录下来。

（5）抗议截止后，裁判长应以书面形式向总裁判长报告抗议及抗议裁决情况。

●　思辨与探究

1. 定向越野最吸引你的是什么？你能从中得到哪些收获？

2. 在定向越野的诸多技术中，对你而言，哪一项技术是最难掌握的？是否有好的学习方法可供借鉴？

3. 你能够熟练地讲解定向越野竞赛规则吗？

主题二　极限飞盘运动

主题导言

　　极限飞盘运动是一项严格要求无身体碰撞的对抗型竞技运动，是众多飞盘竞赛项目中的一种，也是目前较受欢迎的飞盘运动。极限飞盘运动融合了橄榄球、足球、篮球等同场对抗性运动的特点。大学生经常参加极限飞盘运动，可以培养良好的体能、快速的移动能力、敏锐的判断能力及稳定的控盘能力。

学习目标

　　1. 掌握极限飞盘的技术和战术，并在实际运动中运用。

　　2. 了解极限飞盘的竞赛规则和竞赛方式，学会欣赏极限飞盘比赛。

　　3. 在享受极限飞盘运动乐趣的基础上，提高奔跑、弹跳、平衡等能力。

一、中国体育故事

（一）追逐弧线：小伙爱上极限飞盘[1]

　　袁立坤最早接触极限飞盘运动是在大学一年级，当时他加入了四川大学极限飞盘协会。他说："我以前根本没有听说过极限飞盘，加入协会后才慢慢熟悉极限飞盘，然后就喜欢上了这项运动。那时候协会的同学们经常组织一些比赛，大家玩得特别开心……只要在现场亲眼看一次极限飞盘比赛，就不会认为这项运动仅仅是扔盘子那样简单了。"在他眼中，极限飞盘运动的魅力来自团队配合。"研究如何扔盘，如何提高团队合作能力，并演练各种战术，然后在比赛中不断磨合、提高，真的是一件很高兴的事情。尤其是在比赛的时候，飞盘在空中画出一道弧线，你稳稳地接住飞盘并且得分的时候，那种成就感真得很难形容。"

（二）飞盘飞过时的弧线真好看[2]

　　别克来自新疆阿勒泰。别克与极限飞盘运动结缘是 2006 年他在中央民族大学读书期间。一次偶然的机会，他看到几名同学在玩飞盘，当时他就被极限飞盘运动所吸引。从那以后，别克爱上了极限飞盘运动，他每天都要和几个朋友花上至少 1 小时练习飞盘。他还随中央民族大学飞盘队参加了全国第二届极限飞盘公开赛，并获得冠军，而他本人也获得了"最佳飞

---

[1] 来源于中国网。
[2] 来源于长江日报。

盘手"的称号。他说："当飞盘平稳飞过时，那道弧线真好看，就好像自己的心也能跟着飞盘飞得很远很远。出盘的瞬间，是对队友的充分信任，在接过飞盘时，心里充满了自豪和兴奋。"别克认为，生活中有了极限飞盘，每一天都会有新的期待。

二、带你了解极限飞盘运动基础知识

（一）极限飞盘运动简介

极限飞盘运动起源于美国，2001 年成为世界运动会正式比赛项目，是一项无身体接触的运动。男女同场竞技，以传递飞盘为竞技内容。队员既要在场地上传递飞盘至得分区，又要在得分区成功接住飞盘得分。极限飞盘运动既有篮球运动、足球运动、橄榄球运动的特点，又有飞盘项目的特性，融合跳跃、转移、传盘等技术，是一项运动量较大的体育运动项目。因此，队员除了要有过硬的个人技术外，还必须具备良好的体能、速度、意志力和团队精神等。

（二）极限飞盘运动场地

极限飞盘运动项目众多，如七人制极限飞盘、五人制极限飞盘、五人制沙滩极限飞盘、双飞盘、花式飞盘等，本章主要介绍七人制极限飞盘。以七人制极限飞盘为例，极限飞盘场地长 100 米、宽 37 米，其中两侧得分区长 18 米、宽 37 米（图 8-2-1）。极限飞盘运动的场地尺寸不得小于长 90 米、宽 33 米，得分区尺寸不得小于长 15 米、宽 33 米。场地必须是平整的天然草地或人工草地。

图 8-2-1

（三）比赛用盘

世界飞盘联合会对极限飞盘有明确的分类和规格要求。

成人赛制比赛盘：质量为 175 克 ± 3 克，直径为 274 毫米 ± 2 毫米，高度为 32 毫米 ± 2 毫米。（图 8-2-2）

图 8-2-2

三、跟我学极限飞盘技术

（一）掷盘

1. 反手掷盘

反手掷盘

（1）基础握法。

拇指扣在飞盘的正面，食指贴于飞盘的外缘，用于把握方向，其余三指紧扣飞盘的边缘。这种握法能提高飞盘飞行的稳定性，但与其他握法相比缺乏力度。握盘力度取决于食指对飞盘的牵引力。（图 8-2-3）

图 8-2-3

（2）强力握法。

强力握法是绝大多数掷盘者使用的一种握法，且在经验丰富的掷盘者中较为流行。拇指扣在飞盘的正面，其余四指紧扣飞盘的边缘（图 8-2-4）。由于较难把握出盘点，掷盘者有可能会控制不好飞盘。经常练习可以提高掷盘者对飞盘的控制能力。增强食指对飞盘的拉动力量，有利于克服飞盘飞行不稳等问题。掷盘者使用这种握法难以用反手掷高盘，这是因为在出手之前飞盘缺少迅速抬升的力量。

这种握法有一部分控制力量取决于拇指位置及握盘力度。拇指可以放在飞盘正面任何位置。通常来说，掷盘者握盘越紧，越有利于飞盘的旋转，这样有利于掷盘者在有风的情况下把握好飞盘的飞行方向。如果考虑空气阻力，最好的方法是使拇指指向飞盘的中心，这样可以使掷盘者将飞盘抓得更牢。掷盘者紧握飞盘可以保持飞盘的平稳性，也有利于用反手掷高盘。（图 8-2-4）

图 8-2-4

2. 正手掷盘

（1）基础握法。

基础握法适用于初学者。拇指扣在飞盘的正面，中指置于飞盘的内缘，食指朝飞盘的中心伸展，用以支撑飞盘（图8-2-5）。这种握法的优点是可以很好地控制飞盘，缺点是握盘力度不够。

正手掷盘

图 8-2-5

（2）强力握法。

正手掷盘的强力握法是，拇指扣在飞盘的正面，食指紧靠中指，紧贴于飞盘的内缘，无名指紧靠小指，贴于飞盘的外缘。这样，手腕可以向后竖起，给予飞盘更大的动力。没有手指支撑，飞盘容易失去控制。如果出盘时，出盘角度不合适，则飞盘会上下摆动，从而飞得不够远。与反手掷盘强力握法相同，拇指应紧紧握住飞盘，这样可以使飞盘更好地转动，有利于减少风的影响，使飞盘在出手后不易摇晃。（图8-2-6）

图 8-2-6

（二）接盘

接盘是极限飞盘的一项基本技术。接盘有两种方法：第一种是上下夹击接盘法，也称拍掌接盘法；第二种是双手或单手边框接盘法。

上下夹击接盘法是最稳的接盘方法。接盘时，身体正对飞盘，两手上下分开。在飞盘距身体30厘米左右时，两手掌心相对，手指略微张开，然后两手上下夹住飞盘。上下夹击接盘法适用于接高度在头部至腰部之间的飞盘。（图8-2-7）

利用双手或单手边框接盘法接盘时，两手或一手抬起，五指自然张开，拇指在下，其余四指在上（或者拇指在上，其余四指在下）；两眼紧盯来盘，两手向前迎接飞盘，顺势接盘；接盘瞬间，五指紧扣。双手边框接盘法适用于接高度在肩部以上或腰部以下的飞盘。如果飞盘高度在肩部以上，那么两手拇指应在飞盘的下方［图8-2-8(a)］；如果飞盘高度在腰部以下，那么两手拇指应在飞盘的上方［图8-2-8(b)］。双手边框接盘法比上下夹击接盘法更为主动，但更容易失误。

(a)　　　　(b)

图 8-2-7　　　　图 8-2-8

（三）极限飞盘训练方法

极限飞盘训练方法包括"杯子"训练法、斜传横切技术、传切练习方法。

"杯子"
训练法

斜传横切
技术

传切练习
方法

（四）极限飞盘进阶练习方法

1.正反手掷高盘

练习者学习正反手掷高盘，可以在比赛中更好地进行高盘传接。（图8-2-9）

图 8-2-9

2.正反手掷低盘

练习者学习正反手掷低盘，可以在比赛中更好地进行低盘传接。（图8-2-10）

图 8-2-10

3.正反手掷外弧线盘

练习者学习正反手掷外弧线盘，可以在比赛中更好地发起进攻。（图8-2-11）

图 8-2-11

4.正反手掷内弧线盘

练习者学习正反手掷内弧线盘，可以在比赛中更好地发起进攻。（图 8-2-12）

图 8-2-12

四、跟我学极限飞盘战术

（一）防守战术

1. 保持住自己的防守位置

保持住自己的防守位置是实施防守战术的关键。如果防守者被持盘者的假动作影响，甚至因身体失去平衡而摔倒，那么持盘者可以任意选择出盘方式，整个队伍的防守也将被攻破。因此，在防守的时候，防守者一定要保持头脑清醒，尽力防守好自己负责的区域，相信自己的队友，除非队友确实需要协助防守，否则不要跑出自己负责的区域，以免干扰队友。

2. 保持防守的节奏

在防守时，如果防守者能够打乱持盘者的节奏，分散他的注意力，则有利于自己的队伍保持防守的节奏。以下是打乱持盘者节奏的几个方法：① 防守者大声读秒，这不仅可以分散持盘者的注意力，给持盘者造成一定的心理压力，还可以帮助队友根据时间选择防守策略；② 防守者调整自己的防守距离（在一定的范围内调整），即在防守的 10 秒内，防守者不时调整自己与持盘者之间的距离；③ 在防守时，防守者不时地挥舞手臂，变换手的高度，甚至踢腿等，可以让持盘者感受到防守者的气势，给持盘者造成一定的心理压力。

总之，一名好的防守者不是要阻止持盘者出盘，而是要让持盘者把飞盘扔到防守者预想的位置，即队友可以防守到的位置。在防守过程中，防守者要注意团队合作。

（二）进攻战术

1. 一对一进攻战术

在运用一对一进攻战术时，进攻队为了获得更大空间以便于进攻，接盘手应集中在比赛场地中央。运用一对一进攻战术的进攻队员按照不同的任务可以分为负责传送飞盘的控盘手、负责中场接应的中锋和负责主要接盘任务的前锋。控盘手应由掷盘技术好、有能力控制进攻节奏的队员担任。最先传盘的控盘手位于后方指挥作战，是组织进攻的关键队员。中锋需要纵向跑动接盘，然后与前锋配合，因此，中锋应由移动速度快、掷盘技术好的队员担任。前锋主要负责接盘，可由掷盘技术稍差，但移动速度快、接盘技术高且敢于争夺的队员担任。

临场发挥时，中锋和前锋一般没有太多区别，位于后方的四名接盘手可以根据情况互相交换站位，以收到更好的进攻效果。一般情况下，不同位置的队员会有不同的任务。在某些特定情况下，所有队员都必须具备掷盘和跑位的技能。

2. 双人进攻战术

双人进攻战术是最实用的进攻战术，即两名前锋与两名中锋分别组成两个小队，轮流传接盘。双人进攻战术有确定的接盘顺序，便于队员预测下一步的打法，从而为本队创造进攻空间。运用双人进攻战术时，队员不能固定在某个位置不动；接盘手要有很好的接盘技术和长传能力。

3. 自由式进攻战术

自由式进攻战术与一般形式的进攻战术不同，掷盘手和接盘手的打法非常灵活、自由。三名控盘手以快速短传相互配合，将飞盘往前场推进。中锋和前锋在进攻得分区附近选择合适的站位为推进进攻创造空间。当对方实施一对一紧盯的防守战术时，自由式进攻战术更为实用。

五、极限飞盘竞赛规则简介

（一）开盘

每局开始，双方选手在各自半场的得分区排成一队，然后防守方把飞盘掷出，比赛开始。

（二）得分

当进攻方成功将飞盘传到在得分区内的队员手上时，进攻方便得 1 分。

（三）传盘

飞盘可以以任意方向或者轨道传给队员，但是队员不能手持飞盘跑动。手持飞盘的队员必须在 10 秒内将飞盘传给其他队友。防守者自行对持盘者进行监督并计算其持飞盘的时间。

（四）攻防转换

当传盘失败（如飞盘出界、掉落或被阻挡、拦截等），防守方将立即占有飞盘，并转换为进攻方。

（五）换人

替补队员可以在比赛得分后或者队员受伤暂停时自行替换场上队员。

（六）犯规

犯规：当一方选手与另一方选手发生身体接触时，视为犯规。被犯规的队员要立刻喊出"犯规（Foul）"，此时所有场上队员要停在当前位置不得移动，直到比赛重新开始。如果犯规没有影响进攻方的盘权，比赛继续；如果犯规影响了进攻方的盘权，飞盘交还给进攻方继续比赛。如果防守方不同意犯规，飞盘还给前一位持盘者，重新开始比赛。

思辨与探究

1. 简述极限飞盘正手掷盘和反手掷盘两种技术的不同之处。

2. 在极限飞盘比赛中，如何运用进攻战术更好、更快地得分？

3. 根据极限飞盘竞赛规则，你能试着组织开展一场校园极限飞盘比赛吗？

主题三 旱地冰壶运动

主题导言

旱地冰壶运动又称陆地冰壶运动，衍生自冬奥会的冰壶项目，是冰壶运动的"陆地版"。旱地冰壶运动是队员在平滑的地面上投掷冰壶的集体性运动项目。旱地冰壶运动既保留了冰壶运动的重要特质，又打破了冰壶运动的场地限制，简单易学，老少皆宜，便于开展。旱地冰壶运动讲究礼仪，注重团队协作。因此，开展旱地冰壶运动有助于培养大学生的团队协作能力，提高大学生的身体柔韧性和对力量的控制能力，同时还能培养大学生的随机应变能力、判断能力和对时机的把握能力。

学习目标

1. 了解并掌握旱地冰壶运动的技术和战术，并学会实际运用。
2. 通过学习旱地冰壶运动，发展灵敏素质、力量素质、协调素质等，培养团结协作精神。

一、中国体育故事

（一）推广旱地冰壶，践行体育改革

为响应"三亿人参与冰雪运动"的号召，更好地推广、普及冰雪运动，中国冰壶协会结合社会资源，研发了旱地冰壶赛道，使更多的冰雪爱好者能够更加便捷地开展旱地冰壶运动。在高校中推广旱地冰壶运动，可以让更多的大学生对冰壶运动有更为深刻的认知，进而对冰壶运动的发展起到推动作用。除了在社会上推广，中国冰壶协会还计划将旱地冰壶运动推进全运会，使旱地冰壶运动在具有趣味性的基础上更具竞技性。旱地冰壶运动的出现和推广是广大体育人践行体育改革的成果。

（二）旱地冰壶进社区，全民健身情绪高

近年来，全民健身运动在我国广泛开展。旱地冰壶运动的出现，使人们开展冰壶运动变得更为便捷，改变了此项运动受场地局限的现状，甚至让人们在炎炎夏日也能体验冰壶运动的乐趣。北京市体育总会在社区举办了旱地冰壶比赛，让旱地冰壶走进社区，增进了社区居民之间的交流和互动，激发了社区居民的健身热情。

二、 带你了解旱地冰壶运动基础知识

（一）旱地冰壶运动的由来

2017 年 3 月，国家体育总局提出旱地冰壶项目研发设想。2017 年 4 月，中国冰壶协会发布公告，招募相关科研单位、科技公司及社会资源共同研发旱地冰壶赛道和旱地冰壶。2017 年 6 月，第一代旱地冰壶产品问世，并在首都体育馆完成测试。2017 年 6 月 14 日，全国首届旱地冰壶比赛在首都体育馆举行，来自北京、上海、吉林和黑龙江的四支队伍参加了此次比赛，这是旱地冰壶投入使用后的"首秀"。2018 年 4 月，旱地冰壶运动和竞赛规则研讨会在哈尔滨召开，与会人员进一步完善了相关竞赛规则。

（二）旱地冰壶赛道

旱地冰壶赛道两条端线内沿之间的长度是 24 米，赛道两条边线内沿之间的最大宽度是 3.8 米。赛道上分别有T线、底线、前掷线、中线等线。大本营中心位于T线与中线的交叉点，以此为中心，赛道两端各有一个由四个同心圆组成的大本营。（图 8-3-1）

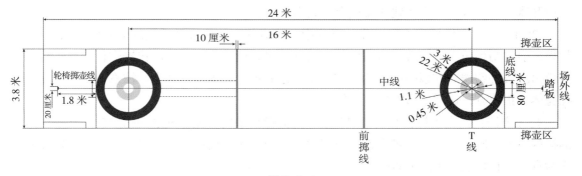

图 8-3-1

（三）旱地冰壶器材

1.旱地冰壶

旱地冰壶（图 8-3-2）主体为圆形的，周长不少于 69 厘米，高度不低于 11 厘米，包括手柄和螺钉的质量不低于 10.5 千克。每队使用一组同颜色手柄和明显标识的 8 个冰壶。双方不能擅自改变冰壶性状，也不能在壶体或上方放置标志物。

图 8-3-2

2.其他器材

旱地冰壶的其他器材还包括赛道刷（用于清洁赛道，减小摩擦力）、推杆、便携式拉杆包、旱地冰壶鞋等。

三、跟我学旱地冰壶技术

（一）投壶技术

投壶技术是指队员在预先设定的路线上对冰壶施以适当的力，同时使其进行必要的旋转，将其投到指定的目标点，包括从准备投壶到壶出手的整体技术。投壶技术是旱地冰壶运动中重要而基本的技术。不同的战术决定不同的投壶方式（蹲跪式投壶、站立式推杆投壶）和力度（小力、中力、大力）。投壶是否准确取决于投壶技术水平的高低，投壶的位置则关系到得分，甚至是比赛结果。因此，队员熟练地掌握投壶技术，能为比赛中各类战术的运用打下坚实的基础。

动作要领：投壶时，单腿下蹲，两脚脚尖向前。上体自然放松，头抬起，瞄准目标点；身体重心落在两脚之间，身体保持平衡；投壶臂自然舒展，肘部稍弯曲，将冰壶置于体前；拇指和食指握住冰壶的手柄，以肩关节为轴，手持冰壶从投壶区向前推壶，至底线时，投壶手放开冰壶，使其自行沿直线或弧线滑向大本营中心。

初始位置：在做投壶准备动作的过程中，冰壶的初始位置对后续投壶动作有很大影响。如果冰壶的初始位置不正确，队员即使在后面通过补偿动作对冰壶的位置进行调整，也难以避免出现各种错误。在投壶时，冰壶应位于身体右侧、场地的中线上。注意，不要把冰壶放在身体的正前方，这样会影响投壶动作。

持壶方法：投壶手拇指和食指成V字形，拇指在手柄一侧，其余四指并拢，从手柄另一侧抓握手柄，掌根部握在手柄上部。抓握力度不应过大，要以能够在投壶过程中稳定控制冰壶为宜，并且投壶臂不过分紧张。

注意事项：掷壶动作要干净、利落，身体任何部位均不可超过底线，力量要适度（力量太大会导致冰壶出界，力量太小会导致冰壶不过界）。投出冰壶后，投壶手应成与他人握手姿势。

（二）慢壶技术

1.投进

投进是指将冰壶投掷进大本营的有效投壶。（图8-3-3 ①）

2.保护

保护是指为了保护大本营内先前的本方得分壶，或者为了挡住击打本方得分壶的路线的有效投壶。（图8-3-3 ②）

3.占位

占位是指将冰壶投掷进自由防守区，起到阻挡对方投壶路线作用的有效投壶。占位分为中区占位（图8-3-4）和边区占位（图8-3-5）两种。

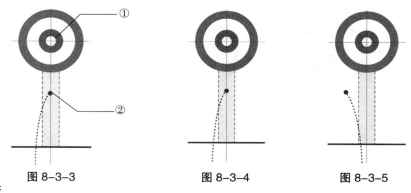

图 8-3-3　　　　　　　图 8-3-4　　　　　　　图 8-3-5

4. 传进

传进是指控制力量通过击打本方场上冰壶，将本方场上冰壶从非大本营区域传进大本营，并对被传进冰壶在一定程度上起到保护作用的有效投壶。（图 8-3-6）

5. 分进

分进是指控制力量将两只本方冰壶分别投至距离大本营中心较近的位置，或将阻挡本方投壶路线的对方冰壶击到旁边的有效投壶。（图 8-3-7）

6. 粘贴

粘贴是指控制力量将本方冰壶粘在指定冰壶周边位置的有效投壶。（图 8-3-8）

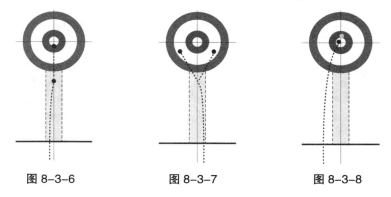

图 8-3-6　　　　　　　图 8-3-7　　　　　　　图 8-3-8

（三）快壶技术

1. 清壶

清壶是指用力将指定冰壶击出大本营，同时使击打壶也不留在大本营内的有效投壶。（图 8-3-9）

2. 打定

打定是指利用恰当的力量将大本营内的对方冰壶击出，同时使击打壶留在击出壶位置的有效投壶。（图 8-3-10）

3. 打甩

打甩是指用力将大本营内的对方冰壶击出，并且使击打壶所停的防守位置良好或者使击打壶能旋转到有效得分位置的有效投壶。（图 8-3-11）

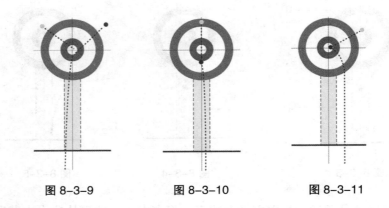

图 8-3-9　　　　　　　图 8-3-10　　　　　　　图 8-3-11

4. 双飞

双飞是指用力将大本营内两枚或两枚以上的对方冰壶击出，并且使击打壶留在大本营内的有效投壶。（图 8-3-12）

5. 传击

传击是指用力击打对方或本方的冰壶进行多壶传递，将对方冰壶击出大本营，并使本方冰壶留在大本营内有利位置的有效投壶。（图 8-3-13）

6. 溜壶

溜壶是指有意控制冰壶，使其不接触其他冰壶，或故意将冰壶投出大本营外的有效投壶。（图 8-3-14）

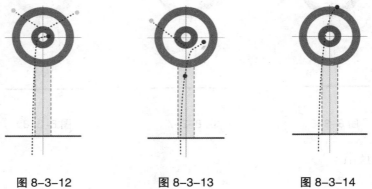

图 8-3-12　　　　　　　图 8-3-13　　　　　　　图 8-3-14

（四）撞击技术

撞击技术是指将大本营内的对方冰壶撞击出大本营的技术，包括直接撞击技术、间接撞击技术和其他撞击技术。

1. 直接撞击技术

直接撞击技术是指投掷冰壶直接撞击停留在大本营内的对方冰壶，将对方冰壶撞击出有效得分区域的技术。直接撞击技术是一种简单的撞击技术。

2. 间接撞击技术

间接撞击技术是指投掷冰壶撞击到一枚冰壶后，使被撞击冰壶转向撞击另一枚冰壶的技术。间接撞击技术是一种常见的撞击技术。本方可以利用一枚冰壶同时撞击两枚或两枚以上的对方冰壶，这样效率极高。

3. 其他撞击技术

根据撞击的目的，撞击技术还可以分为拉引击壶、防卫击壶、敲退击壶、晋升击壶、晋升移位掷壶等。

四、跟我学旱地冰壶战术

旱地冰壶比赛场上形势多变。在旱地冰壶比赛中，战术往往是由队长或投壶队员在短时间内决定的。旱地冰壶战术主要是场上队员根据场上本方冰壶与对方冰壶所在的位置，以及每局先后手和当前比分情况进行具体分析后制定的。

（一）投壶顺序

投壶顺序直接影响战术安排。旱地冰壶战术按投壶顺序分为先投壶战术和后投壶战术。

1. 先投壶战术

第一枚冰壶最好掷到大本营前端，防止对方投掷的冰壶直接将本方冰壶撞出大本营。防守时，本方冰壶既要接近大本营又要适当分散，防止对方利用一枚冰壶同时将多枚本方冰壶击出大本营。进攻时，本方既要把对方冰壶击出大本营或使对方冰壶远离大本营中心，又要保证本方冰壶能有效得分。

2. 后投壶战术

第一枚冰壶多以进攻为主，应由技术最好的队员来投掷。投掷第一枚冰壶时，本方要尽量把对方冰壶击离大本营中心，如果未能将对方冰壶击离大本营中心，也应尽量使本方冰壶挡住对方的第一枚冰壶，从而让对方难以把握进攻力度与角度。

（二）战术策略

场上队员不仅要根据场上形势的变化及时对战术做出相应的调整，还要坚持基本的战术策略（包括挨近、击出、防守等）。挨近是指将冰壶掷到一定位置，使之贴近大本营内原有的冰壶。击出是指将冰壶掷到一定位置，将大本营内的对方冰壶击出大本营。防守是指将冰壶掷到一定位置，以保护得分区域内的本方冰壶不被对方冰壶击出。

（三）位置选择

在旱地冰壶比赛中，根据不同的战术目的，队员应选择不同的击壶角度，使本方冰壶停留在最佳位置。这有利于队员把握比赛局势，取得比赛胜利。具体方法如下。

（1）吸引：将冰壶掷到大本营中心位置附近，吸引对方击打，从而使对方浪费一次掷壶机会，同时确保本方其他冰壶的位置安全。

（2）冻结：掷出的冰壶紧贴着大本营内对方冰壶的尾部，使对方冰壶无法撞击本方冰壶，目的是阻挡对方击打本方冰壶，并使本方冰壶的位置优于对方冰壶的位置，而不是将对方冰壶击出大本营，因此投掷力度不宜过大。

（3）击出：掷出的冰壶将对方冰壶击出大本营，同时本方冰壶也离开大本营。

（4）击出并占位：掷出的冰壶撞击对方冰壶尾部，使对方冰壶离开得分区域，并让本方冰壶占据此前对方冰壶所处位置。投壶角度要正，力度要适中。

（5）击出并变线：掷出的冰壶击中对方冰壶侧翼，将对方冰壶击出得分区域，同时利用此次撞击修正本方冰壶的滑行轨迹，使本方冰壶占据有利位置，并靠近大本营中心。

（6）保护：掷出的保护壶挡住对方冰壶可能的运行路线，从而保护本方处于有利位置的其他冰壶免受撞击。保护壶的停留位置一定不要在大本营内。

（7）推动：用一枚冰壶撞击此前掷出的本方冰壶，使被撞击的本方冰壶能够继续向前移动到得分区。推动的目的在于得分并保护进入得分区的冰壶。

（8）越过：后掷出的冰壶以弧线的移动轨迹越过本方先前掷出的冰壶，并进入得分区，使先前掷出的冰壶保护后掷出的冰壶。

思辨与探究

1. 简要介绍旱地冰壶的赛道特点和器材。

2. 旱地冰壶技术中的慢壶技术有哪些？这些技术的动作要领分别是什么？

3. 在旱地冰壶比赛中，根据不同的战术目的，应如何选择最佳的冰壶位置？

主题四　攀　岩

　　攀岩是从登山运动中衍生出来的竞技运动项目，也是现代极限运动项目之一。攀岩是人们使用专门的攀登技术，以各种装备作为保护或攀登的工具，攀登自然岩壁或人工岩壁的运动。攀岩主要包括难度攀岩、速度攀岩和攀石。攀岩动静结合、刚柔相济，集探险、竞技、健身、娱乐、观赏于一身，融力量、勇气、智慧、时尚、美感为一体，惊险刺激而又具有挑战性。

学习目标

　　1. 掌握攀岩技术，并在保障安全的前提下进行练习。
　　2. 通过攀岩实践，培养顽强拼搏的进取精神和自我挑战的意识。

一、中国体育故事

（一）中国优秀运动员刘常忠

　　刘常忠从事攀岩运动多年，作为一名国家级运动健将，曾担任过中国国家攀岩队队长，是我国首批攀岩社会体育指导员国家职业资格培训师、考评员。

　　从小拥有良好肢体协调性的刘常忠在 1996 年被教练选中，开始了他的攀岩生涯。艰苦的训练为刘常忠打下良好的攀岩基础。1996 年，刘常忠初次参加攀岩比赛，获得第二名的好成绩。由于他在整个攀岩过程中都是赤脚攀登，被圈内人士誉为"赤脚大仙"。2002—2003年，刘常忠几乎囊获了各大攀岩比赛的冠军。他在攀爬中，不断严格要求自己，不断寻求突破。退役后的刘常忠先后在苏州、成都、深圳等城市创办了攀岩基地，致力于国内青少年攀岩人才的培育事业。

（二）钟齐鑫的奥运梦

　　2015 年，钟齐鑫在世界杯攀岩赛中战胜世界纪录保持者，以 5.81 秒的成绩夺冠。那时他 26 岁，已夺得世界攀岩锦标赛"四连冠"。在得知攀岩正式成为 2020 年东京奥运会的比赛项目后，他把参加奥运会作为最高梦想和终极目标。

　　2019 年，钟齐鑫 30 岁。在世界攀岩锦标赛 8 进 4 的比赛中，钟齐鑫因抢跑犯规，失去了 2020 年东京奥运会的入场券。

如今，钟齐鑫还在进行攀岩训练。2024 年巴黎奥运会新增了攀岩速度赛项目。若要获得奥运会的入场券，钟齐鑫需要在 2023 年的资格赛中胜出。作为运动员，钟齐鑫已不再年轻，但他依旧在攀岩运动中执着向前。

二、跟我学攀岩技术

攀岩常用
装备介绍

（一）攀岩基本装备

1.安全头盔

安全头盔如图 8-4-1 所示。

2.登山绳

登山绳如图 8-4-2 所示。

图 8-4-1　　　　　　　　　　　图 8-4-2

3.扁带

扁带如图 8-4-3 所示。

4.安全带

安全带如图 8-4-4 所示。

图 8-4-3　　　　　　图 8-4-4

5.攀岩鞋

攀岩鞋如图 8-4-5 所示。

6.镁粉袋

镁粉袋如图 8-4-6 所示。

图 8-4-5　　　　　　　　图 8-4-6

7. 铁锁

铁锁如图 8-4-7 所示。

8. 保护器

保护器如图 8-4-8 所示。

图 8-4-7　　　　　　　　　　图 8-4-8

（二）攀岩常用绳结

1. 8 字结

8 字结如图 8-4-9 所示。

2. 蝴蝶结

蝴蝶结如图 8-4-10 所示。

攀岩常用
绳结打法

图 8-4-9　　　　　　图 8-4-10

3. 活结

活结如图 8-4-11 所示。

4. 双套结

双套结如图 8-4-12 所示。

图 8-4-11　　　　　图 8-4-12

5. 平结

平结如图 8-4-13 所示。

6. 渔人结

渔人结如图 8-4-14 所示。

7. 意大利半扣

意大利半扣如图 8-4-15 所示。

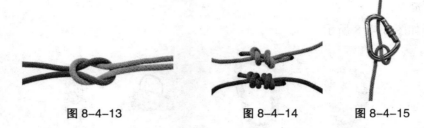

图 8-4-13 　　　　图 8-4-14 　　　　图 8-4-15

8. 系带结

系带结如图 8-4-16 所示。

9. 单结

单结如图 8-4-17 所示。

10. 抓结

抓结如图 8-4-18 所示。

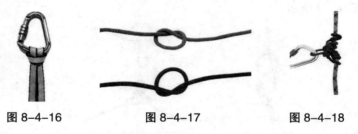

图 8-4-16 　　　　图 8-4-17 　　　　图 8-4-18

（三）攀岩基本技术

1. 攀爬与保护

（1）在攀爬自然岩壁或人工岩壁时，攀岩者要注意观察攀爬路线，选择合适的岩点，采用合适的技术，利用攀登工具及各种保护措施，以便顺利登顶。

（2）在整个攀爬过程中，攀岩者都要注意自我保护和辅助保护。首先，攀岩者应穿戴攀岩保护装备，如安全头盔、安全带等；其次，攀岩者应充分利用各种保护装备，如绳索、保护器等；最后，攀岩者应配合保护队员做好辅助保护措施，或者在攀爬和下降过程中结组活动。

（3）双人攀爬的保护流程要准确、清晰：第一步，装备穿戴连接要牢固，动作要熟练、准确；第二步，检查要严格规范，两名攀爬队员互相检查，确保攀爬岩壁前纠正所有错误，做好安全保障；第三步，两名攀爬队员结组攀爬，并在攀爬过程中互相保护。保护队员注意站位，并时刻关注攀爬队员；攀爬队员必须熟练掌握和学会运用五步保护法，并在整个过程中互相交流，默契配合，直至安全落地。（图 8-4-19）

图 8-4-19

装备穿戴连接
及技术讲解

攀爬与保护
实操

2. 绳降

绳降源自高山探险中的下撤保护技术，也经常用于抢险、运输等行动中。绳降可分为双人保护绳降和单人绳降两种。绳降的内容包括保护站设置、高空自我保护、绳降流程等。以健身和休闲娱乐为目的的绳降多在室内人工岩壁开展。通过练习绳降，大学生可以克服恐惧心理，提高个人动手能力和随机应变的能力。（图 8-4-20）

图 8-4-20

绳降实操

保护站设置

高空自我
保护

三、带你了解攀岩保护站的设置

攀岩保护站设置是指攀岩者在攀登之前，用各种装备、器材在岩壁的顶端或岩面上架设合理的安全保护系统。

保护点是攀岩者在攀登时使用的固定在岩壁上的用于安全保护的固定点。若攀岩者发生坠落，则攀岩者可借助保护点调节绳长，缩短坠落距离，从而避免受到伤害。

（一）攀岩保护站的设置原则

攀岩保护站的设置要遵循独立、均衡和备份的原则。

1. 独立

独立是指每个保护点能够单独受力。简单地说，每个保护点不得在同一个位置（如同一根杆子）上，以避免这个位置出问题（如杆子被折断）时，所有这一位置的保护点都失效。因此，攀岩者应将两根或多根扁带绑在不同的保护点上，这样如果一个保护点出了问题，还有另一个保护点起作用。

2. 均衡

均衡是指保护站受力后，每个保护点都应保持受力状态，这样才能平均分配总受重。攀岩者在选择保护站时要考虑每个保护点的位置，以及所佩戴的扁带的数量和长度是否匹配。当设置好保护站后，如果出现保护点因扁带长短不一而受力不均的情况，则攀岩者一定要注意调节扁带的长度，以确保保护点受力均衡。

3. 备份

备份是指在保护站设置好后，在一处独立的位置再连接一个保护点备用。这在自然场地上显得尤为重要，特别是在登山、攀冰时，这样做很有必要。人工场地的保护站通常足够牢固，负重上限足够大，只要扁带设置合理、保护点检查到位，也可以不用备份。

（二）保护站的连接

在保护站设立的过程中，攀岩者选择保护点位置时要考虑一个重要因素，即保护角的角度（以攀岩者为端点，由两个保护点所连保护绳构成的角度）。原则上，保护角的角度越小，安全系数越高。当保护角的角度为0°时，每个保护点及其所连保护绳所承受的力为总力的一半。另外，根据计算，当保护角的角度小于60°时，保护点及其所连保护绳所承受的力的变化速度非常慢。因此，保护角的角度应小于60°。

保护站设置好后，需要用铁锁连接后才可以使用。连接时，攀岩者要将所有的扁带头都扣入铁锁内，不得将扁带分别套进两把铁锁，否则扁带容易分离，从而增加两点间的角度。此外，攀岩者还应使用两把规格相同的主锁与保护站连接。连接好后，铁锁大头向下，锁门相对并拧紧。保护站设置好后，攀岩者需要将攀岩绳与保护绳连接。连接前，攀岩者先要观察岩壁下方是否有人，如果下方有人，要大声提醒其注意并远离下方，然后用正确的方法理绳，并在绳尾部分打好防脱结，将一端通过保护系统后慢慢顺下，待绳头落地后再多放几米，最后将另一端盘好后拿在手里再一起抛下（抛绳前再次确认岩壁下方无人）。使用前，攀岩者一定要检查攀岩绳的两端是否均已落地并有足够的长度，且确认攀岩绳无缠绕。

（三）保护站设置的操作步骤与要求

（1）到达设置保护站的位置后，攀岩者先做好自我保护措施。

（2）选择安全、合理的位置，攀岩者将扁带与第一个保护点连接。

（3）在另一个相对独立的位置，攀岩者将另一个扁带与保护点连接。

（4）攀岩者调整扁带的位置，使扁带均衡受力。

（5）攀岩者用两把铁锁将两条扁带连接在一起，且锁门相对，大头向下。

（6）如果有条件，攀岩者可再设置一个备用保护点，并将其与保护系统相连。这个备用保护点不得受力（以免牵扯主保护点），但要保证在保护系统失效时能第一时间承重。

（7）在攀岩绳的绳尾打上防脱结后，将其与保护系统相连并确保两个绳尾均落地。

（8）确保攀岩绳无缠绕后，攀岩者将保护系统上的铁锁锁门拧紧。

（四）保护站设置的注意事项

（1）攀岩者设置保护站前要仔细观察地形，选取合适的位置，不要急于求成，否则反复调整位置会花费大量时间。

（2）设置保护站时，攀岩者首先要考虑的问题是安全。

（3）设置好保护站后，攀岩者须测试并检查每一个细节。

（4）攀岩者抛绳前一定要理绳，否则攀岩绳很容易在半空缠绕。

（5）攀岩者抛绳前要考虑好攀岩绳与保护点的位置，要确保最终的受力位置在攀爬路线正上方且不受任何物体干扰。

（6）攀岩者抛绳前要先将攀岩绳与自身连接，以免攀岩绳全部落地无法补救。

四、带你了解攀岩的上方保护

上方保护即保护点在攀岩者上方的保护技术。在攀岩者向上攀登的过程中，保护者要不断收绳，使攀岩者胸前不留余绳，但也不要拉得过紧，以免影响攀岩者的行动。这一点在攀登大仰角岩壁时尤其应注意。上方保护对攀岩者没有特殊要求，攀岩者发生坠落时，受到的冲击力较小，攀岩者较为安全。采用上方保护所需的器材一般有安全带、铁锁和下降器。保护者收绳时，应注意随时要有一只手握住下降器下面的绳索，只抓住下降器上面的绳索是无法制止坠落的。

（一）立式保护法

保护者应首先选好保护位置，做好自我保护，然后身体侧对岩壁站立。站立时，保护者先撤一步，前脚蹬在有利的支点上；前腿伸直，前脚脚尖指向攀岩者，后腿稍屈，身体重心落在后脚上，形成保护姿势。保护者如果身体重心过高，一旦受力就有被牵动而拉倒的危险。因此，保护者要降低身体重心。

（二）坐式保护法

保护者采用坐式保护法时，需要选择有利地形，做好自我保护。采用坐式保护法时，保护者须坐在地上，两腿自然分开，两脚蹬住凸起的岩石。

（三）器械保护法

器械保护法是利用保护器进行保护的方法。保护者可根据地形条件采取立式保护姿势或坐式保护姿势。器械保护法适用于初学者。其优点是省力、安全、操作简便，缺点是必须配备保护器。

器械保护法是先将上方保护点固定，保护绳通过保护锁（一般是两个锁），一端连在攀岩者身上（通过两个铁锁或8字环连接），另一端先通过保护者身上的保护装置，再被保护者握在手中。保护者一般有一两名。下面以保护者右手抓握制动端，使用ATC或8字环为例，介绍器械保护法的操作。

（1）起始式：保护者确认绳索、保护器、主锁、安全带连接正确；左手虎口向上，在与眼睛平行的高度握住主绳，右手虎口朝向保护器，在臀部侧面握住制动端的主绳；保护者与攀岩者互相示意。

（2）收绳：随着攀岩者的动作，保护者左手往下拉绳；与此同时，右手将制动端的绳索移至保护器之上，配合左手动作，收紧绳索；此时左手大约在保护器之上一拳处，右手约与肩同高。

（3）压下制动端：保护者右手压下制动端的绳头，此时右手位于身体的右下方。

（4）改变握绳位置：保护者左手松开，在离保护器约一拳处握住制动端，虎口朝向保护器。保护者右手松开，在臀部侧面握住制动端，虎口也朝向保护器。

（5）回到起始式：保护者左手松开，在与眼睛平行的高度握住上端的主绳，虎口向上，此时完全回到起始姿态，准备进行下一轮收绳。

注意，保护者在任何时候都要一只手握住绳索的制动端，两手要协调好，还要密切配合攀岩者的动作节奏，使主绳一直松紧适度。

如果攀岩者中途坠落，此时攀岩者的重量会落到主绳上，则保护者应身体微微后坐，握住制动端的手缓缓减力，使攀岩者以缓慢、均匀的速度降落。

五、带你了解攀岩的下方保护

下方保护即保护点在攀岩者下方的保护技术。采用下方保护技术时，攀岩者没有在上方预设保护点。攀岩者在攀登过程中，需要不断地把保护绳挂入途中安全点上的快挂中。下方保护实用性较强，并且是国际比赛中规定的保护方法。这种保护方法要求攀岩者自己挂保护绳，而且攀岩者在发生坠落时，坠落距离大，冲击力强，因此这种保护方法一般适用于技术熟练者。

（一）快挂的安装与使用

攀岩者在安装和使用快挂时，首先要考虑安全性，如挂片的安装方法、铁锁的开合方向、挂绳的方式等，注意快挂的受力方向，避免绳索走Z字形，减少绳索的阻力。

使用快挂时，攀岩者要用胶布固定挂绳端的铁锁，以免铁锁在岩壁上转动后需要重新调整。

1. 攀岩方向

对于攀岩方向，攀岩者应注意：使保护绳远离开口端，身体这端要在钩环外侧，否则攀岩者在坠落时，绳索会脱出。

2. 快挂方向

快挂要放好，勿转折；钩环要正；保护绳要挂对方向。

3. 挂绳方法

挂绳方法有两种：一种是 Roll Clip，另一种是 Pinch Clip。

（1）Roll Clip：适用于快挂开口方向面对攀岩者时。攀岩者用中指和无名指固定铁锁，然后用拇指和食指将保护绳放入快挂。一般来说，快挂位置较高时，采用这种挂绳方法会比较方便，不过这种挂绳方法也适用于快挂位置在腰部以下时。

（2）Pinch Clip：适用于快挂开口方向背对攀岩者时。攀岩者用拇指和小指固定铁锁，然后用食指和中指将保护绳放入快挂中。

（二）下方保护的操作

下方保护对攀岩者和保护者的技术水平都有较高的要求。首先，攀岩者要有良好的自我保护意识，坠落时要屈腿、收臂，当身体和岩壁接触时要有缓冲动作。其次，攀岩者在挂锁时，一般将绳索控制在两腿中间，不能将脚置于快挂扁带和防护绳之间，尤其不要置于直壁上，否则攀岩者坠落时脚就会被绳索和扁带挂住，造成人体翻转，从而发生伤害事故。下方保护的操作相较于上方保护的操作更复杂，保护者在很多时候是随着攀岩者的动作送绳的。下面仍以保护者右手抓握制动端，使用 ATC 或 8 字环为例，介绍下方保护的操作。

下方保护的收绳操作步骤同上方保护。下方保护的送绳操作步骤如下。

（1）起始式：保护者左手虎口向上，在离保护器约一拳处握住上端的绳索；右手在臀部侧面握住绳索的制动端，虎口朝向保护器。

（2）送绳：保护者左手往上拔绳，同时右手减力，配合送绳。

（3）回到起始式：保护者右手握住制动端，左手回到离保护器约一拳处；准备进行下一轮送绳。

注意，保护者在任何时候都要一只手握住绳索的制动端。另外，保护者要根据攀岩者的需要随时收放绳索，使绳索松紧适中。保护者更要密切地关注攀岩者的行为，力求对其行为有一定的预见性，明确什么时候送绳，什么时候收绳，什么时候要用较多的绳索来扣快挂，什么时候要做好坠落保护的缓冲准备，等等。当攀岩者可能有危险时，保护者要及时提醒攀岩者。先锋攀岩者攀登初期要有两名保护者进行保护工作：一名以绳索保护，另一名以手工保护。手工保护者向上伸出两手，随时准备接住攀岩者。例如，"屋檐"是重点位置，当攀岩者爬到"中部"以上位置（以挂锁位置为准）时，如果发生坠落，攀岩者会以快挂为圆心做单摆运动，此时最为危险。如不采取措施，则攀岩者会直接撞到岩壁上。此时保护者应及时随攀岩者的坠落送绳，以减小攀岩者向岩壁方向的冲击力，并根据攀岩者距地面的距离及时停止送绳，防止攀岩者直接坠落到地上。

六、带你了解攀岩保护的注意事项

攀岩保护的注意事项如下。

（1）保护前，保护者必须仔细检查每个细节，不可出错。

（2）在保护过程中，保护者要注意攀岩者的动作，及早做出反应。

（3）受力方向与固定点应尽量成一条直线。

（4）绳索不要拉得太紧，以免妨碍攀岩者的行动。

（5）保护者务必专心，这关系到攀岩者的安全。

（6）保护者制动手勿太靠近制动器，以免被意外夹伤。

（7）保护者注意随时调整位置，不要让攀岩者吊在绳索上。

（8）攀岩者停止活动时，保护者应先制动。

（9）放绳动作与收绳动作类似，要领仍为制动手决不离开绳索。

思辨与探究

1. 攀岩常用绳结及攀岩基本技术有哪些？

2. 在绳降的体验过程中怎样有效地克服自己的恐惧心理？

3. 怎样将攀岩的相关知识运用于户外运动中？

模块九
体能类运动

主题一　游泳运动

主题导言

　　人们通过观察、模仿动物在水中的游动动作，逐渐习得了一种生存技能，即游泳。游泳的运动原理是人在水的浮力作用下，通过肢体有规律地运动，使身体在水中漂浮移动。游泳作为一项全身性运动，适合各个年龄段的人参与。大学生进行游泳运动，可以增强体质、改善心肺功能，还可以提高身体素质和心理素质。

学习目标

　　1. 了解游泳名人逸事，培养游泳兴趣。
　　2. 掌握游泳技术中蛙泳、自由泳的分解动作及完整配合。
　　3. 通过练习游泳，发展有氧耐力及协调素质、柔韧素质等，增强心肺功能。

一、中国体育故事

（一）中国泳坛首个金满贯获得者——叶诗文

　　叶诗文是中国泳坛首位集奥运会游泳比赛冠军、世界长池游泳锦标赛冠军、世界短池游泳锦标赛冠军、国际泳联游泳世界杯冠军、亚洲运动会游泳比赛冠军、全国运动会游泳比赛冠军于一身的运动员，是中国泳坛首个金满贯获得者，也曾是女子 200 米混合泳奥运会纪录保持者。叶诗文从小就对游泳有着浓厚的兴趣，课业外还要刻苦地进行游泳训练。努力训练的她很快在训练生中崭露头角，引起教练的注意。她年仅 10 岁就进入了浙江省游泳队，从此开启了专业游泳之路。经过刻苦训练，叶诗文在各种世界性游泳比赛中取得佳绩。叶诗文视泳池为人生舞台，历经万难也要在属于她的舞台上绽放光芒。

（二）中国女子游泳队的领军人物——罗雪娟

罗雪娟在 11 岁时进入浙江省游泳队。在训练中，罗雪娟的蛙泳成绩非常出色。2000年，罗雪娟成功入选中国国家游泳队，并且参加了 2000 年悉尼奥运会。虽然当时她只在女子 200 米蛙泳比赛中排名第 8，但那之后，罗雪娟的实力和信心有了大幅度的提升。2003 年，罗雪娟在世界游泳锦标赛女子 100 米蛙泳比赛中为中国游泳队夺得了此次世界游泳锦标赛的第一枚金牌，也成为世界游泳锦标赛历史上第一位在该项目成功卫冕的选手。对于罗雪娟来说，2004 年是重要的一年。如果说 2000 年悉尼奥运会的罗雪娟是青涩的，那么 2004 年雅典奥运会的罗雪娟则更为成熟。在 2004 年雅典奥运会上，罗雪娟夺得了女子 100 米蛙泳比赛的冠军，并刷新了该项目的奥运会纪录。2007 年，罗雪娟选择了退役。她的训练经验为日后中国泳坛的崛起提供了宝贵的经验。

二、跟我学游泳技术

（一）游泳专项准备活动

下水前做好专项准备活动可以使神经系统的兴奋性提高，使机体更好地进入运动状态，同时使体温升高，降低肌肉的黏滞性，预防运动损伤。

1.上肢拉伸

（1）压肩。（图 9-1-1）

【动作要点】两脚左右开立，两脚间距略比肩宽，两手扶一定高度的固定物，上体前俯，胸部下压，充分拉伸肩部。

图 9-1-1

（2）转肩。（图 9-1-2）

【动作要点】两脚左右开立，两脚间距与肩同宽，两臂以同侧肩为轴随惯性转动。

图 9-1-2

2.下肢拉伸

（1）跪姿拉伸。（图 9-1-3）

【动作要点】两腿并拢，两脚脚跟并拢，以跪姿坐下，上体正直，两手分别扶于同侧腿大腿上。（进阶动作是两手撑地，两脚脚趾回勾撑地，两膝离地。）

图 9-1-3

（2）跪姿蛙泳腿拉伸。（图 9-1-4）

【动作要点】两手分别扶同侧腿膝关节，上体正直，以蛙泳腿勾脚姿势坐下，两腿大腿并拢。

图 9-1-4

（二）熟悉水性

1.水中行走

【动作要点】手扶池边缓慢行走，身体放松，感受水温和水的浮力。

2.呼吸

【动作要点】两手扶于池边，头部露出水面，张嘴吸气，吸气后头部浸入水中，屏气片刻，在水下用嘴匀速吐气。图 9-1-5 为呼吸动作的陆上练习示意图。

图 9-1-5

3.漂浮与站立

（1）漂浮。

【动作要点】两脚左右开立，站于水中，两臂前伸，同时吸气。吸气后，上体前倾，两脚随身体重心前移轻蹬池底，臂、腿放松伸直，身体漂浮于水中。

（2）站立。

【动作要点】两手先做抱膝漂浮准备。两手向下压水的同时伸膝，两脚踩于池底，两手压水，使身体保持平衡，抬头站立。

4.蹬边滑行

【动作要点】一手扶池边，另一手前伸，收腹、屈膝，上体前倾，两脚蹬池壁。深吸气后，低头，目视池底。扶池边的手与另一手并拢，同时两脚用力蹬离池边，身体保持流线型向前滑行。

水中行走　　　　扶边换气　　　　漂浮与站立　　　　蹬边滑行

（三）蛙泳技术

1.蛙泳的腿部动作

【动作要点】两腿并拢，以漂浮姿势开始。两脚脚跟慢慢收向臀部，同时两腿分开；勾脚，蹬腿，用脚掌向外推水，同时膝关节内旋；两腿夹水并拢，保持滑行姿势。重复以上动作。图 9-1-6 为腿部动作的陆上练习示意图。

口诀：收、翻、蹬、夹、滑。

图 9-1-6

2.蛙泳的臂部动作

【动作要点】两臂伸直，两手掌心相对，以该姿势开始。两臂分开，两手翻掌外划至两臂间距比肩宽。抱水时，两手手指指向池底，肘部弯曲，以肘高手低的姿态在胸前加速抱水，最后快速伸臂滑行。图 9–1–7 为臂部动作的陆上练习示意图。

图 9–1–7

口诀：外划、抱水、前伸。

3.蛙泳的臂部动作与呼吸的配合

【动作要点】两臂外划时，抬头吸气；两臂内划抱水时，屏气；两臂前伸过头后，蹬腿吐气。图 9–1–8 为臂部动作与呼吸配合的陆上练习示意图。

图 9–1–8

4.蛙泳的完整配合

【动作要点】两臂外划时，抬头吸气，两腿并拢伸直。两手内划加速抱水后，收腿。身体重心下沉时，低头屏气。两臂前伸过头后，蹬腿吐气，身体保持流线型滑行。

| 半陆半水蛙泳腿部动作 | 持板蛙泳腿部动作 | 半陆半水蛙泳臂部动作 | 蛙泳完整配合 |

（四）自由泳技术

1.自由泳的腿部动作

【动作要点】两腿自然伸直；下打时，髋部发力，下打腿以大腿带动小腿向下鞭打至膝关节伸直；上抬时，上抬腿接近水面时屈膝，小腿上抬使脚掌露出水面后再重复下打动作；左右腿交替做下打与上抬动作。图 9–1–9 为腿部动作的陆上练习示意图。

图 9-1-9

2.自由泳的腿部动作与呼吸的配合

【动作要点】一手持浮板,另一手贴于体侧。两腿交替打腿 6 次,转头吸气时,耳朵不离开持浮板臂,眼睛看向侧面,使嘴露出水面吸气。保持姿势再打腿 6 次。转俯卧姿势,换另一侧换气,交替练习。图 9-1-10 为腿部动作与呼吸配合的陆上练习示意图。

图 9-1-10

3.自由泳的臂部动作

【动作要点】右手沿同侧肩部的延长线前伸,然后右臂屈肘向身体下方大腿方向划水。随后转肩提肘,右臂上臂带动前臂经空中移臂入水,向前伸出。图 9-1-11 为臂部动作的陆上练习示意图。

图 9-1-11

口诀:划水、推水、转肩提肘、前伸。

4.自由泳的臂部动作与呼吸的配合

【动作要点】屈臂划水,转头呼气,嘴快露出水面时用力吐气,待一只眼睛露出水面时吸气。头随着转肩提肘动作转向水中,随后手入水,手臂前伸。图 9-1-12 为臂部动作与呼吸配合的陆上练习示意图。

图 9-1-12

5.自由泳的完整配合

【动作要点】初学者可采用划水 2 次、呼吸 1 次、打腿 6 次的配合技术,配合向左侧或右侧转头的单侧吸气。

半陆半水
自由泳
腿部动作

自由泳
持板单臂
划臂部
动作

持板自由
泳腿部
动作

持板自由
泳腿部动
作与呼吸
的配合

自由泳完
整配合

思辨与探究

1. 自由泳技术与蛙泳技术有什么区别?

2. 在游泳中，正确的呼吸动作很重要，四种竞技泳姿的呼吸各有什么特点?

主题二　跳绳运动

主题导言

　　跳绳在中国有数千年的历史，它是中华优秀传统文化不可或缺的一部分。跳绳受众广泛，简单易学，不受场地和季节的限制。大学生通过跳绳，不仅能增强心肺功能，还能提高人体的协调能力，缓解心理压力，形成积极、乐观的生活态度。

学习目标

1. 了解跳绳的基础知识、竞赛规则。
2. 掌握跳绳的主要方法，掌握至少两种跳绳技术。
3. 通过跳绳培养合作、创新精神。

一、中国体育故事

（一）吕艳飞——减肥中跳出的世界冠军

　　2016年，来自辽宁的小伙吕艳飞体重近100千克。因为超重，他的身体和精神状态都出现了问题。跳绳不仅让他半年减重25千克，还让他成功进入了中国国家跳绳队，让他代表中国走进国际跳绳赛场。在与"绳"相伴的日子里，吕艳飞"跳"出了自己的活力人生。为了拥有健康的身体和良好的精神面貌，他选择了最感兴趣的花样跳绳作为减肥运动。一开始，吕艳飞刚做几个简单的跳跃动作，便会气喘吁吁，但他没有放弃，坚持训练，一个月后，他减重约7.5千克。信心大增的吕艳飞开始学习并尝试花样跳绳动作。日复一日，年复一年，他的体重不断下降，并最终稳定在70千克左右。在减肥期间，他结识的一位专业花样跳绳老师将他带入了专业跳绳领域。在2019年挪威举行的跳绳世界杯赛上，吕艳飞获得3分钟单摇跳30岁以上组别冠军，与队友一同获得3×40秒交互绳接力比赛亚军。

（二）王守中与花样跳绳的今生缘

　　由于酷爱跳绳，早在1960年，王守中就取得了单人不间断地跳绳12345次的好成绩。绳子不论长短，一到他手中就变得出神入化。常规的双摇跳在王守中眼中已稀松平常，被称为人体极限的五摇跳才能激起他的挑战欲望。1963年，热爱运动的王守中成为一名小学体育老师。在他的体育教学生涯中，他和他的学生共发明了100多种跳绳花样动作。在他的影响下，越来越多的小学生爱上跳绳。王守中说："生命在于运动，我从小就迷上了跳绳这一简单易行的体育运动，大学毕业后当了一辈子体育教师，也研究了一辈子跳绳，为此，我乐此不疲，受益终生。"

二、带你了解跳绳基础知识

（一）跳绳概述

跳绳是我国民间流行的一项体育活动。据历史文献记载，唐代称跳绳为"透索"，宋代称跳绳为"跳索"，明代称跳绳为"跳白索"，清代称跳绳为"绳飞"。清末以后，人们才称这项运动为"跳绳"。1939年，福建省沙县举行的国民体育表演会设有跳绳个人表演。1981年4月3日，《中国体育报》发表了胡安民老师的《论跳绳——跳绳的分类和方法》，随之全国各地响应国家体育运动委员会（现国家体育总局）的号召，开展了"三跳"（跳绳、跳皮筋、踢毽子）比赛。1993年12月27日，全国第一家跳绳协会在西安成立。2007年10月，国家体育总局颁布了我国第一部关于跳绳的规则——《中国跳绳竞赛规则》，对跳绳的相关名称做出了明确的规定。2012年，国家体育总局成立了全国跳绳推广中心。

跳绳在我国有着深厚的群众基础。20世纪90年代以后，在我国全民健身计划的推动下，全国各地形成了跳绳热潮。跳绳技术在继承传统方式和花样的基础上不断创新发展。跳绳作为一项民族体育项目，受到广大群众的喜爱。

（二）跳绳的锻炼价值

1. 生理方面

（1）跳绳可以增强人体各系统的功能。跳绳能增强心血管系统、呼吸系统、神经系统和消化系统等的功能。研究证实，跳绳可以预防糖尿病、关节炎、肥胖症、骨质疏松症、高血压、肌肉萎缩、高脂血症等疾病。

（2）跳绳可以全面提高身体素质。跳绳虽看似简单，却是一项全身运动。跳绳可以使上肢和下肢都得到锻炼，可以提高力量素质、速度素质、灵敏素质、耐力素质等。摇绳可增强臂力，跳跃可增强腰力，快摇快跳可提高速度素质，多次连续跳可提高耐力素质，花样跳绳、集体跳绳可以提高身体的灵活性和协调性。

2. 心理方面

（1）跳绳有助于提高大学生的注意力。注意力集中是大学生进行有效学习的前提。在跳绳中，大学生往往要在每个动作的完成瞬间去判断下一个动作，这就需要注意力高度集中。大学生经常进行跳绳练习，可以有效地提高自己的注意力集中度。

（2）跳绳有助于培养大学生的合作意识和团队精神。在团体跳绳运动中，大学生不仅要自己跳得好，还要帮助、配合他人跳得好。大学生经常练习跳绳，可以培养合作意识、团队精神，以及互助互爱、荣辱与共的集体主义精神。

（三）跳绳的注意事项

练习者在跳绳时，须注意以下事项。

（1）选择合适的运动鞋。运动鞋的鞋跟要略厚，鞋要轻，鞋帮要略高，以避免踝关节受伤。

（2）选择合适的绳。绳的软硬、粗细应适中。初学者通常宜用较轻的绳，熟练后可改用较重的绳。

（3）选择合适的场地。建议练习者在有弹性的塑胶地或木质地板上跳绳。

（4）预防运动损伤。跳绳前，练习者要做充分的准备活动。跳绳前，练习者先慢跑或原地高抬腿踏步，再动态拉伸足部、踝部、腿部、肩部、腕部等。跳绳后，练习者应做一些整理活动，注意拉伸小腿和踝部的肌肉。跳绳时，脚尖先着地，两脚不要跳得太高。较重的人宜两脚同时起落。

（5）由易到难，循序渐进。练习者在开始练习跳绳时，动作要由慢到快、由易到难，先学单人跳绳的各种动作，再学复杂的多人跳绳动作或团体跳绳动作。

三、跟我学跳绳技术

（一）握绳、摇绳与跳跃

1. 握绳

拇指与其余四指分开，握住绳把，用力不可过大，手腕不宜过分紧张，以保证摇绳的灵活性。

2. 摇绳

（1）正摇：两手握住绳把，两臂自然弯曲，将绳置于体后，手腕与臂部协调用力，将绳向后、向上、向前摇起。当绳被摇至头顶上方位置时，两臂不停顿，继续向前、向下、向后摇绳，使绳绕身体转动。开始时，以两肩为轴，两臂、两腕同时用力，手臂摇绳的动作幅度比较大。技术熟练后，手臂摇绳的动作幅度可逐渐减小，以肘关节为轴，前臂和手腕配合摇绳。技术十分熟练后，可仅以手腕的动作来摇绳。停绳时，在由后向前摇绳时，一脚向前伸，脚跟着地，脚尖抬起，将绳的中段停在脚下。

（2）反摇：将绳置于体前，两臂将绳由体前向前、向上、向后摇动。当绳被摇至脚下时，两臂不停顿；待绳过脚后，两臂继续向前、向上、向后摇绳，使绳绕身体周而复始地转动。

3. 跳跃

当绳被摇至两脚脚下且刚触及地面时，两脚立即起跳。待绳通过脚下后，两脚自然落地。两脚落地时，前脚掌先着地，避免全脚掌重重地砸落在地上。前脚掌先着地可起到缓冲作用，避免膝关节、踝关节受伤，也可以避免大脑受到震荡。两脚跳起时，身体应自然放松，两腿稍屈。

（二）短绳跳

1. 单人跳

（1）两脚并跳。

准备跳绳时，两手分别握住绳把，将绳置于身后，绳的中部约位于臀部与膝关节之间，两臂上臂与前臂的夹角约为120°。

开始跳绳时，两手手腕同时用力并配合前臂发力，将绳由体后摇至体前。

当绳触地时，两脚及时起跳；待绳通过脚下后，两脚同时落地，两手继续摇绳。当绳被从体后往体前摇转一周再次触地时，两脚及时跳起，使绳通过脚下。如此摇绳，使绳绕身体转动，以脚跳跃过绳一次为跳绳一次。（图9-2-1）

图 9-2-1

（2）两脚交替跳。

准备跳绳时，两手分别握住绳把，将绳置于身后，绳的中部约位于臀部与膝关节之间，两臂上臂与前臂的夹角约为120°。

跳绳时，左右脚轮流交替过绳。跳绳者好似在原地跑，两脚轮流蹬地跳过绳。（图9-2-2）

图 9-2-2

（3）固定交叉单摇跳。

固定交叉单摇跳俗称单凤花、编花跳，分为前绳交叉跳和后绳交叉跳。

以前绳交叉跳为例，两手向前摇绳，待绳被摇至体前，两臂迅速在胸前交叉并固定，同时利用手腕的力量继续摇绳。（图9-2-3）

后绳交叉跳的动作同前绳交叉跳，只是两手向后摇绳。

固定交叉
单摇跳

图 9-2-3

2.带人跳

带人跳是指一人跳绳时，其他人不用摇绳，而是随同带人者的节奏与带人者一同跳绳。跳绳时，带人者可一人带一人，也可一人带两人。带人跳时，虽然绳要稍长些，但带人跳仍属于短绳跳。

（1）固定一带一跳。

带人者将绳置于身后，被带者面对或背对带人者而立，带人者摇绳；当绳被摇到被带者脚下时，两人几乎同时起跳，先后过绳，如此连续跳绳。一般带人者稍高些，这样比较容易成功。（图 9-2-4）

图 9-2-4

活上绳
一带一跳

（2）活上绳一带一跳。

带人者先做正摇跳，被带者站在一旁观察带人者摇绳的节奏，寻找上绳的时机；待带人者将绳摇至脚下并跳过之后，被带者趁绳在带人者体后（前）的时机，快速跑到带人者体前（后）；当绳被摇至脚下时，两人齐跳过绳；待绳过脚下数次后，被带者可从正在摇动的绳中跑出。

（3）转带跳。

带人者与被带者相对而立。第 1 跳为带人跳；第 2 跳时，带人者移到被带者左侧，自己单独跳，而被带者在原地与带人者同节奏空跳 1 次；第 3 跳时，带人者移到被带者背后，两人背对背齐跳 1 次；第 4 跳时，带人者移到被带者右侧，带人者单独跳，被带者在原地与带人者同节奏空跳 1 次；第 5 跳时，带人者回到原来的位置上进行一带一跳。（图 9-2-5）

图 9-2-5

3.车轮跳

车轮跳是一种由两人相互配合、轮流跳绳的方法。从侧面看，车轮跳就像车轮在转动，故由此得名。车轮跳可以分为基本车轮跳和换位半周车轮跳。

（1）基本车轮跳。

两人同向并排站立，相距约 50 厘米，两人先各握一条绳，再将内侧的绳把互换，交替摇绳跳过。这种跳法要求两臂一上一下摇绳，使两绳也一上一下，并始终保持在一个平面上，因此对两人的协调性要求较高。开始时，跳绳者可以先练手臂摇绳动作，再练手脚配合动作。（图 9-2-6）

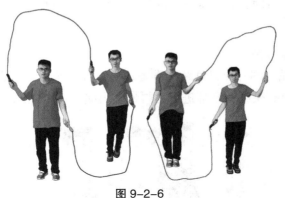

拓展——连锁跳

图 9-2-6

（2）换位半周车轮跳。

以基本车轮跳动作开始，两人协同配合摇绳，往返互换位置，并在回到基本位置后停绳，即完成一个完整的换位半周车轮跳动作。（图 9-2-7）

图 9-2-7

（三）长绳跳

1. 基本要求和注意事项

（1）基本要求：绳的长度依跳绳者的数量而定。摇绳者的身高要大体一致，动作要协调一致。在摇动的绳触及地面的一刹那，所有跳绳者必须同时起跳，使绳从脚下通过。

长绳跳是团体项目，要求跳绳者的动作协调一致，因此跳绳者要齐心协力。长绳跳对摇绳者的技术要求较高，即摇绳者须集中注意力，注意摇绳的速度、节奏，主动配合跳绳者。

（2）注意事项：长绳跳的进绳方法是活上绳法，跳绳者需要跨到绳中间，动作幅度较大，因此应做好充分的准备活动，防止踝关节受伤。

2. 基本进绳法

（1）正进绳法：以其中一名摇绳者逆时针摇绳为例，跳绳者从该摇绳者左侧进绳，即正进绳法。当绳触及地面后向远端上方飞起时，跳绳者跑步到绳中间；在绳从自己头上被摇至再次触及地面的瞬间，跳绳者及时跳起过绳。

（2）反进绳法：以其中一名摇绳者逆时针摇绳为例，跳绳者从该摇绳者右侧进绳，即反进绳法。当绳被摇至最高位置时，跳绳者跑进绳内；当绳被摇至脚下时，跳绳者及时跳起过绳。采用反进绳法时，跳绳者就好像在追随摇动的绳跑进一样。

3. 常见跳法

（1）依次进长绳集体跳。

所有跳绳者排队站在绳一侧做好跳绳准备，摇绳者持绳站好。摇绳者将绳摇起时，所有跳绳者依次进绳，待所有跳绳者全部进绳后再依次出绳。（图 9-2-8）

图 9-2-8

（2）交替摇绳连续跳。

两名摇绳者持两绳相对站立，同时交错对摇两条绳，即将一条绳按顺时针方向摇，将另一条绳按逆时针方向摇。

开始前，两名摇绳者应商定先摇哪一条绳。当先摇的绳转至上方最高处时，另一条绳恰好转至最低点，即两绳一上一下地交错转动。

摇绳时，在绳触地之后，两名摇绳者应尽量向外用力摇转，以防两绳搭在一起。两名摇绳者摇绳的速度要一致，用力要协调。

跳绳者在绳转动区内准备跳绳，要注意观察靠近自己的这条绳，不必考虑另一条绳；可两脚并跳，也可两脚交替跳，及时跳过两条交错摇过的绳。（图 9-2-9）

图 9-2-9

四、跳绳竞赛规则简介

（一）裁判人员组成

（1）比赛设总裁判长 1 人，竞赛长 1 人，副裁判长 1 ~ 3 人。

（2）比赛设执行裁判组、编排记录组和检录组。

（3）执行裁判组分为计数赛裁判组、花样集体自编赛裁判组、规定赛裁判组。其中，计数赛每块场地由 3 名计数裁判员承担裁判工作，其中 1 人为主裁判；花样集体自编赛和规定赛分别由 10 名、7 名裁判员承担裁判工作。

（二）比赛场地与赛场要求

1. 场地大小

（1）计数赛场地：5 米 ×5 米。

（2）3 分钟 10 人长绳 8 字跳，要求两名摇绳运动员的间距不小于 3.6 米。

（3）花样赛场地：12 米 ×12 米。

（4）个人花样规定赛场地：12 米 ×12 米。其他规定赛场地：不小于 15 米 ×15 米。

（5）小、大型集体自编赛，交互绳自编赛场地：不小于 15 米 ×15 米。

2. 赛场要求

（1）正式比赛场地的地面须平整光滑，应为优质运动木地板或跳绳专用塑胶场地，无影响比赛的隐患。比赛场地四周至少有 3 米宽的无障碍区，比赛区上空的无障碍空间，从地面至少高 4 米。

（2）比赛场地界线宽为 5 厘米，线宽不包括在场地内，颜色应与场地有明显区别。

（3）裁判席设在独立的裁判区内。裁判区为比赛场地周围 3 米区域，离观众席至少 2 米。裁判区与观众席保持一定距离，互不干扰。

（三）比赛器材及相关判罚

（1）比赛用绳及其他设备须经赛事组织委员会审定。

（2）比赛用绳必须达到符合人体安全的环保要求（无毒、无害、无异味）；比赛用绳可做适当修饰，但不得有安全隐患和影响裁判员判断的饰物；如有违反，则取消该运动员（运动队）的比赛资格。

（3）在个人绳的比赛中，每名运动员只能使用一根绳子；在车轮跳、交互绳的比赛中，每队只能使用一副（两根）绳子；如有违反，则取消该运动员（运动队）的比赛资格。

（4）在集体自编赛中，长度在6米以上的绳子才能算作长绳，在上场前由主裁判测量；如有违反，算作1次大失误。

（5）不可使用外部助力器材，如有违反，取消该运动员（运动队）的比赛资格。

（四）速度赛主要项目评分方法

1. 30秒单摇跳

运动员两手摇绳，每跳起一次，就使绳体向前跃过头顶并通过脚下绕身体一周（360°），称作单摇跳。按照规则的要求，运动员在30秒的时间内完成尽可能多的单摇跳。运动员须使用单摇双脚交替跳（幼儿跳绳竞赛除外）的方式完成动作；累计运动员右脚成功的次数，再乘以2，即为运动员的应得次数。

2. 30秒双摇跳

运动员两手摇绳，两脚同时起跳，每跳起一次，就使绳体跃过头顶并通过脚下绕身体两周（720°），称作双摇跳。按照规则的要求，运动员在30秒的时间内完成尽可能多的双摇跳。运动员须使用并脚跳的方式完成动作；累计运动员成功完成双摇的次数，即为该运动员的应得次数。

3. 30秒一带一单摇跳

一名运动员两手摇绳，另一名运动员站在持绳队员体前（或者体后），每跳起一次，就使绳同时跃过两名运动员头顶并通过脚下绕身体一周（360°），称作一带一单摇跳。按照规则的要求，两名运动员在30秒内完成尽可能多的一带一单摇跳。摇绳运动员参照单摇跳的方式完成动作；累计两名运动员同时成功过绳的次数，即为该队的应得次数。两名运动员跳起共同过绳，则计成功1次，以持绳队员为参照进行计数。

4. 3分钟10人长绳8字跳

在3分钟时间内，2名运动员同步摇单长绳，其他8名运动员依次以8字路线绕摇绳队员，并尽可能多地完成跑跳进出绳。2名摇绳运动员两脚的间距不小于3.6米，其他8名运动员必须依次以8字形跑跳并穿越长绳。累计运动员成功过绳次数为该队的应得次数；在"跳"的口令下达后，摇绳者才可以开始摇绳，跳绳者可以开始进绳跳跃，否则将被视为抢跳。

5.连续三摇跳

运动员两手摇绳，两脚同时起跳，每跳起一次，就使绳体跃过头顶通过脚下绕身体三周（1080°），称作三摇跳。按照规则的要求，运动员不间断完成尽可能多的三摇跳，没有时间限制。运动员在出现第一个三摇跳开始，一次性不间断完成尽可能多的三摇跳，起跳可以有过渡动作，但中间不能间隔或变换其他动作；计算运动员一次性完成三摇跳的次数为该运动员的应得次数。

6.1分钟10人长绳集体跳

在1分钟时间内，2名运动员同步摇单长绳，其他8名运动员集体在绳中跳绳，绳子同时通过8个人头顶和脚下，并尽可能多地完成集体跳绳次数。运动员在指定的场地内比赛为有效动作；累计8名运动员同时成功过绳次数为该队的应得次数。运动员无论采用何种站立方式，绳子均须同时通过绳中8名运动员头顶与脚下为成功1次，计数1次。

7.30秒两人协同单摇跳

两名运动员各持一个手柄，使绳同时跃过两名运动员头顶并通过脚下绕身体一周（360°），称作两人协同单摇跳。两名运动员应在30秒内完成尽可能多的两人协同单摇跳。两名运动员参照单摇跳的方式完成动作；累计两名运动员同时成功过绳次数为该队的应得次数。

思辨与探究

1.摇绳技术通常有几种？不同的摇绳技术在动作上有什么区别？

2.如果三个人组队参加一场比赛，最多能够完成几个跳绳项目？

主题三　马拉松运动

主题导言

　　马拉松起源于古希腊，是一项考验耐力的长跑运动。马拉松按跑程分为全程马拉松、半程马拉松和四分马拉松。马拉松的场地一般是宽敞、平坦的城市道路。马拉松对参与者的性别、身材和运动水平没有要求，极具包容性。人们参加马拉松，不仅可以减脂塑形、增强体质，还能挑战自我、磨炼意志。校园马拉松是马拉松的一种活动形式，具有丰富的育人内涵。大学生在参与马拉松的过程中，可以体会到克服困难与挑战自我的艰辛和快乐，在奔跑中尽享激情与活力，树立积极向上的人生观。

学习目标

　　1. 熟悉马拉松赛事中的名人轶事，了解马拉松的起源和发展。
　　2. 掌握马拉松对体能、装备、配速，以及预防运动损伤等方面的要求。
　　3. 学会制订合理的训练计划。

一、中国体育故事

（一）董国建——从大山里跑出来的运动员

　　17 岁之前，董国建还只是一位生活在云南省昆明市禄劝彝族苗族自治县大山里的少年。那时的他对跑步比赛并不了解，也没有接受过任何相关训练。直到 2004 年，董国建入选云南省田径队后，张国伟教练发现了董国建在中长跑方面的巨大潜力。

　　在 2007 年全国田径锦标赛上，董国建首夺 5000 米跑决赛冠军。那一年，刚满 20 岁的董国建跟随张国伟教练训练仅 3 年。后来，董国建转战马拉松，由于张国伟教练注重训练董国建的速度耐力、耐乳酸能力及挖掘董国建自身的潜力，董国建表现出极佳的中长跑能力。在 2019 年柏林马拉松比赛中，董国建跑出 2 小时 8 分 28 秒的成绩，这是中国马拉松近 12 年来最好的成绩。在不久之后的广州马拉松比赛中，董国建跑出了 2 小时 8 分 59 秒的成绩。

　　在 2020 年东京奥运会上，董国建成为第一个三度出征奥运会马拉松比赛项目的中国人。

（二）李芷萱——颜值与实力并存

　　李芷萱，1994 年出生于内蒙古自治区，现役中国女子马拉松运动员。2019 年，在名古屋女子马拉松比赛中，她以 2 小时 26 分 15 秒的成绩跑完全程，这是近年来中国女子马拉松运动员较为优异的成绩。2020 年 11 月，在上海马拉松比赛中，她以 2 小时 26 分 39 秒的成绩实现了上海马拉松比赛"三连冠"，也创造了 2020 年国内女子马拉松比赛的最好成绩；同年 12 月，在厦门海沧半程马拉松比赛中，她以 1 小时 12 分 16 秒的成绩夺得女子组冠军，刷新了个人半程马拉松比赛的最好成绩。

二、带你了解马拉松

（一）马拉松的起源和发展

马拉松的发展概况如图 9-3-1 所示。

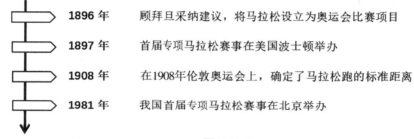

1896 年	顾拜旦采纳建议，将马拉松设立为奥运会比赛项目
1897 年	首届专项马拉松赛事在美国波士顿举办
1908 年	在1908年伦敦奥运会上，确定了马拉松跑的标准距离
1981 年	我国首届专项马拉松赛事在北京举办

图 9-3-1

（二）马拉松的特点与锻炼价值

1. 马拉松的特点

马拉松运动场地开放，没有太多限制，多选择城市道路。这对参赛者来说，每一段路都能领略不同的风景。

在马拉松的赛道上，无论是专业运动员还是业余爱好者都可以一起比赛。

在马拉松运动中，跑速和呼吸频率都由跑者自己掌握。每一名跑者都可以在跑动中调整自我，不断提高耐力和速度，达到自己理想的运动状态。

马拉松的特点如图 9-3-2 所示。

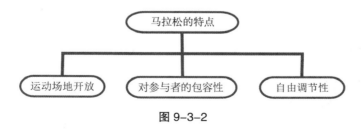

图 9-3-2

2. 马拉松的锻炼价值

人们经常参加马拉松，可以提高肌腱、韧带和关节的抗损伤能力，同时，皮肤会变得紧致，肌肉也会变得更加结实。另外，跑步可以促进白细胞和致热原的生成，它们能够有效消除人体内的一些病毒和细菌。不仅如此，经常参加马拉松，跑者的生长激素分泌增多，可以延缓衰老。在耐力训练中，跑者的意志力也会得到巨大提升。

马拉松的锻炼价值如图 9-3-3 所示。

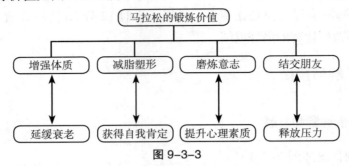

图 9-3-3

三、带你了解马拉松的装备与开展场地

（一）跑鞋

合适的跑鞋应防滑、减震、护踝、透气和轻便。（图 9-3-4）

（二）跑步服装

跑步服装应吸汗、透气、贴身、保暖（适用于低温时），款式可以根据季节和个人喜好搭配。（图 9-3-5）

图 9-3-4　　　　　　　　图 9-3-5

（三）运动袜

适合马拉松的运动袜应柔软、吸汗、厚实。（图 9-3-6）

（四）运动文胸

运动文胸是女性开展高冲击运动的必备选择。合适的运动文胸应具有良好的支撑和减震性能，且应速干、透气。（图 9-3-7）

图 9-3-6　　　　　　　　图 9-3-7

（五）马拉松赛道

不同马拉松比赛的赛道类型、赛道规划不尽相同。马拉松赛道可分为点到点赛道、往返赛道、单圈环形赛道和多圈环形赛道。马拉松赛道主要由起点区域、比赛区域、终点区域组成。其中，起点区域和终点区域人流量较大，因此往往需要较大的空间。

马拉松赛道的配套设施包含更衣点、补给饮水站、卫生间、医疗服务点、检录和热身区、兴奋剂检测区、摄影区和颁奖区。

（六）校园马拉松运动场地

公园、学校操场及校内主次干道都是大学生进行马拉松运动的理想场地。长沙理工大学校园马拉松运动场地如图 9-3-8 所示。

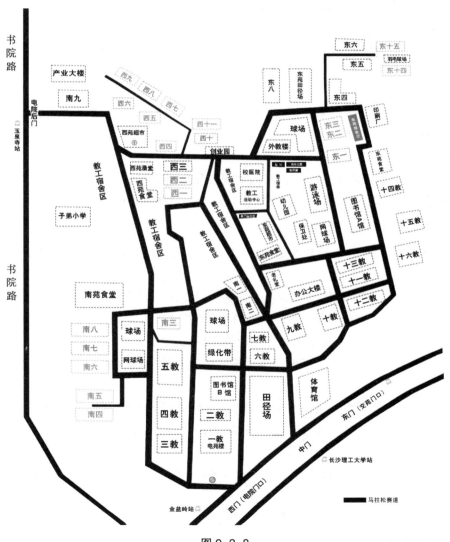

图 9-3-8

四、跟我学马拉松技术

（一）体能提升

1.了解供能系统

在运动过程中，人体的新陈代谢会加速，人体需要消耗更多的能量。人体的能量是通过身体内的碳水化合物、蛋白质和脂肪分解产生的。

马拉松供能系统如图 9-3-9 所示。

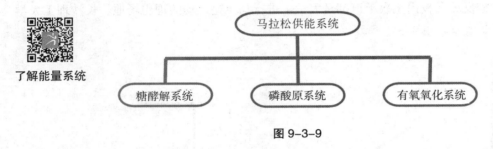

了解能量系统

图 9-3-9

跑者在马拉松运动中会大量消耗肌肉中的氨基酸和肌糖原。随着运动时间的延长，肌糖原会越来越少，其所供给的能量也会逐渐减少。此时人体为了获取更多能量，开始消耗脂肪和蛋白质。

马拉松运动员的身体素质较好，其机体能充分利用空气中的氧气来增加脂肪的供能，减少对碳水化合物的消耗。这样可以为马拉松运动员冲刺储备足够的能量。

2.掌握马拉松的体能训练方法

（1）力量训练：由最大重复次数、周期练习的频数与总数、连续训练状态、组间间隔时间的调控四个基本单元组成。

（2）速度训练：主要包括速度变化率训练、最高速率训练和无氧代谢供能训练。

（3）耐力训练：主要包括持续训练法、间歇负荷法、重复训练法、高原训练法。

（4）综合体能训练：主要采用汉森马拉松训练法。

汉森马拉松训练法共包括五种训练手段，即轻松跑、速度跑、力量跑、节奏跑和长距离跑。

① 轻松跑：主要训练目的是提升跑者机体的脂肪氧化能力。在跑步过程中，跑者机体的脂肪氧化能力越高，机体对脂肪的消耗就越多，对碳水化合物的消耗就会越少，从而推迟马拉松比赛时机体极限状态的出现。

轻松跑的配速比马拉松标准配速每千米慢 50～74 秒，持续跑 120～150 分钟，每周训练 3 次。

② 速度跑：主要训练目的是提升跑者的跑步效率。

速度跑要求跑者在 80%～95% 最大摄氧量下进行 2～8 分钟的训练，间歇时间为训练时间的 50% ～ 100%。也就是说，跑 4 分钟，间歇时间为 2 ～ 4 分钟，单次训练距离不应超过 5 千米。

汉森马拉松训练法速度跑训练是需要逐渐进阶的，如 400 米、600 米、800 米、1600 米等。

③ 力量跑：主要训练目的是提升跑者机体对乳酸的代谢能力和耐受能力，提高机体对氧气的利用能力等。这样可以推迟疲劳的出现，使跑者在较快配速下坚持更长时间。

力量跑的配速比马拉松标准配速每千米快 6 秒，间歇时间不超过训练时间的 50%，每组跑 1.6 ～ 5 千米，单次训练距离不超过 10 千米。

汉森马拉松训练法力量跑训练通常采取 1.6 千米、2.5 千米、3.2 千米、5 千米的训练。其中，对于 1.6 千米的训练，跑者宜进行 400 米慢跑的间歇休息；对于超过 1.6 千米的训练，跑者宜进行 800 米慢跑的间歇休息。

④ 节奏跑：以马拉松的标准配速进行训练。

节奏跑其实是由实战演变而来的。它模拟比赛配速，让跑者在比赛日能够充分发挥自己的运动水平。

汉森马拉松训练法节奏跑的最长距离为 16 千米。初级跑者从 8 千米开始，逐渐进阶至 12.8 千米、14.4 千米、16 千米；高级跑者从 9.6 千米开始，逐渐进阶至 11.2 千米、12.8 千米、14.4 千米、16 千米。

⑤ 长距离跑：主要模拟马拉松后半程的训练，即在身体疲劳的状态下完成 26 千米跑程。

汉森马拉松训练法长距离跑的跑程为周跑量的 25% ～ 30%，训练时间为 2 ～ 3 小时。

跑者最好在星期四进行节奏跑或力量跑，星期五、星期六连续进行轻松跑，将长距离跑安排在星期日。这样跑者在长距离跑前一直进行连续训练，形成疲劳累积，使长距离跑在身体处于一定疲劳状态的情况下开展，以有效地模拟马拉松后半程的机体状态。

3. 准备活动和整理活动

准备活动和整理活动都是有助于运动训练的，其作用见表 9-3-1。

表 9-3-1 准备活动和整理活动的作用

准备活动的作用	整理活动的作用
调动相关肌群	缓解机体紧张
加大关节活动范围	减少乳酸堆积，消除疲劳
增强心肺功能	恢复肌纤维的弹性
加速机体进入运动状态	放松身心

（二）营养补给

营养是保证机体正常代谢的物质基础。它不仅影响跑者各器官、系统的机能状态，还影响跑者的体能水平。

膳食营养素包括七大类：碳水化合物、脂类、蛋白质、维生素、无机盐、水和膳食纤维。这些营养素在体内的功能可概括为三个方面：一是作为能源物质，供给人体所需的能量；二是作为细胞组织的基本物质，构成和修补机体组织；三是作为调节物质，维持人体正常的生理功能。

跑者在跑步、合成机体功能物质和保持体温的过程中都需要补充充足的营养素来保证营养补给。

（三）马拉松基本技术

（1）正确的跑姿既可以使跑者有效避免运动损伤，又可以使跑者在省力的同时提高配速。正确的跑姿如图 9-3-10 所示。

图 9-3-10

（2）跑步技术要领。

头和肩：头和肩保持稳定。头要正对前方，除非道路不平，否则不要前探。眼睛注视前方。肩部适当放松，避免含胸。

臂和手：摆臂是以肩为轴的前后动作，左右幅度不超过身体中线。手指、手腕与手臂应该是放松的，肘关节弯曲角度约为 90°。

躯干和髋：躯干不要前倾或后仰，不要左右摇晃，也不要起伏太大。腿前摆时，积极送髋。要注意髋部的转动和放松。

腰：腰部保持自然直立，不宜过于挺直。肌肉稍紧张，维持躯干姿势，同时注意缓冲脚着地时的地面冲击力。

大腿：大腿用力前摆，而不是上抬。腿的任何侧向动作都是多余的，且容易造成膝关节受伤，因此大腿的前摆要正。

脚掌：落地时，脚掌中部着地，把地面的冲击力分散到脚掌，然后迅速滚动脚掌。

（四）运动损伤的预防

跑者有计划地进行马拉松训练，可以长时间让身体享受马拉松运动，同时可以避免常见的训练错误和运动伤痛。

身体需要时间来适应跑量、强度及其变化。肌肉和关节有充足的时间恢复，才能满足更多的训练要求。跑得过多、过早、过快是跑者在跑步中产生运动损伤的主要原因。逐渐增加跑量、减小步幅可有效预防马拉松运动损伤。

运动装备、运动场地的选择与准备活动和整理活动同样重要，合适的运动装备、平坦的跑道、有效的准备活动和整理活动能够为增加跑量和避免运动损伤提供有效的保障。

另外，跑者要根据自己的身体情况，选择适合自己的训练方式和比赛。这是避免运动损伤的有效手段。

预防运动损伤的方法如图 9-3-11 所示。

图 9-3-11

（五）马拉松训练强度等级

马拉松训练强度等级见表 9-3-2。

表 9-3-2 马拉松训练强度等级

强度等级	心率	目的	自感	适用对象
最高强度	最大心率的 90%～100%	最大限度提高速度	感到非常疲劳，呼吸急促	富有经验的跑者及专业跑者
高强度	最大心率的 80%～89%	提高运动成绩	感到一定程度的疲劳，呼吸急促	全年进行不同长度训练的跑者
中等强度	最大心率的 70%～79%	增强体质	呼吸稳定、快速	准备比赛或期望提高运动成绩的跑者
低强度	最大心率的 60%～69%	减脂	舒适，轻松，肌肉与心血管负荷低	有塑形需求的跑者
最低强度	最大心率的 50%～59%	休闲放松	非常放松，感觉不到疲劳	做放松运动的跑者

（六）马拉松配速

合理的速度和节奏是保证马拉松跑者顺利跑完全程的关键。常见的马拉松配速有先快后慢、先慢后快和匀速跑。马拉松配速以相对匀速地跑完全程为宜。（表 9-3-3）

表 9-3-3　马拉松配速

5公里成绩	5公里配速	半马成绩	半马配速	全马成绩	全马配速
30：40	6：08	2：21：04	6：41	4：49：17	6：52
28：21	5：40	2：10：27	6：11	4：28：22	6：22
26：22	5：16	2：01：19	5：45	4：10：19	5：56
23：38	4：44	1：48：40	5：09	3：45：09	5：20
21：50	4：22	1：40：20	4：46	3：28：26	4：56
20：18	4：04	1：33：12	4：25	3：14：06	4：36
18：58	3：47	1：27：04	4：08	3：01：39	4：19

五、带你了解马拉松赛事与竞赛规则

（一）大型马拉松赛事

国际著名马拉松赛事包括波士顿马拉松赛、鹿特丹马拉松赛、巴黎马拉松赛、伦敦马拉松赛、斯德哥尔摩马拉松赛、柏林马拉松赛、阿姆斯特丹马拉松赛、芝加哥马拉松赛、纽约马拉松赛、火奴鲁鲁马拉松赛等。

国内著名马拉松赛事见表 9-3-4。

表 9-3-4　国内著名马拉松赛事

赛事名称	比赛项目举例
北京马拉松赛	马拉松
上海马拉松赛	马拉松、健康跑
无锡马拉松赛	全程马拉松、半程马拉松、迷你马拉松
武汉马拉松赛	全程马拉松、半程马拉松、13 公里健康跑
厦门马拉松赛	马拉松
杭州马拉松赛	全程马拉松、半程马拉松、健康跑、情侣跑、家庭跑
重庆马拉松赛	全程马拉松、迷你马拉松、亲子跑

（二）校园马拉松赛事

校园马拉松赛事见表 9-3-5。

表 9-3-5　校园马拉松赛事

赛事名称	比赛项目
2021 清华大学校园马拉松	半程马拉松、10 公里跑
2018 年中国大学生马拉松联赛北京大学站	迷你马拉松
2021 建发厦门马拉松赛厦门大学 100 周年校庆专项赛	专项赛
2018 年中国大学生马拉松联赛华南理工大学站	环湖跑
2021 江苏省大学生马拉松联赛暨东南大学第六届校庆马拉松	畅快跑
2020 上海交通大学校园马拉松	竞速跑、欢乐跑
2020 浙江大学校园国际马拉松	半程马拉松、迷你马拉松、公路跑
2020 苏州大学校园马拉松	半程赛、10 公里赛、乐跑苏大、形影相随
2019 中国大学生马拉松联赛中南大学站	专业跑、学院跑、大众跑

（三）竞赛规则

1. 赛事报名

马拉松赛事报名流程如图 9-3-12 所示。

图 9-3-12

2. 赛事规程

不同马拉松赛事的赛事规程大体一致，具体可参见相关马拉松赛事的官方网站，这里不详细介绍。

3. 马拉松参赛包及包里的基本物品

马拉松参赛包及包里的基本物品如图 9-3-13 所示。

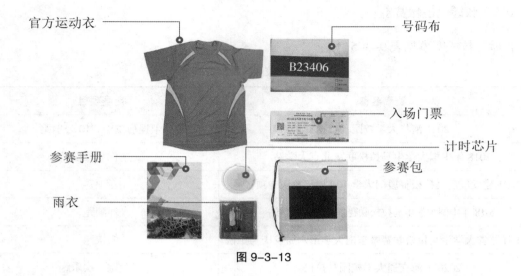

官方运动衣

号码布

B23406

入场门票

计时芯片

参赛手册

参赛包

雨衣

图 9-3-13

思 辨 与 探 究

1. 马拉松是一项风靡全球的运动，谈一谈这项运动的魅力。

2. 简述马拉松的跑步技术要领。

模块十
民族传统类运动

主题导言

健身气功是以形体活动、呼吸吐纳、心理调节相结合为主要运动形式的民族传统体育项目，是弘扬和传承中华优秀传统文化的重要载体。八段锦是我国传统导引术的代表之一，其健身效果显著，安全易行，是中华传统养生文化中的瑰宝。练习八段锦对提高大学生的综合素质、促使大学生树立终身体育意识具有十分重要的意义。

学习目标

1. 掌握八段锦的基本动作，能够独立完成整套动作。

2. 通过练习八段锦，达到调气血、调脏腑的目的，并培养平和的心态。

一、中国体育故事

（一）"邓老八段锦"

八段锦是流传较广、对导引术发展影响较大的一种古老的健身养身功法。国医大师邓铁涛一生酷爱八段锦，自青年时代便每天坚持练习，并结合自身多年练习八段锦的经验，对传统的八段锦动作进行了改良，使其成为现时很受群众欢迎、简单易学的"邓老八段锦"。"邓老八段锦"动作简单、老少皆宜，具有益气活血、行气通络、强身健体的功效。邓铁涛提倡养生保健治未病，他的养生之道是留给世人珍贵的健康财富。他认为，养生的第一要诀便是"养心"。他还特别强调要注重精神层面的养生，注意平时的饮食起居，并坚持运动。八段锦是中华优秀传统文化的代表，是邓铁涛一生的热爱。邓铁涛一生致力于中华优秀传统文化的传承，致力于中医学和中国传统养生文化的发扬光大，以自己的实际行动践行着一个医学工作者的使命和责任。

（二）八段锦走红大学体育课堂

在舒缓的音乐声中，吴雪霜老师站在手机摄像头前，给屏幕另一端的学生传授八段锦。这是浙江工商大学的一堂网络体育课。在视频里，吴老师从传统功法课程的礼仪入手，带领大家一起学习八段锦。八段锦是一套历史悠久的健身养生术，动作简单、易学，适合不同人群锻炼。吴老师说："临近期末，学生和老师的精神压力都比较大，因此我想通过带领大家一起学习八段锦来帮助学生缓解压力，传递健康生活理念。"上课之余，吴老师经常和学生交流，分享八段锦的练习心得。她希望将八段锦课程打造成一门精品课程，为师生提供健身养生方法，也希望把传统健身项目发扬光大。

二、跟我学八段锦技术

（一）基本手型

1.自然掌
五指自然伸直，稍分开，掌心微含。（图 10-1-1）

图 10-1-1

2.八字掌
拇指与食指竖直分开成八字状，其余三指屈收，指间见缝，大小鱼际稍向内收，掌心微含。（图 10-1-2）

图 10-1-2

3.龙爪

五指并拢，拇指第一指节和其余四指的第一、第二指节屈收扣紧，掌心张开。（图10-1-3）

图10-1-3

4.握固

拇指抵扣无名指内侧，其余四指屈拢，收于掌心。（图10-1-4）

图10-1-4

（二）基本步型

1.并步

两脚并拢，身体直立，两臂垂于体侧，头正颈直，目视前方。（图10-1-5）

图10-1-5

2.开步

两脚左右开立，两脚间距约与肩同宽，脚尖向前，头正颈直，目视前方。（图10-1-6）

图10-1-6

3.横裆步

两脚左右开立，一腿屈膝半蹲，另一腿伸直，两脚全脚掌踏实地面，上体正直，松腰敛臀。（图10-1-7）

图10-1-7

4.马步

两脚左右开立，两脚间距约为本人脚长的3倍，脚尖略外展，两腿屈膝半蹲，膝关节在地面上的投影点不超过脚尖，上体正直，目视前方。（10-1-8）

10-1-8

三、八段锦动作说明

八段锦完整
演练

（一）预备式

预备式动作如图10-1-9所示。

八段锦分解
演练

10-1-9

（二）第一式：两手托天理三焦

两手托天理三焦动作如图 10-1-10 所示。

图 10-1-10

【功理说明】

三焦是中医学术语，包括上焦、中焦和下焦，横膈膜以上部位为上焦，横膈膜以下、肚脐以上部位为中焦，肚脐以下部位为下焦。三焦为六腑之一。"两手托天理三焦"这个动作有助于提高五脏六腑的机能，可以强心益肺、理气健脾、舒肝利胆、润肠化结。

（三）第二式：左右开弓似射雕

左右开弓似射雕动作如图 10-1-11 所示。

图 10-1-11

【功理说明】

八字掌侧推有助于畅通肺经和大肠经，起到益气养肺、润肠化结的作用；蹲马步有滋养肾阴、温补肾阳、改善肝胆功能的作用。

（四）第三式：调理脾胃须单举

调理脾胃须单举动作如图 10-1-12 所示。

图 10-1-12

【功理说明】

两手的上撑、下按可充分牵拉腹腔，刺激脾胃经络，起到疏肝和胃、促进消化的作用。

（五）第四式：五劳七伤往后瞧

五劳七伤往后瞧动作如图 10-1-13 所示。

图 10-1-13

【功理说明】

"五劳"是指人的肝劳、心劳、脾劳、肺劳、肾劳；"七伤"是指人的喜、怒、忧、思、悲、恐、惊七种精神情志活动的损伤。"往后瞧"动作可疏通经络，强化脏腑功能，促进气血循环，有助于练习者保持健康的身心状态。

（六）第五式：摇头摆尾去心火

摇头摆尾去心火动作如图 10-1-14 所示。

图 10-1-14

【功理说明】

摇头可刺激大椎穴，摆动尾闾可刺激脊柱和命门穴，滋养人体各脏腑器官，进而达到"去心火"的目的。

（七）第六式：两手攀足固肾腰

两手攀足固肾腰动作如图 10-1-15 所示。

图 10-1-15

【功理说明】

上体前屈、回正，两手攀足、上举，可使身体得到充分拉伸，疏通经脉，调理人体气血，强身健体。

（八）第七式：攒拳怒目增气力

攒拳怒目增气力动作如图 10-1-16 所示。

图 10-1-16

【功理说明】

马步冲拳、怒目瞪眼均可刺激肝经系统，使肝血充盈，肝气疏泄，强健筋骨，对长期静坐、气血瘀滞者尤为适宜。

（九）第八式：背后七颠百病消

背后七颠百病消动作如图 10-1-17 所示。

正面　　　侧面

图 10-1-17

【功理说明】

提踵、震足、颠背可疏通经脉、调和气血，从而有助于预防疾病。

（十）收势

收势动作如图 10-1-18 所示。

图 10-1-18

思辨与探究

1. 八段锦基本手型有哪些?

2. 八段锦基本步型有哪些?

主题二　太极拳

主题导言

太极拳是人类非物质文化遗产，是基于"身心合一"的中国传统哲学思想和养生观念，以中正圆活为运动特征的传统体育运动。太极拳注重内外兼修，以八法五步为核心动作，以套路、功法、推手为运动形式。练习者通过对动静、快慢、虚实的把控，达到修身养性、强身健体的目的。24式简化太极拳于1956年由国家体育运动委员会（现国家体育总局）组织有关太极拳专家创编而成。它是在杨式太极拳的基础上，经反复修订而创编的一套简化太极拳套路。其套路动作舒展大方，在高校中得到广泛普及。

学习目标

1. 掌握太极拳技术。
2. 熟练掌握24式简化太极拳套路。

一、中国体育故事

（一）民族传统体育瑰宝"太极拳"申遗成功

2020年12月17日，联合国教科文组织保护非物质文化遗产政府间委员会通过决议，将中国申报的"太极拳"列入联合国教科文组织人类非物质文化遗产代表作名录。太极拳自诞生以来，世代传承，练习者遍布世界各地。通过练习太极拳，人们在修身养性、强身健体的同时，也传承着中华优秀传统文化。"学拳明理"，太极拳所蕴含的"身心合一"的中国传统哲学思想和养生观念，丰富着人们对自然和人体运行规律的认知；其松柔圆活与立身中正的基本要求、尊师重道与内外兼修的价值观念，潜移默化地涵养着人们平和、包容、友善的心性。太极拳在增强人们健康意识、促进人们身心健康、推动人与人和谐共处、增强社会凝聚力等方面发挥着重要的作用。

（二）央视春晚太极拳节目《行云流水》别开生面

2022年1月31日晚，景观太极节目《行云流水》亮相央视春晚。三位青年太极拳演员身着白衣站在中国三座现代化城市（上海、重庆、广州）的"云端高楼"，表演了一段别开生面的景观太极节目，给观众带来了巨大的视听震撼。太极图式蕴含着和谐共生、相互转化、协同创造的丰富内容。和谐共生在人类现代文明中可以说是无处不在，包括人与自然的和谐共生、现代文化与传统文化的和谐共生、现代美学与传统美学的和谐共生等。

二、跟我学太极拳技术

（一）手型

1.拳

四指并拢，卷握于掌心，拇指压于食指、中指的第二指节上。拳面要平，握拳的力量要适中，不可过大或过小。（图 10-2-1）

2.掌

五指分开，自然舒展，掌心微含，虎口成弧形。手指不可僵直，也不可松软弯曲。（图 10-2-2）

3.勾

五指指端自然捏拢，腕关节自然弯曲，勾尖向下。（图 10-2-3）

图 10-2-1　　　　图 10-2-2　　　　图 10-2-3

（二）手法

1.掤

掤出臂前臂由下向前、向上掤架，横于胸前，掌心向内，高不过肩，肘关节微低于手，掤出臂保持弧形。着力点在掤出臂前臂外侧。（图 10-2-4）

2.捋

两掌斜相对，随转腰和身体重心后移由前向下、向斜后方画弧捋带，两手走弧线，不可直拽强拉。着力点在两掌。（图 10-2-5）

3.挤

后手附于前手腕关节内侧，两臂由屈到伸、由后向前挤出，高不过肩，两臂撑圆。着力点在两臂前臂外侧。（图 10-2-6）

4.按

两掌由前向下、向后引带，再经腹前向前上方弧形推按，掌心向前，指尖向上。着力点在两掌掌根。（图 10-2-7）

图 10-2-4　　　　　图 10-2-5　　　　　图 10-2-6　　　　　图 10-2-7

（三）步型

1. 弓步

前腿屈膝前弓，脚尖向前，膝关节与脚尖上下相对；后腿自然蹬直，脚尖指向斜前方；两脚全脚掌着地，横向距离保持在 10～30 厘米，不要踩在一条直线上或左右交叉。（图 10-2-8）

2. 虚步

后腿屈膝半蹲，臀部与后脚脚跟上下相对，后脚全脚掌着地，脚尖指向斜前方；前腿微屈膝，前脚掌或脚跟着地。身体重心落在后腿上，前虚后实。（图 10-2-9）

3. 仆步

一腿屈膝全蹲，脚尖稍向外展，膝关节与脚尖方向一致；另一腿向体侧伸直仆平，脚尖内扣。两脚全脚掌着地。（图 10-2-10）

图 10-2-8　　　　　　　图 10-2-9　　　　　　　图 10-2-10

三、24 式简化太极拳动作说明

（一）预备式

【动作要点】心静、体松，精神集中，呼吸自然；虚领顶劲，中正安舒。（图 10-2-11）

（二）第一式：起势

【动作要点】左脚开步时，要缓慢、柔和，脚跟先提起。开步后，脚尖先着地，随着身体重心的移动，慢慢过渡到全脚掌着地。两手下按时，要沉肩坠肘。（图 10-2-12）

起势

（三）第二式：左右野马分鬃

【动作要点】后坐翘脚时，上体不可前俯后仰。丁步抱球时，两臂撑圆。转体时，要以腰为轴。上步时，迈步如猫行。成弓步时，前腿膝关节在地面上的投影点不超过脚尖。两脚的横向距离保持在 10～30 厘米。两臂保持弧形。（图 10-2-13）

左右
野马分鬃

图 10-2-11　　　图 10-2-12　　　　　图 10-2-13

白鹤亮翅

（四）第三式：白鹤亮翅

【动作要点】定势时，胸部不要前挺，两臂要保持弧形，以腰带动臂转动。（图 10-2-14）

左右
搂膝拗步

（五）第四式：左右搂膝拗步

【动作要点】上步落地要轻，脚跟先着地。推掌时，要沉肩坠肘，坐腕舒指，与弓步上下协调。（图 10-2-15）

手挥琵琶

（六）第五式：手挥琵琶

【动作要点】身体要平稳、自然，胸部要放松，沉肩坠肘，左脚下落、左手立掌沉腕、上体微向左转的动作要协调，身体重心要平稳。（图 10-2-16）

图 10-2-14　　　　图 10-2-15　　　　图 10-2-16

左右倒卷肱

（七）第六式：左右倒卷肱

【动作要点】向前推掌时，手臂不要伸直。后撤时，手臂要随转体弧形后摆。（图 10-2-17）

（八）第七式：左揽雀尾

【动作要点】两手掤出时，两臂均保持弧形。两手下捋时，身体重心随转腰后移。两手向前挤时，上体要正直。挤的动作与弓腿动作要协调。（图 10-2-18）

左揽雀尾

图 10-2-17

图 10-2-18

（九）第八式：右揽雀尾

【动作要点】：同左揽雀尾，只是方向相反。（图 10-2-19）

右揽雀尾、
单鞭

（十）第九式：单鞭

【动作要点】上体要保持正直。左手向外翻掌前推时，要随转体边翻边推出，坐腕舒指；左肘与左膝上下相对。（图 10-2-20）

图 10-2-19

图 10-2-20

（十一）第十式：云手

【动作要点】身体转动时，要以腰为轴，沿身体纵轴旋转，并带动两臂摆动。两臂要保持弧形，肘关节稍下沉，身体重心要平稳，不可忽高忽低。移动时，脚尖先着地，再全脚掌踏实。（图 10-2-21）

图 10-2-21

（十二）第十一式：单鞭

【动作要点】同第九式。（图10-2-22）

（十三）第十二式：高探马

【动作要点】跟步移动身体重心时，身体不要有较大起伏。左脚上步与右手前推要协调。（图10-2-23）

云手、
单鞭、高探马

图10-2-22　　　　　图10-2-23

（十四）第十三式：右蹬脚

【动作要点】蹬脚时，力达脚跟，右脚脚尖回勾，右掌伸出的方向与右蹬脚的方向要一致。两手分开时，腕与肩齐平，支撑腿微屈膝，上体不可后仰。（图10-2-24）

（十五）第十四式：双峰贯耳

【动作要点】定势时，头颈正直，松腰，两拳松握，沉肩坠肘，两臂保持弧形。（图10-2-25）

右蹬脚、
双峰贯耳

10-2-24　　　　　图10-2-25

（十六）第十五式：转身左蹬脚

【动作要点】左蹬脚的方向与右蹬脚的方向相反，其他动作要点同右蹬脚。（图10-2-26）

（十七）第十六式：左下势独立

【动作要点】上体要正直，支撑腿微屈膝，提起脚的脚尖自然下垂。（图10-2-27）

图 10-2-26　　　　　　　　　　　　图 10-2-27

（十八）第十七式：右下势独立

【动作要点】同左下势独立，只是方向相反。（10-2-28）

转身左蹬脚、
左右下势
独立

图 10-2-28

（十九）第十八式：左右穿梭

【动作要点】定势时，身体分别面向右前方（右穿梭）和左前方（左穿梭）。手推出后，头部、上体保持中正。（图 10-2-29）

（二十）第十九式：海底针

【动作要点】右手插掌时，手腕稍向上提，上体稍前倾。（图 10-2-30）

（二十一）第二十式：闪通臂

【动作要点】定势时，上体不可过于侧倾。推掌、架臂时，两臂均保持弧形。（图 10-2-31）

左右穿梭、
海底针、
闪通臂

图 10-2-29　　　　　图 10-2-30　　　　图 10-2-31

（二十二）第二十一式：转身搬拦捶

【动作要点】搬拳与右脚落地应协调。拦出时，左手稍内扣下压，捶拳与弓步要同时完成。动作要连贯、协调。（图10-2-32）

（二十三）第二十二式：如封似闭

【动作要点】身体后坐时，上体不要后仰，臀部不要凸出。两手推出时，上体不要前倾。（图10-2-33）

图10-2-32　　　　　　　　图10-2-33

（二十四）第二十三式：十字手

【动作要点】两手分开合抱时，上体不要前倾。站起后，身体自然正直，头要微向上顶，下颌稍向后收。（图10-2-34）

（二十五）第二十四式：收势

【动作要点】两手左右分开下落时，全身放松，同时气息徐徐下沉，呼气。（图10-2-35）

转身搬拦捶、如封似闭、十字手、收势

图10-2-34

图10-2-35

思辨与探究

1. 太极拳手型有哪些？
2. 太极拳步型有哪些？
3. 请谈谈练习24式简化太极拳的体会。

主题三　初级长拳

主题导言

　　初级长拳（第三路）是武术长拳类中的基础套路之一，共分为四段，深受广大人民群众的喜爱。本主题介绍了初级长拳的技术，融入了基础套路教学，以使大学生了解初级长拳技术，并掌握初级长拳基础技法，引领大学生感受初级长拳的独特魅力。

学习目标

　　1. 了解初级长拳技术。

　　2. 掌握初级长拳（第三路）的动作要点，能独立演练全套动作。

　　3. 通过学习初级长拳，培养吃苦耐劳、坚韧不拔的意志品质。

一、中国体育故事

（一）立奋斗之碑，做有志青年——阚文聪

　　阚文聪是一名武术运动员。2000 年，阚文聪刚 8 岁，因体质较弱，在父亲督促下，她跟随同村的一位老拳师学习武术。一开始，进行完压腿、拉筋等高强度训练后，阚文聪倍受疼痛的折磨，想放弃，但是阚文聪还是坚持下来了。2001 年，阚文聪加入市级武术队。从那时开始，阚文聪总是在别人还在休息的时候，一遍又一遍地练习，琢磨武术动作。除了掌握已有的招式外，她还尝试研发新套路，不断给自己加大难度。凭借着不服输的精神，阚文聪一举夺得 2004 年河北省武术锦标赛女子剑枪全能第二名，同年 10 月，她进入河北省武术队训练。进入省队的阚文聪进步迅速。2006 年，阚文聪从二队脱颖而出跻身一队。进入一队后的阚文聪立即在全国武术大赛中崭露头角。在 2014 年仁川亚运会的武术女子长拳决赛中，阚文聪以 9.75 分的成绩获得冠军；2017 年，在第 13 届全国运动会中，阚文聪获得武术套路女子长拳剑术枪术全能冠军。阚文聪用自己的辛苦和汗水证明了她对武术的喜爱，正是凭着对武术的喜爱，她在武术的路上走得越来越远、越来越坚定。

（二）力揽亚运首金、为中国武术创辉煌的孙培原

　　孙培原，1989 年出生于山东淄博，6 岁开始习武，长拳、刀术、棍术样样精通。在第 13 届全国运动会上，老将孙培原获得了男子长拳、刀术、棍术全能冠军。30 岁是很多武术运动员的退役年龄，但孙培原为了自己的武术梦，为了让中国武术走向国际，他克服了种种困难，坚持一天三练，终于参加了 2018 年雅加达亚运会武术比赛，并以稳定的技术动作、精湛的表现

技巧及全面的整体技术技压群雄，最终顺利夺冠，为中国体育代表团收获首枚金牌，这枚金牌也是该届亚运会的首金。值得一提的是，这也是中国体育代表团连续五届亚运会拿下首金。

二、跟我学初级长拳技术

（一）手型

（1）拳：四指并拢卷握，拇指压于食指、中指的第二指节上，拳面要平。（图10-3-1）

（2）掌：四指伸直并拢，拇指弯曲并紧扣于虎口处。（图10-3-2）

（3）勾：五指指端捏拢在一起，屈腕。（图10-3-3）

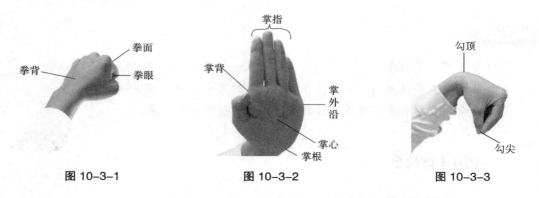

图 10-3-1　　　　　　图 10-3-2　　　　　　图 10-3-3

（二）手法

1. 冲拳

一手握拳，同侧手臂从腰间内旋向前快速击出，力达拳面。（图10-3-4）

2. 劈拳

一手握拳，同侧手臂自上向下快速劈击，手臂伸直，力达拳轮；抡劈时，手臂要画立圆。（图10-3-5）

3. 砸拳

一手握拳，同侧手臂上举，而后屈肘下砸，拳心向上，力达拳背。（图10-3-6）

4. 推掌

一手立掌，同侧手臂由腰间内旋向前或向侧推击，速度要快，手臂要直，力达掌外沿。（图10-3-7）

图 10-3-4　　　　图 10-3-5　　　　图 10-3-6　　　　图 10-3-7

5. 亮掌

手臂微屈，抖腕翻掌，举掌于头部上方。（图 10-3-8）

6. 穿掌

手臂由屈到伸，沿身体某一部位穿出，掌心向上，力达指尖。（图 10-3-9）

7. 盘肘

一手握拳，拳心向下，同侧手臂平举，前臂由外向内盘肘。（图 10-3-10）

8. 顶肘

一手握拳，拳心向下，同侧手臂屈肘，肘尖前顶或侧顶，力达肘尖。（图 10-3-11）

图 10-3-8　　　　图 10-3-9　　　　图 10-3-10　　　　图 10-3-11

（三）步型

1. 弓步

前脚脚尖微内扣，全脚掌着地；前腿屈膝半蹲，大腿约与地面平行，小腿约与地面垂直；后脚脚尖稍外展，全脚掌着地；后腿挺膝伸直。（图 10-3-12）

2. 马步

两脚左右开立，两脚间距约为脚长的 2.5 倍，脚尖外展；两腿屈膝半蹲，大腿约与地面平行。（图 10-3-13）

图 10-3-12　　　　　　　　图 10-3-13

3. 仆步

一腿屈膝全蹲，臀部接近小腿，全脚掌着地，膝关节与脚尖稍外展；另一腿向侧伸直仆平，接近地面，全脚掌着地，脚尖内扣。（图 10-3-14）

4. 虚步

后脚脚尖斜向前，后腿屈膝半蹲，大腿接近水平，全脚掌着地；前腿微屈膝，前脚脚背绷紧，脚尖虚点地面。（图 10-3-15）

图 10-3-14　　　　　　　　　　　　　　图 10-3-15

5. 歇步

两腿交叉屈膝全蹲，前脚全脚掌着地，脚尖外展；后脚脚跟离地，后腿小腿紧贴臀部。（图 10-3-16）

图 10-3-16

（四）腿法

1. 弹腿

支撑腿直立或稍屈；另一腿由屈到伸向前弹出，高不过腰，挺膝伸直，脚背绷平；小腿弹出快速、有力，力达脚尖。（图 10-3-17）

2. 侧踹腿

支撑腿直立或稍屈；另一腿由屈到伸，脚尖勾起内扣或外摆，用脚底猛力踹出；侧踹时，上体向支撑腿一侧倾斜（图 10-3-18）。高踹时，踹出脚高于腰部；低踹时，踹出脚与支撑腿膝关节齐平。

3. 单拍脚

支撑腿直立或稍屈；另一腿绷脚背向上踢摆；摆出腿同侧手在额前迎拍脚背，击拍要准确，声音要响亮。（图 10-3-19）

图 10-3-17　　　　　　图 10-3-18　　　图 10-3-19

三、初级长拳（第三路）动作说明

初级长拳
（第三路）
完整演练

（一）预备动作

1. 预备式

【动作要点】头正颈直，下颌微收，挺胸，收腹，沉腰。（图 10-3-20）

2. 虚步亮掌

初级长拳
（第三路）
分解演练

【动作要点】伸掌、收拳、成弓步这三个动作必须连贯，两手运行路线为弧形。成虚步时，身体重心落于右脚，右腿大腿约与地面平行，上体保持正直。（图 10-3-21）

3. 并步对拳

【动作要点】并步后，挺胸，沉腰。对拳、并步、摆头要同时完成。（图 10-3-22）

图 10-3-20　　图 10-3-21　　图 10-3-22

（二）第一段

1. 弓步冲拳

【动作要点】成弓步时，右腿充分蹬直，右脚脚跟不要离地。冲拳时，尽量转腰顺肩。（图 10-3-23）

2. 弹腿冲拳

【动作要点】弹腿与冲拳要协调，弹腿要有爆发力，力达脚尖。（图 10-3-24）

3. 马步冲拳

【动作要点】成马步时，两腿大腿约与地面水平，两脚脚跟外蹬，挺胸，沉腰，冲拳配合转体动作发力。（图 10-3-25）

4. 弓步冲拳

【动作要点】与本段的第一个弓步冲拳相同，只是左右相反。（图 10-3-26）

5. 弹腿冲拳

【动作要点】与本段的第一个弹腿冲拳相同，只是左右相反。（图 10-3-27）

6. 大跃步前穿

【动作要点】跳起后，在空中要挺身、背腿；跃步要远，落地要轻；落地后，立即做下一个动作。（图 10-3-28）

图 10-3-23　　　　图 10-3-24　　　　图 10-3-25　　　　图 10-3-26

图 10-3-27　　　　　　　图 10-3-28

7. 弓步击掌

【动作要点】右腿猛蹬地，右掌向前推出，左臂向后伸直，左手勾尖向上。（图 10-3-29）

8. 马步架掌

【动作要点】左手架掌于头部上方；亮掌时，抖腕与摆头要同时完成，动作要干净、利落。（图 10-3-30）

图 10-3-29　　　　　　　图 10-3-30

（三）第二段

1. 虚步栽拳

【动作要点】提膝转体，右脚蹬地，右腿屈膝提起，右手勾尖向后；右脚向右后方落地，下蹲成左虚步，左掌变拳下落至左膝上方，右勾手变拳，右臂屈肘架拳于头部右上方，动作要连贯完成。（图 10-3-31）

2. 提膝穿掌

【动作要点】右腿与右臂要充分伸直。（图10-3-32）

3. 仆步穿掌

【动作要点】仆步时，左腿充分伸直，左脚脚尖内扣，右腿全蹲，两脚全脚掌着地，挺胸，沉腰。（图10-3-33）

4. 虚步挑掌

【动作要点】上步要快，虚步要稳。（图10-3-34）

图10-3-31　　图10-3-32　　图10-3-33　　图10-3-34

5. 马步击掌

【动作要点】右手搂手时，右臂稍内旋，手腕伸直，手掌向下、向外转，接着右臂外旋，右手掌心经下向上翻转，同时右手抓握成拳。收拳与击掌要同时进行。（图10-3-35）

6. 插步双摆掌

【动作要点】两臂要画立圆，动作幅度要大，摆掌与后插步要协调配合。（图10-3-36）

7. 弓步击掌

【动作要点】退步与推掌协调；左手推掌发力前，左脚要踏实地面。（图10-3-37）

8. 转身踢腿马步盘肘

【动作要点】踢腿时，右腿要伸直用力向额前弹踢；两臂抡动时，要画立圆，动作要连贯。盘肘要快速、有力，右肩前顺。（图10-3-38）

图10-3-35　　　　图10-3-36　　　　图10-3-37　　　　图10-3-38

（四）第三段

1. 歇步抡砸拳

【动作要点】抡臂动作要连贯，两臂要画立圆。歇步时，两腿交叉全蹲，左腿大腿、小

腿靠紧，左腿小腿后侧贴于臀部，膝关节在右腿小腿外侧，左脚脚跟提起；右脚脚尖外展，全脚掌着地。（图 10-3-39）

2. 仆步亮掌

【动作要点】仆步时，左腿充分伸直，左脚脚尖内扣，右腿全蹲，两脚均全脚掌着地。（图 10-3-40）

3. 弓步劈拳

【动作要点】左右脚上步稍带弧形。（图 10-3-41）

4. 换跳步弓步冲拳

【动作要点】换跳步动作要连贯、协调。震脚时，腿要弯曲，全脚掌着地。（图 10-3-42）

图 10-3-39   图 10-3-40   图 10-3-41   图 10-3-42

5. 马步冲拳

【动作要点】右拳收至腰侧，左掌变拳向左冲出，拳眼向上。（图 10-3-43）

6. 弓步下冲拳

【动作要点】右腿蹬直成左弓步，左拳变掌架于头部左后上方，动作干练、有力。（图 10-3-44）

7. 插步亮掌侧踹腿

【动作要点】插步时，上体稍向右倾斜，腿、臂的动作要同时进行。侧踹高度不能低于腰，大腿内旋，力达脚跟。（图 10-3-45）

8. 虚步挑拳

【动作要点】挑拳发力与脚尖点地同时完成；成虚步时，右腿大腿约与地面水平。（图 10-3-46）

图 10-3-43   图 10-3-44   图 10-3-45   图 10-3-46

（五）第四段

1. 弓步顶肘

【动作要点】交换步时，不要跳得过高，但要快。两臂抡摆时要画立圆。（图10-3-47）

2. 转身左拍脚

【动作要点】右掌拍左脚时，手掌稍横，拍脚要准确，声音要响亮。（图10-3-48）

3. 右拍脚

【动作要点】接上一个动作时要连贯。（图10-3-49）

4. 腾空飞脚

【动作要点】蹬地时，身体要向上发力，不要太向前冲，左膝尽量上提。击响要在腾空时完成，右臂水平伸直。（图10-3-50）

图10-3-47　　　图10-3-48　　　图10-3-49　　　图10-3-50

5. 歇步下冲拳

【动作要点】左掌变拳收至腰侧，身体右转90°，两腿全蹲成歇步，右掌变拳收至腰侧，左拳由腰侧向左前下方冲出。（图10-3-51）

6. 仆步抡劈拳

【动作要点】两臂抡摆时要画立圆。（图10-3-52）

7. 提膝挑掌

【动作要点】两臂抡摆时要画立圆。（图10-3-53）

8. 提膝劈掌弓步冲拳

【动作要点】提膝劈掌，目视右掌；弓步冲拳，目视左拳；手臂动作与腿部动作要协调、连贯。（图10-3-54）

图 10-3-51　　　图 10-3-52　　　图 10-3-53　　　　图 10-3-54

（六）结束动作

1. 虚步亮掌

【动作要点】亮掌与转头要协调。（图 10-3-55）

2. 并步对拳

【动作要点】两掌变拳动作要连贯。头向左转，两眼看向左方。（图 10-3-56）

3. 还原

【动作要点】两拳变掌，两臂自然垂于体侧；头转向正前方，两眼平视前方。（图 10-3-57）

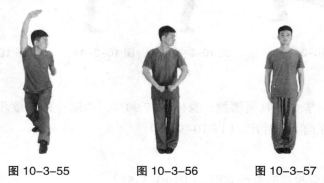

图 10-3-55　　　　图 10-3-56　　　　图 10-3-57

思辨与探究

1. 初级长拳的手型、手法有哪些？

2. 初级长拳（第三路）的特点与动作要点有哪些，练习初级长拳（第三路）有哪些基本要求？

主题四　初级剑术

主题导言

初级剑术是武术短器械套路。其内容丰富，结构合理，动作简单，易学、易练，适合各个年龄阶段的人练习。初级剑术全套动作除预备式和结束动作之外，共包括 32 个动作。大学生经常进行初级剑术套路练习，可以增强体质和攻防意识，提高机体协调性、灵敏性和柔韧性。大学生学习初级剑术，可以培养克服困难、顽强拼搏的精神，全面提高身体素质。

学习目标

1. 掌握初级剑术的基本技术动作，能够独自完成初级剑术全套动作。
2. 通过学习初级剑术，增强体质和民族文化自信心。

一、中国体育故事

（一）中国"女侠"推动武术走进大众

数九寒天，晨光熹微。"85 后"张含亮开始进行扩胸、压腿、拉伸等准备活动，她一天的习武练习就此开始。从 2021 年下半年开始，张含亮和团队制作的多条中华传统武术视频在互联网悄然走红，吸引了众多网友点赞、转发，不少网友称她为中国"女侠"。张含亮对武术的热爱，源自她三代习武家庭的熏陶。她在 13 岁时获得甘肃省女子剑术冠军，在 17 岁时获得全国性武术比赛的女子剑术冠军和女子枪术冠军。20 岁时，她在太极拳、剑术等各类比赛中又取得了多项骄人的成绩。近年来，张含亮还多次应邀前往多个国家，向外国友人传播武术。她希望通过自身努力，让更多人了解武术的魅力，把武术发扬光大。

（二）南拳、剑术、枪术"三料王"世界冠军——李菲

李菲于 1974 出生于广西，9 岁便开始习武，于 1984 年加入广西武术队。李菲 15 岁便在全国青少年武术锦标赛上崭露头角，相继夺得鹰爪拳、南拳、剑术等多项冠军。然而，正当李菲畅想在更大的国际比赛上一展拳脚时，命运却给她开了一个玩笑。1993 年，她因在训练中受伤，只得选择退役。同年，澳门武术总会向李菲抛出橄榄枝，于是她只身前往澳门，从此开启了自己不可预知的全新旅程。在澳门，结束了白天的工作后，她晚上还要兼顾武术训练，时常加练到深夜。也正是因为这样的付出，1994 年，在澳门国际武术邀请赛上，李菲一举取得 1 金 2 银的好成绩，成为澳门体育史上首位武术世界冠军获得者。1999 年，她在世

界武术锦标赛上获得 1 金 2 银。在几年如一日的坚持下，李菲实现了自己站上国际舞台上收获金牌的人生梦想。

二、跟我学初级剑术技术

（一）基本剑法

（1）刺剑：右手握剑，立剑或平剑向前直出为刺。力达剑尖，手臂与剑身约成一条直线。（图 10-4-1）

（2）劈剑：右手握剑，立剑，由上而下为劈。力达剑身，手臂与剑身约成一条直线。（图 10-4-2）

（3）撩剑：右手握剑，立剑，由下向前上方为撩。力达剑身前部。（图 10-4-3）

（4）挂剑：右手握剑，立剑，剑尖由前向上、向后或向下、向后为挂。力达剑身前部，剑身约与地面垂直。（图 10-4-4）

图 10-4-1   图 10-4-2   图 10-4-3   图 10-4-4

（5）点剑：右手握剑，立剑，提腕，使剑尖猛向前下为点。力达剑尖，手臂伸直。（图 10-4-5）

（6）抹剑：右手握剑，平剑，由左向右或由右向左为抹。力达剑刃。抹剑时，剑身约与地面平行，剑身运行的轨迹成圆弧形。（图 10-4-6）

（7）截剑：右手握剑，剑身斜向上或斜向下为截。力达剑身前部，手臂与剑身约成一条直线。（图 10-4-7）

（8）崩剑：右手握剑，立剑，沉腕，使剑尖猛向前上方为崩。力达剑身前端和剑尖，剑身约与地面垂直。（图 10-4-8）

图 10-4-5   图 10-4-6   图 10-4-7   图 10-4-8

（9）云剑：右手握剑，平剑，在头部前上方或头顶做平圆绕环为云。云剑时，以腕为轴。（图 10-4-9）

（10）剑指：无名指、小指向掌心弯曲，拇指以第一指节扣压于无名指与小指上，食指、中指并拢伸直。拇指一侧向上，指尖向前为立剑指（图10-4-10）；掌心向下，指尖向前为平剑指。

图10-4-9　　　　　　　　　　　图10-4-10

（二）全套动作

1. 预备式

（1）压把穿指。

【动作要点】持剑时，左臂与剑身要贴紧并垂直于地面。两肩松沉，微挺胸，收腹，两膝挺直。（图10-4-11）

初级剑术
完整演练

初级剑术
分解演练

（2）转身平指。

【动作要点】右手剑指向前指出时，右臂要伸直，剑指指尖稍高于肩。（图10-4-12）

（3）弓步分指。

【动作要点】成右弓步时，左腿要伸直，两脚全脚掌着地。上体稍前倾，挺胸，沉腰。右手剑指向右伸出，左肩放松。（图10-4-13）

（4）虚步接剑。

【动作要点】虚步必须虚实分明，上体稍前倾，两臂屈肘，右手准备接剑。（图10-4-14）

图10-4-11　　图10-4-12　　　　图10-4-13　　　　图10-4-14

2. 第一段

（1）弓步直刺。

【动作要点】成弓步时，左腿屈膝至大腿约与地面平行，两脚全脚掌着地。上体稍前倾，腰向左拧转。两肩松沉，剑尖稍高于肩。（图10-4-15）

（2）回身后劈。

【动作要点】上步、转身、平劈和剑指上举必须协调。转身后，腰要向右拧转，剑身与右臂约成一条直线。（图10-4-16）

（3）弓步平抹。

【动作要点】抹剑时，右手掌心向上，手腕用力须柔和。（图10-4-17）

（4）弓步左撩。

【动作要点】整个动作须连贯、协调。成弓步时，上体稍前倾，直背，敛臀，剑尖低于剑指。（图10-4-18）

图10-4-15　　　　　图10-4-16　　　　　图10-4-17　　　　　图10-4-18

（5）提膝平斩。

【动作要点】剑从左向后平绕时，上体稍后仰，使剑从脸部上方平绕而过，不可使剑从头顶绕行。提膝时，左腿必须挺膝伸直，右腿屈膝尽量上提。（图10-4-19）

（6）回身下刺。

【动作要点】右臂屈肘将剑收于体前，在右脚向左前方落步和上体右转的同时，将剑向右后方用力刺出，两臂与剑身约成一条直线。（图10-4-20）

（7）挂剑直刺。

【动作要点】挂剑、下插、直刺必须连贯，要与跨步、提膝、转身、弓步的动作协调。（图10-4-21）

（8）虚步架剑。

【动作要点】虚步必须虚实分明，右臂屈肘架剑于头部上方，左臂伸直，剑指约与肩平。（图10-4-22）

图10-4-19　　　　　图10-4-20　　　　　图10-4-21　　　　　图10-4-22

3. 第二段

（1）虚步平劈。

【动作要点】虚步必须虚实分明。劈剑时，剑身与右臂约成一条直线。（图10-4-23）

（2）弓步下劈。

【动作要点】劈剑时，右肩前顺，左肩后引。（图10-4-24）

（3）带剑前点。

【动作要点】向前点剑时，右臂前伸、屈腕，力达剑尖，右手手腕稍低于肩，剑尖低于右手。成丁步后，左脚脚尖点在右脚足弓处，两腿并拢。上体稍前倾，挺胸，沉腰。（图 10-4-25）

（4）提膝下截。

【动作要点】剑从右向左的画圆下截动作必须连贯，左膝高提，左脚脚背绷直，右腿膝关节挺直，右臂与剑身约成一条直线。（图 10-4-26）

图 10-4-23　　　　图 10-4-24　　　　图 10-4-25　　　　图 10-4-26

（5）提膝直刺。

【动作要点】抱剑与落步、直刺与提膝必须协调。（图 10-4-27）

（6）回身平崩。

【动作要点】收剑和平崩两个动作必须连贯。平崩时，力达剑的前端。（图 10-4-28）

（7）歇步下劈。

【动作要点】成歇步时，左脚全脚掌着地，右脚脚跟离地，臀部坐在右腿小腿上。劈剑与跃步成歇步动作同时完成。（图 10-4-29）

（8）提膝下点。

【动作要点】整个动作要连贯。右腿独立时，右腿膝关节挺直，左膝尽量上提。点剑时，右手手腕前屈，力达剑尖。（图 10-4-30）

图 10-4-27　　　　图 10-4-28　　　　图 10-4-29　　　　图 10-4-30

4. 第三段

（1）并步直刺。

【动作要点】两腿下蹲时，大腿约与地面平行，两膝、两脚均须靠紧并拢。上体稍前倾，背部挺直，剑尖约与肩平。（图 10-4-31）

（2）弓步上挑。

【动作要点】左臂伸直，左肩前顺，剑指约与肩平。右臂伸直上举，剑刃朝前。（图10-4-32）

（3）歇步下劈。

【动作要点】劈剑与跃步成歇步动作同时完成。（图10-4-33）

（4）右截腕。

【动作要点】剑刃向右上方翻转时，力点要明确。画弧幅度避免过大，剑尖稍高于剑柄，两肘微屈。（图10-4-34）

图10-4-31　　　　图10-4-32　　　　图10-4-33　　　　图10-4-34

（5）左截腕。

【动作要点】右臂外旋屈肘，右手掌心向上。（图10-4-35）

（6）跃步上挑。

【动作要点】跃步与上挑动作必须协调。挑剑时，腕部要猛然用力后伸。左腿小腿尽量向上抬起。（图10-4-36）

（7）仆步下压。

【动作要点】成仆步时，左腿全蹲，臀部紧靠左脚脚跟，两脚全脚掌着地。上体前探时要挺胸。两臂屈肘环抱于体前。（图10-4-37）

（8）提膝直刺。

【动作要点】右腿独立须挺膝站稳，左膝上提，左脚脚背绷直。上体稍右倾，右肩、右臂与剑身约成一条直线。（图10-4-38）

图10-4-35　　　　图10-4-36　　　　图10-4-37　　　　图10-4-38

5. 第四段

（1）弓步平斩。

【动作要点】向前劈剑和剑指绕环这两个动作必须协调、同时完成。两肩要放松。（图10-4-39）

（2）回身后撩。

【动作要点】右腿站立要稳，左脚脚背绷直，挺胸，两肩要放松。（图10-4-40）

（3）歇步上崩。

【动作要点】向前跃步、歇步和崩剑要连贯、协调。跃步要远，上崩时，右手手腕要猛然用力后伸，剑尖与眉平。（图10-4-41）

图 10-4-39　　　　　　图 10-4-40　　　　　　图 10-4-41

（4）弓步斜削。

【动作要点】斜削时，右臂稍低于肩，剑尖斜向右前上方，左臂在身后平举，剑指指尖略高于肩。（图10-4-42）

（5）进步左撩。

【动作要点】剑身的画弧动作必须连贯。撩剑后，身体重心落于右脚，剑尖略低于手腕。（图10-4-43）

（6）进步右撩。

【动作要点】剑身的画弧动作必须连贯。撩剑后，身体重心落于左脚，剑身约与地面平行。（图10-4-44）

图 10-4-42　　　　　　图 10-4-43　　　　　　图 10-4-44

（7）坐盘反撩。

【动作要点】坐盘与反撩剑动作必须协调进行。坐盘时，左腿盘坐在地面上，右腿盘落于左腿上。上体前倾时含胸，剑身与右臂约成一条直线。（图10-4-45）

（8）转身云剑。

【动作要点】转身和云剑动作必须连贯。云剑要平、要快。右手手腕放松，可使该动作灵活。（图10-4-46）

图 10-4-45　　　　　　图 10-4-46

6. 结束动作

（1）虚步亮指。

【动作要点】身体重心落于右脚，右腿屈膝略蹲，左脚脚尖虚点地面，上体微左转，右手掌心向上。（图10-4-47）

（2）并步收剑。

【动作要点】上体微前倾，挺胸，沉腰，两臂放于体侧，两肩松沉，剑身紧贴左臂并与地面垂直。（图10-4-48）

图 10-4-47　　　　　　图 10-4-48

思辨与探究

1. 基本剑法有哪些？简要说出其动作要点。

2. 初级剑术第一段包括哪些动作？

主题五 散 打

主题导言

　　散打是武术的重要组成部分，是两人在一定的规则下，运用踢、打、摔、拿等技术进行徒手对抗的格斗项目。大学生练习散打，不仅能够强身健体、防身自卫，培养坚忍顽强、勇于战胜困难的意志品质，还能够传承中华优秀传统文化，增强文化自信。

学习目标

　　1. 掌握散打的技术与动作要领，以及散打套路组合动作。

　　2. 通过练习散打，提高抗击打能力和自卫能力，增强心理素质和文化自信。

一、中国体育故事

（一）柳海龙的高光时刻

　　一提起散打，很多人会提起一个响亮的名字——柳海龙。柳海龙是第一个登上"散打王"宝座的中国人，是打败泰拳王的中国选手，是世界自由搏击 IKF（国际自由搏击联合会）金腰带获得者，也是中国武术文化和武术精神的传承者。在 2001 年中泰对抗赛上，柳海龙依靠扎实的拳腿进攻和贴身摔法把泰拳王多次摔出擂台，以明显优势大获全胜。全场中国观众都沸腾了，这是历史性的见证。柳海龙取得的这些成绩与他对散打的热爱、拼搏奋斗的精神，以及自律刻苦的训练是分不开的。努力拼搏是成功的基石，机会是留给有准备的人的。

（二）中国勇士——方便

　　方便出生于安徽省蚌埠市怀远县，是首位进入世界排名前十的中国搏击运动员。与其他男孩子一样，方便很爱动，也喜欢舞枪弄棒。一个偶然的机会，爸爸把他送去学散打，在爸爸的支持下，方便与散打结下不解之缘。刻苦训练为其取得优异的成绩奠定下了坚实的基础。2004—2008 年，方便连续 5 年获得全国散打锦标赛 80 公斤级亚军。2011 年，他开始职业赛生涯，取得一系列傲人成绩。这一系列成绩的背后是方便对信念的执着和对理想的追求，这也推动着他在散打场上奋勇拼搏、砥砺前行。

二、跟我学散打技术

（一）抱拳礼、实战姿势与基本步法

1.抱拳礼

左手五指并拢成掌，拇指微内扣，右手握拳，左手掌心贴于右拳拳面，两臂屈肘，架于胸前，与胸部相距约25厘米。（图10-5-1）

图 10-5-1

2.实战姿势

两脚前后开立，左脚在前，右脚在后，右手位于右侧下颌处防守，左拳位于体前，与肩同高（图10-5-2）。左脚在前、右脚在后为正架，右脚在前、左脚在后为反架。本主题以正架为例进行介绍。

图 10-5-2

基本步法

3.基本步法

基本步法包括以下几种。

（1）进步与退步。

（2）前疾步与后疾步。

（3）上步与撤步。

（4）换跳步。

（5）垫步。

（二）拳法

1.左冲拳

由实战姿势开始，左脚向前移步，脚尖内转，同时上体微右转并向前送左肩；左拳直线向前击打，力达拳面。击打完毕后，迅速恢复实战姿势。（图10-5-3）

左冲拳

图10-5-3

2.右冲拳

由实战姿势开始，左脚向前移步，右脚向前跟步并向内扣转，同时上体左转，转髋送肩，右拳内旋向前击打，力达拳面，左拳自然收回进行防守。击打完毕后，迅速恢复实战姿势。（图10-5-4）

右冲拳

图10-5-4

3.左掼拳

由实战姿势开始，上体微左转，左脚上步的同时脚尖内转，左拳向外、向前成弧形击打，配合髋、腰发力，力达拳面。击打完毕后，迅速恢复实战姿势。（图10-5-5）

左掼拳

图10-5-5

4.右掼拳

由实战姿势开始，左脚向前移步，右脚向前跟步并向内扣转，同时上体左转，右拳向外、向前成弧形击打，配合髋、腰发力，力达拳面。击打完毕后，迅速恢复实战姿势。（图10-5-6）

右掼拳

图 10-5-6

5.左抄拳

由实战姿势开始，上体微左转，身体重心下降，腰部迅速右转，左拳由下向前上方勾起，力达拳面。击打完毕后，迅速恢复实战姿势。（图 10-5-7）

左抄拳

图 10-5-7

6.右抄拳

由实战姿势开始，上体微右转，身体重心下降，腰部迅速左转，右拳由下向前上方勾起，力达拳面。击打完毕后，迅速恢复实战姿势。（图 10-5-8）

右抄拳

图 10-5-8

7.鞭拳

由实战姿势开始，身体右转 180°，右臂伸直向右后方横打，力达拳背。击打后，身体成反架。如距离较远，身体右转 360°，右脚上步至前方并击打鞭拳。（图 10-5-9）

鞭拳

图 10-5-9

（三）腿法

1.左鞭腿

由实战姿势开始，上体稍右转，左脚蹬地，左腿向前提膝绷脚，右脚脚尖外旋，左腿小腿外展后抬至稍高于髋部，鞭甩小腿，力达脚背。击打完毕后，迅速恢复实战姿势。（图10-5-10）

左鞭腿

图 10-5-10

2.右鞭腿

由实战姿势开始，上体左转，右脚蹬地，右腿向前提膝绷脚，两手前后交换，左脚脚尖外旋，右腿小腿外展后抬至稍高于髋部，鞭甩小腿，力达脚背。击打完毕后，迅速恢复实战姿势。（图10-5-11）

右鞭腿

图 10-5-11

3.转身摆腿

由实战姿势开始，身体右转180°，同时右腿提膝向外横摆，脚背绷直，力达脚掌。击打完毕后，身体成反架。（图10-5-12）

转身摆腿

图 10-5-12

4.左蹬腿

由实战姿势开始，左腿正面提膝至胸部，左脚脚尖勾起，朝向对手，大腿发力蹬出，力达脚掌，上体可稍后仰。击打完毕后，迅速恢复实战姿势。（图10-5-13）

左蹬腿

图 10-5-13

5.右蹬腿

由实战姿势开始，右腿正面提膝至胸部，右脚脚尖勾起，朝向对手，大腿发力蹬出，力达脚掌，上体可稍后仰。击打完毕后，迅速恢复实战姿势。（图 10-5-14）

右蹬腿

图 10-5-14

6.转身后蹬腿

由实战姿势开始，身体右转 180°，眼睛盯住对手，髋关节保持稳定，右腿提膝勾脚，向后蹬出，力达脚掌。击打完毕后，身体成反架。（图 10-5-15）

转身后蹬腿

图 10-5-15

7.左侧踹腿

由实战姿势开始，上体稍右转，左腿屈膝抬至约与髋同高，左脚勾起，朝向对手，大腿发力向侧踹出，力达脚掌，同时右脚脚跟左转。击打完毕后，迅速恢复实战姿势。（图 10-5-16）

左侧踹腿

图 10-5-16

8.右侧踹腿

由实战姿势开始，上体左转约135°，右腿屈膝抬起至约与髋同高，右脚勾起，朝向对手，大腿发力向侧踹出，力达脚掌。击打完毕后，迅速恢复实战姿势。（图10-5-17）

右侧踹腿

图 10-5-17

（四）摔法

1.得靶快摔

散打有两臂形成的夹角、腕关节、大小腿、膝关节、头、脚等诸多靶位。在散打比赛中，队员须戴拳套，不能用手抓靶位。散打比赛要求队员快速得靶并摔倒对方。快摔是散打的一大特点。（图10-5-18）

图 10-5-18

2.下潜抱双腿摔

以实战姿势站立，当对方（男）冲拳时，本方（女）下蹲，躲过对方（男）冲拳，左脚上步，右脚跟进相同距离，抱住对方（男）两腿，头部紧贴对方（男）侧腰，蹬地发力，扛起对方（男），将对方（男）摔倒。（图10-5-19）

下潜抱双腿摔

图 10-5-19

下潜抱腿前顶摔

3.下潜抱腿前顶摔

下潜抱腿前顶摔的得靶动作与下潜抱双腿摔的动作相同，本方（女）左肩前顶对方（男）髋部，同时两臂迅速回拉对方（男）两腿，形成一个前后对抗力，使对方（男）失去平衡摔倒在地。（图 10-5-20）

图 10-5-20

4.夹颈过肩摔

本方（女）右腿在前，右臂放于对方（男）颈部固定靶位，身体左转 180°，左腿撤步至右腿旁，两腿成半蹲状，以臀部顶住对方（男）髋部，两脚蹬地，低头弓腰，将对方（男）过肩摔倒。（图 10-5-21）

夹颈过肩摔

图 10-5-21

5.接腿勾踢摔

以接直线踢腿为例，本方（女）两臂前臂迅速内合，左下右上，形成靶位，腹部内收，左臂前臂与手腕形成靶位，拉拽对方（男）左腿至身前，同时右腿快速向前迈出，右臂向上抄起，形成靶位，用右脚勾踢对方（男）右脚踝关节处，将对方（男）摔倒。（图 10-5-22）

接腿勾踢摔

图 10-5-22

6.接腿别踢摔

在接腿勾踢摔靶位形成的情况下，本方（女）右腿小腿由前向后别踢对方（男）右脚踝关节处，同时右肩快速向前转动，上肢向前发力，形成对抗力，将对方（男）摔倒。（图10-5-23）

接腿别踢摔

图 10-5-23

7.接腿压腿摔

以接前鞭腿为例，对方（男）起腿时，本方（女）向前移步，左臂侧抄至对方（男）左腿腘窝处，右腕压在对方（男）踝关节处，以左脚为轴，身体迅速右转约180°，右腿向右后方撤步，随后两腿弯曲，上体前倾，两臂送压对方（男）小腿至本方两腿间，形成顺力，将对方（男）摔倒。（图10-5-24）

接腿压腿摔

图 10-5-24

8.接腿手别摔

以接前鞭腿为例,本方(女)在接腿压腿摔形成靶位后,旋转压腿的同时左手抄至对方(男)右腿腘窝处进行别摔,将对方(男)摔倒。(图10-5-25)

接腿手别摔

图10-5-25

9.近身手别摔

双方搂抱时,本方(女)右腿向右后方撤一大步,带动对方(男)身体向前侧方旋转,同时左手抄至对方(男)左腿腘窝处进行别摔,顺力将对方(男)摔倒。(图10-5-26)

近身手别摔

图10-5-26

(五)防守技术

1.接触性防守

(1)拍挡:由实战姿势开始,左手拍挡对方(男)来拳时,本方(女)左手以肘关节为轴,以拳套为发力点,向下拍挡;右手拍挡对方(男)来拳时,向外拍挡,破坏对击打路线。(图10-5-27)

拍挡

图10-5-27

拍挡踢腿时,本方(女)左手以肘关节为轴,以拳套为发力点,向外格挡。(图10-5-28)

图 10-5-28

（2）挂挡：由实战姿势开始，对方（男）以左掼拳击打时，本方（女）屈右臂向上格挡，上体微左转；对方（男）以右掼拳击打时，本方（女）屈左臂向上格挡，上体微右转。（图 10-5-29）

挂挡

图 10-5-29

（3）截腿：由实战姿势开始，对方（男）起腿时，本方（女）右腿抬起由屈至伸，足弓内侧朝前，截击对方（男）抬起腿，力达前脚掌。（图 10-5-30）

截腿

图 10-5-30

（4）勾踢腿：对方（男）起前鞭腿时，本方（女）迅速侧闪，用右脚勾踢对方（男）支撑腿。（图 10-5-31）

勾踢腿

图 10-5-31

2.躲闪防守

（1）撤步：对方（男）做击打动作时，本方（女）右脚撤步，左脚跟步，躲开对方（男）动作。（图10-5-32）

撤步

图 10-5-32

（2）后闪：对方（男）出拳时，本方（女）身体重心后移，上体后仰躲闪。（图10-5-33）

后闪

图 10-5-33

（3）侧闪：对方（男）以左冲拳击打时，本方（女）左肩前压，向对方（男）身体左侧躲闪；对方（男）以右冲拳击打时，本方（女）上体左转，右肩前压，向对方（男）身体右侧躲闪。（图10-5-34）

侧闪

图 10-5-34

（4）摇臂：针对掼拳的躲闪防守。以左掼拳躲闪为例，对方（男）击打时，本方（女）两腿微屈，降低身体重心，上体向右绕；右掼拳的躲闪动作与左掼拳的躲闪动作相同，只是上体向左绕。（图10-5-35）

摇臂

图 10-5-35

（六）组合动作

本方需要根据对方的动作反应灵活运用组合动作。练习者根据击打位置可以进行击打上部位、击打中部位、击打下部位组合动作练习；根据时机可以进行进攻、反击、堵击组合动作练习；根据动作路线可以进行直线、弧线组合动作练习。

拳腿组合

常见的组合动作如下。

（1）右冲拳+左掼拳+右鞭拳。

（2）左勾拳+右掼拳+左蹬腿。

（3）左鞭腿+右冲拳+左鞭腿+右侧踹腿。

（4）左侧踹腿+右冲拳+下潜抱双腿摔。

（5）左冲拳+右鞭腿+接腿手别摔。

（6）左右冲拳+左鞭腿+转身后蹬腿。

思辨与探究

1. 大学生经常练习散打，有什么思想上的感悟？

2. 在散打比赛中，双方对战时，如何有效运用散打的拳法、腿法、摔法？

3. 在散打比赛中，面对对方的攻击性动作时，如何进行有效躲闪防守？

参考文献

[1]黄平，赵少平.大学体育与健康[M].北京：首都师范大学出版社，2022.

[2]袁守龙.大学体育与健康：图解示范＋视频指导[M].北京：人民邮电出版社，2019.

[3]陈伟.减脂增肌[M].北京：中国轻工业出版社，2021.

[4]陈志伟，林致诚，林顺英.大学体育与健康教程[M].2版.厦门：厦门大学出版社，2019.

[5]尹军，袁守龙.身体运动功能训练[M].北京：高等体育出版社，2015.

[6]金其荣.体育与健康·实践教程[M].6版.北京：北京大学出版社，2019.

[7]石大玲，梁军，李春君.大学体育立体化教程[M].北京：北京体育大学出版社，2021.

[8]中国足球协会.足球竞赛规则2022/2023[M].北京：人民体育出版社，2023.

[9]蔡向阳，王崇喜.球类运动：足球[M].4版.北京：高等教育出版社，2021.

[10]中国篮球协会.篮球规则2020[M].北京：北京体育大学出版社，2020.

[11]张辉.篮球培训教程[M].北京：北京体育大学出版社，2019.

[12]中国排球协会.排球竞赛规则2017—2020[M].北京：人民体育出版社，2017.

[13]曾黎，邹斌平，王金稳.气排球基础教程[M].成都：西南交通大学出版社，2018.

[14]《网球运动教程》编写组.网球运动教程[M].2版.北京：北京体育大学出版社，2021.

[15]中国羽毛球协会.羽毛球竞赛规则（2021）[M].北京：人民体育出版社，2021.

[16]中国乒乓球协会.乒乓球竞赛规则（2022）[M].北京：人民体育出版社，2022.

[17]邵明虎.小球教程：乒乓球、羽毛球、网球[M].北京：北京师范大学出版社.2012.

[18]欧阳玉富.台球[M].成都：电子科技大学出版社，2016.

[19]于可红，邱亚君.健美操教学与训练教程[M].北京：高等教育出版社，2020.

[20]李育林，李亚楠.啦啦操运动[M].北京：高等教育出版社，2021.

[21]步建军.踏板操运动教程[M].银川：宁夏人民教育出版社，2018.

[22]李小芬.体育舞蹈运动教程[M].北京：北京体育大学出版社，2015.

[23]郑丹蘅.排舞[M].北京：科学出版社，2017.

[24]美梓.瑜伽教程：从入门到精通[M].北京：中国华侨出版社，2017.

[25]戴剑松，郑家轩.无伤跑法2：跑步技术优化与训练提升[M].北京：人民邮电出版社，2020.

[26]傅纪良，王裕桂.实用游泳教程[M].北京：海洋出版社，2020.

[27]吴叶海，刘明，金熙佳.定向越野[M].杭州：浙江大学出版社，2019.

[28]宋鸽，张钰.极限飞盘[M].大连：大连理工大学出版社，2015.

[29]陈晓梅.民族传统体育文化的弘扬与典型项目教学指导[M].北京：中国水利水电出版社，2016.

[30]黄生勇，金马.武术散打[M].西安：西安电子科技大学出版社，2015.

[31]全国体育院校教材委员会.武术普修课通用教程[M].北京：人民体育出版社，2017.